NONGYE SHENGYU LAODONGLI
ZHUANYI DE NEISHENGXING YIBANJUNHENG
JIQI ZHENGCE YINGYONG YANJIU

农业剩余劳动力转移的内生性一般均衡模型及其政策应用研究

张杰飞◎著

经济管理出版社
ECONOMY & MANAGEMENT PUBLISHING HOUSE

图书在版编目（CIP）数据

农业剩余劳动力转移的内生性一般均衡模型及其政策应用研究/张杰飞著 . —北京：经济管理出版社，2021.1

ISBN 978 - 7 - 5096 - 7681 - 3

Ⅰ.①农… Ⅱ.①张… Ⅲ.①农业剩余劳动力—劳动力转移—研究—中国 Ⅳ.①F323.6

中国版本图书馆 CIP 数据核字（2021）第 020894 号

组稿编辑：张莉琼
责任编辑：乔倩颖
责任印制：黄章平
责任校对：陈 颖

出版发行：经济管理出版社
　　　　　（北京市海淀区北蜂窝 8 号中雅大厦 A 座 11 层　100038）
网　　址：www. E - mp. com. cn
电　　话：（010）51915602
印　　刷：唐山玺诚印务有限公司
经　　销：新华书店
开　　本：720mm×1000mm/16
印　　张：15.75
字　　数：260 千字
版　　次：2021 年 1 月第 1 版　　2021 年 1 月第 1 次印刷
书　　号：ISBN 978 - 7 - 5096 - 7681 - 3
定　　价：78.00 元

前　言

改革开放以来，中国经济取得了举世瞩目的伟大成就，但也出现了许多亟须解决的问题。2004~2020 年，连续 17 个中央"一号文件"都锁定农业、农村和农民，充分说明了当前中国"三农"问题的严重性。同时，我国城镇化发展滞后、城市人口规模普遍过小、城市集聚效应偏低、城乡收入差距不断扩大，严重制约了经济的可持续发展，并对社会的和谐稳定产生不利影响。大量研究和实践表明，农业剩余劳动力转移是解决上述问题的有效途径。因而，从理论和经验两个方面研究农业剩余劳动力为什么转移、如何转移以及转移影响如何，弄清楚农业剩余劳动力转移的动因、途径与效应及其影响因素，具有重要的理论价值和现实意义。

农业剩余劳动力转移是工业化过程中的普遍现象，农业—非农业间劳动生产率差距是其直接原因，但农业—非农业间劳动生产率差距并非外生给定，而是内生决定的。既有文献尽管从多个视角、多个方面研究了农业剩余劳动力转移，但基本是外生给定城乡劳动生产率差距，而没有内生解释为什么城市工业劳动生产率会高于农村农业劳动生产率，至今没能发展出一个适合我国国情、能内生决定劳动生产率差距进而导致农业剩余劳动力转移的理论分析框架。

本书突破既有文献外生给定城乡劳动生产率差距的固有范式，通过借鉴新经济地理模型内生性建模的研究思路及其关于效用函数和生产函数的假设，同时基于中国实际修改相应假设，构建了内生的农业剩余劳动力转移一般均衡分析框架，借此从理论上研究了我国农业剩余劳动力转移动因、途径、效应及其影响因素，并利用我国经验数据进行计量验证，以期为农业剩余劳动力的有效转移提供政策建议。

本书的创新主要体现在以下三个方面：

（1）新的研究视角。本书基于内生城乡劳动生产率差距的视角，构建了农业剩余劳动力转移一般均衡分析框架，以系统研究我国农业剩余劳动力转移问题。农业剩余劳动力转移是工业化过程中的普遍现象,农业—非农业间劳动生产率差距是其直接原因,但农业—非农业间劳动生产率差距并非外生给定,而是内生决定的。既有文献尽管从多个视角、各个方面研究了农业剩余劳动力转移,但基本是外生给定城乡劳动生产率差距,而没有内生地解释为什么城市工业劳动生产率会高于农村农业劳动生产率,至今没能发展出一个适合我国国情、能内生决定劳动生产率差距进而导致农业剩余劳动力转移的理论分析框架,无法深入研究我国农业剩余劳动力转移问题。本书突破既有文献外生给定城乡劳动生产率差距的固有范式,基于内生城乡劳动生产率差距的视角,通过借鉴新经济地理模型内生性建模的研究思路及其关于效用函数和生产函数的假设,构建了内生的农业剩余劳动力转移一般均衡分析框架,借此研究了我国农业剩余劳动力转移动因、途径、效应及其影响因素,并利用我国经验数据进行计量验证,以期为农业剩余劳动力的有效转移提供政策建议。此外,针对当前我国是否存在农业剩余劳动力的争论,本书分别从农业经济增长和粮食产量两个视角进行了经验研究,以论证农业剩余劳动力的现实性。

(2) 新的研究问题。考虑到中国特有的产业和区域发展特征,我们在 Chenery 等 (1986) 模型的基础上,发展出一个分产业测算模型,对中国三大区域(东部、中部、西部地区)各产业间劳动力转移增长效应进行了测算和分析。农业劳动力转移去向既可能是第二产业,也可能是第三产业,且第二、第三产业的劳动生产率并不相同,甚至可以说差异很大。同时,中国第二、第三产业发展也很不平衡,因此,各产业间劳动力转移增长效应也理应不同。此外,由于技术水平、经济发展程度的差异,中国东部、中部、西部三大区域各产业的劳动生产率、产业结构及其变化也相差较大。因此,分产业、分区域测算劳动力转移增长效应及其未来发掘潜力,具有重要意义。然而,既有研究都没有深入考虑产业结构问题,只是笼统地测算了农业、非农业间劳动力转移所引起的增长效应,而没有分产业详细测算各产业间的劳动力转移增长效应。本研究在 Chenery 等 (1986) 模型的基础上,发展出一个分产业测算模型,对中国 1979~2017 年三大区域(东部、中部、西部)各产业间的劳动力转移增长效应进行测算和分析,进而提出充分发掘劳动力转移增长效应的政策建议。

(3) 新的研究方法和新的数据。第一,在理论模型上,对于农业剩余劳动力转移动因问题,本书基于消费结构与资源禀赋结构偏离、农业存在剩余劳动力和农业剩余劳动力转移存在转移成本三个特征事实,同时借鉴新经济地理模型关于效用函数和生产函数的假设，建立内生的农业剩余劳动力转移动因一般均衡模型，并通过比较静态分析，深入解释了中国农业剩余劳动力转移的动因。对于农业剩余劳动力的转移途径选择问题，本书在前述转移动因理论模型的基础上，考虑中国所存在的"就地转移"和"异地转移"现实，引入"迁移成本""城市成本"和"城乡非农产业技术差距"三个变量，建立内生的农业剩余劳动力转移途径一般均衡模型，深入解释中国农业剩余劳动力转移途径选择及其影响因素。对于农业剩余劳动力转移效应问题，本书首先在前述转移动因理论模型的基础上，从理论推导农业剩余劳动力转移对农民增收与农村减贫、城乡收入差距以及经济增长三个方面的经济效应；然后，我们考虑了中国城镇失业现实，引入城镇就业率变量，建立内生的农业剩余劳动力转移对城镇失业影响的一般均衡模型，并通过比较静态分析，深入解释中国农业剩余劳动力转移对城镇失业的影响。

　　第二，在经验研究上，对于农业剩余劳动力转移动因问题，我们利用1978～2017年中国31个省市区面板数据，使用个体固定效应模型和双向固定效应模型，研究了农业劳动力转移动因。对于农业剩余劳动力转移效应问题，本书分别就农业剩余劳动力转移对农民增收与农村减贫、城乡收入差距、经济增长以及城镇失业四个方面的经济效应进行了经验研究。其中，我们利用中国家庭追踪调查（China Family Panel Studies，CFPS）2014年、2016年两期面板数据，使用个体固定效应、面板logit固定效应和PSM－DID模型，分别研究了中国农业劳动力转移对农村家庭收入和贫困的影响。利用1978～2013年中国31个省份面板数据，使用面板VAR模型，对农业劳动力转移的城乡差距效应进行经验分析。利用1979～2017年中国27个省份面板数据，使用面板VAR模型，对农业劳动力转移的经济增长效应进行经验分析。利用2002～2017年中国30个省份面板数据，使用个体固定效应模型、双向固定效应模型，对农业劳动力转移的城镇失业效应进行经验分析。

目　录

1 绪论

1.1 研究背景及意义

1.1.1 研究背景

中国是四大文明古国之一，曾有过数千年的辉煌历史，但近百年来却一度沦落为最贫穷落后的国家之一，直到 1978 年才真正走上繁荣富强的崛起之路。改革开放以来，中国经济飞速发展，取得了举世瞩目的巨大成就，但也出现了许多亟须解决的问题。

我国农业就业人员数量依然庞大、比重较高。根据中华人民共和国国家统计局网站数据，2019 年我国第一产业就业人员 19445.2 万，第一产业就业人员比重 25.1%。[①] 我国农村就业结构转变严重滞后于产业结构调整，其滞后时间长达 9 年。尤其是我国农业剩余劳动力数量巨大，按照不同学者的估计［王红玲 (1998)；农业部课题组 (2000)；谢培秀 (2004)；王检贵和丁守海 (2005)；何如海和叶依广 (2005)；蔡昉 (2007)；马晓河和马建蕾 (2007)；程名望 (2007)；钟钰和蓝海涛 (2009)；涂圣伟和何安华 (2011)；蒋若凡等 (2013)]，我国农业剩余劳动力数量在 0.4 亿~2.0 亿，而万广华在 2018 年 3 月 15 日所做的演讲《中国经济增长前景、不均等和逆全球化》中则认为，中国农村剩余劳动力尚有 2.8 亿之多。

"三农"问题是农业文明向工业文明过渡的必然产物，是任何工业化国家都

---

① 该数据来自中华人民共和国国家统计局，http：//data. stats. gov. cn/easyquery. htm？cn＝C01。

必须面对的问题。中国是世界第一人口大国、第一劳动力大国、第一农民大国，且"三农"问题积攒的时间长，解决难度更大。然而"三农"问题关系到国民素质、经济发展、社会稳定、国家富强，关系到中国社会主义现代化建设的成功与否，只有解决好"三农"问题，才能使改革开放和社会主义现代化建设继续深化下去，才能全面建设小康社会。2004年2月8日公布的中共中央国务院《关于促进农民增加收入若干政策的意见》是21世纪中国第一个关于"三农"问题的中央一号文件，也是改革开放以来第六个涉农的一号文件。自此，中央一号文件重新锁定"三农"问题。2004~2020年，连续17个中央"一号文件"①都锁定农业、农村和农民问题，落脚点都是稳定粮食生产、增加农民收入、加强农村基础建设，可见中央对"三农"问题的高度重视。例如，2004年2月8日公布的《关于促进农民增加收入若干政策的意见》指出："应当清醒地看到，当前农业和农村发展中还存在着许多矛盾和问题，突出的是农民增收困难"，"各级党委和政府要认真贯彻十六大和十六届三中全会精神"，"深化农村改革，增加农业投入，强化对农业支持保护，力争实现农民收入较快增长，尽快扭转城乡居民收入差距不断扩大的趋势"。2010年1月31日公布的中共中央、国务院《关于加大统筹城乡发展力度、进一步夯实农业农村发展基础的若干意见》则明确指出："全党务必居安思危，切实防止忽视和放松'三农'工作的倾向"，"必

---

① 2004年2月8日，中共中央、国务院出台《关于促进农民增加收入若干政策的意见》；2005年1月30日，中共中央、国务院出台《关于进一步加强农村工作、提高农业综合生产能力若干政策的意见》；2006年2月21日，中共中央、国务院出台《关于推进社会主义新农村建设的若干意见》；2007年1月29日，中共中央、国务院出台《关于积极发展现代农业、扎实推进社会主义新农村建设的若干意见》；2008年1月30日，中共中央、国务院出台《关于切实加强农业基础建设、进一步促进农业发展农民增收的若干意见》；2009年2月1日，中共中央、国务院出台《关于促进农业稳定发展、农民持续增收的若干意见》；2010年1月31日，中共中央、国务院出台了《关于加大统筹城乡发展力度、进一步夯实农业农村发展基础的若干意见》；2010年12月31日，中共中央、国务院印发了《中共中央 国务院关于加快水利改革发展的决定》；2011年12月31日，中共中央、国务院印发了《关于加快推进农业科技创新 持续增强农产品供给保障能力的若干意见》；2012年12月31日，中共中央、国务院印发了《中共中央 国务院关于加快发展现代农业 进一步增强农村发展活力的若干意见》；2014年1月19日，中共中央、国务院印发了《关于全面深化农村改革 加快推进农业现代化的若干意见》；2015年2月1日，中共中央、国务院正式发布了《关于加大改革创新力度 加快农业现代化建设的若干意见》；2015年12月31日，中共中央、国务院印发《中共中央 国务院关于落实发展新理念 加快农业现代化 实现全面小康目标的若干意见》；2016年12月31日，中共中央、国务院印发《中共中央 国务院关于深入推进农业供给侧结构性改革 加快培育农业农村发展新动能的若干意见》；2018年1月2日，中共中央、国务院发布了《中共中央 国务院关于实施乡村振兴战略的意见》；2019年1月3日，中共中央、国务院发布了《关于坚持农业农村优先发展做好"三农"工作的若干意见》；2020年1月2日，中共中央、国务院印发了《关于抓好"三农"领域重点工作 确保如期实现全面小康的意见》。

须不断深化把解决好'三农'问题作为全党工作重中之重的基本认识","夯实打牢农业农村发展基础,……推进城镇化发展的制度创新","深化户籍制度改革,……促进符合条件的农业转移人口在城镇落户", "大力发展县域经济,……吸纳农村人口加快向小城镇集中。……方便农民就近转移就业"。2018年1月2日发布的《中共中央 国务院关于实施乡村振兴战略的意见》也明确指出:"党的十八大以来,在以习近平同志为核心的党中央坚强领导下,我们坚持把解决好'三农'问题作为全党工作重中之重","农业、农村、农民问题是关系国计民生的根本性问题"。

而解决"中国'三农'问题根本出路的一个要点在于大量减少农民的数量","大量吸纳农村的剩余劳动力","一旦当农村人口数量下降到总人口的25%以下时,农村土地的价值才能达到市场化要求的成本阈值,此时农业土地的集约化生产、规模化生产和专业化生产才达到一定水平,农业的科技含量、服务水平和农业成本才有了大幅度改善,农民的收入水平和整体素质才会有明显的进步,至此,中国'三农'问题的一系列根本问题才能得以彻底解决"。

联合国环境规划署署长曾说过:"城市的成功就是国家的成功。"诺贝尔经济学奖获得者、美国经济学家斯蒂格利茨断言,影响21世纪人类社会进程两件最深刻的事情:一是以美国为首的新技术革命;二是中国的城市化。他认为,21世纪对于中国有三大挑战,居于首位的就是中国的城市化,他提出"中国的城市化将是区域经济增长的火车头,并产生最重要的经济利益"。

然而,作为世界上人口最多的中国,走的却是一条与众不同的发展道路,城市化相对滞后。1949年中华人民共和国成立时,城市化率只有10.64%;到1978年时城市化率为17.91%,城市化水平年均提高0.25个百分点;1995年城市化率为29.04%,年均提高0.65个百分点;之后,我国城市化快速推进,2009年城市化率达46.59%,年均提高了1.25个百分点。然而,我国城市化率一直相对滞后,根据世界各国1997年的数据,与基本处在同等人均收入的国家相比,中国的城市化水平低于这些国家的平均水平12个百分点;如果用购买力平价来计算我们的人均国民生产总值,差距就更大,与同等人均国民生产总值水平的其他国家相比,我们低了21个百分点。Henderson(2007)认为,2004年中国城市化水平比同等人均收入国家低10%,比高收入国家平均低30%。文贯中(2009)则断言:"中国城市化肯定是滞后,这没有什么争论了。因为根据联合国秘书处经济和社会事务部人口司主编的《世界城市化展望》,当时就认为世界的城市人口比重已经达到了 49%，今天应该达到 50%。中国城市化的真实水平不到 28%。"多数学者研究认为，中国存在滞后城市化，城市化的发展水平远低于工业化的水平，中国城市化落后于工业化和经济发展已经成为经济发展过程中的一个重要特征，城市化水平相对滞后一直是困扰人们的一个难题。

中国大城市的规模明显低于世界水平，尤其低于发达国家的水平。1995 年，中国人口超过 100 万的城市集中度比世界平均低 5 个百分点，比中收入国家低 11 个百分点，比高收入国家低 21 个百分点，比日本低 26 个百分点，比美国低 28 个百分点，比德国低 30 百分点。2000 年，中国最大城市——上海都市区人口为 12.3 百万，远低于世界十大都市的人口数。尤其是，中国仅有 9 个人口数超过 300 万的都市，却有着另外 125 个人口数在 100 万～300 万的都市，其比率为 0.072。相比之下，按照同样的城市规模分类，世界范围的这一比率却是 0.27。同时，对于人口超过 20 万的城市，世界城市人口的基尼系数为 0.564，巴西、日本、印度尼西亚、英国、墨西哥、尼日利亚、法国、印度、德国、美国和西班牙则分别为 0.65、0.65、0.61、0.6、0.6、0.6、0.59、0.58、0.56、0.54、0.52，而中国的城市人口基尼系数仅 0.43，低于世界平均水平，也低于绝大部分发达国家和发展中国家水平。Au 和 Henderson（2006）使用中国 225 个地级及地级以上城市数据实证发现，工人生产率与城市就业量存在倒"U"型关系，85% 的中国城市都位于倒"U"型曲线顶点的左侧，且 43% 的城市处于顶点 95% 置信区间之外。也就是说，中国 43% 的城市人口规模显著过小。以 2016 年中国的 657 个城市（直辖市、地级市、县级市）为代表，齐普夫指数为 0.97，说明中国城市规模分布比较分散，高位序城市规模不突出。

这导致了像上海、北京等全国最大城市所产出的国民财富比重远远低于世界其他大城市。依据世界银行对 2001 年数据统计的计算结果，美国纽约区的 GDP 约占全美国 GDP 总量的 24%，约为 2.6 万亿美元，相当于中国全国 GDP 总量的 2.24 倍，上海 GDP 总量的 44 倍，北京 GDP 总量的 79 倍，广州 GDP 总量的 87 倍；日本东京区的 GDP 约占日本全国 GDP 的 26%，达到 1.08 万亿美元，相当于中国全国 GDP 的总和，上海 GDP 总量的 20 倍，北京 GDP 总量的 33 倍，广州 GDP 总量的 37 倍；英国伦敦的 GDP 占整个英国 GDP 总量的 22%，达到 3131 亿美元，相当于上海 GDP 总量的 5.5 倍，北京 GDP 总量的 9.5 倍，广州 GDP 总量的 10.5 倍；法国巴黎的 GDP 占整个法国 GDP 总量的 18%，达到 2356 亿美元，相当于上海 GDP 总量的 4.0 倍，北京 GDP 总量的 7.2 倍，广州 GDP 总量的 7.9

倍；韩国汉城（现首尔）的 GDP 占整个韩国 GDP 总量的 26%，达到 1139 亿美元，相当于上海 GDP 总量的 1.9 倍，北京 GDP 总量的 3.5 倍，广州 GDP 总量的 3.8 倍。而上海的 GDP 占全国的 4.6%，长江三角洲城市群的 GDP 约占全国的 18%，广州的 GDP 占全国的 1.8%，珠江三角洲城市群的 GDP 约占全国的 10%，北京的 GDP 占全国的 2.5%，京津环渤海湾城市群的 GDP 约占全国的 9%，中国三大城市群的 GDP 总量仅占全国 GDP 总量 37%，比美国三大城市群 GDP 对全美国的贡献率低 30 个百分点，比日本三大城市群 GDP 对全日本的贡献率低 32 个百分点。总之，城镇化率低、大城市人口规模偏小导致了城市集聚效应偏低，严重制约了中国经济的持续发展。

同时，改革开放以来，我国经济快速发展，城乡收入差距也不断扩大。1978 年城乡收入比为 2.57∶1，2004 年扩大到 3.21∶1，相应地，城乡消费支出比从 2.68∶1 扩大到 3.29∶1，城乡消费水平比由 2.9∶1 扩大到 3.47∶1。高彦彦（2010）则认为，改革初期，城乡居民真实收入差距为 2.57。之后，由于农村经济改革的成功，1988 年城乡居民收入差距缩小到 1.508。然而，随着改革的重心转向城市和非农部门，城市居民收入的增长幅度超过农民，城乡收入差距又开始扩大，2007 年，城乡收入差距增大至 2.633，超过改革开放初期水平。因而，改革开放以来城乡居民收入差距是一个先缩小而后不断扩大的过程。而根据中华人民共和国国家统计局网站最新数据，2019 年，我国城镇居民人均可支配收入 42358.8 元、农村居民人均可支配收入 16020.67 元[①]，城乡居民收入差距为两者比值 2.64。总之，尽管不同学者的研究方法和研究结果可能有所不同，但对于城乡差距的扩大趋势还是达成了共识。李实（2003）认为，如果将实物性收入和补贴都算作个人收入的一部分，那么中国的城乡收入差距可谓全球第一。而从各国历史来看，城乡收入的系统差距最终是由于劳动力流动而消失的。

由上可见，农业剩余劳动力转移是减少农业剩余劳动力、解决"三农"问题、提高城市化水平、增大城市人口规模、增强城市集聚效应的必由之路，也是缩小城乡收入差距、促进经济增长的重要途径。所以说，尽管农业剩余劳动力转移是一个很陈旧的话题，但却是当前摆在我国政府面前最重要的问题之一。而要想顺利转移农业剩余劳动力、积极稳妥推进城镇化、增加农民收入、缩小城乡居民收入差距、维护社会和谐稳定，我们首先必须要明白的是：农业剩余劳动力为

---

① 该数据来自中华人民共和国国家统计局，http：//data. stats. gov. cn/easyquery. htm？cn = C01。

什么转移、如何转移以及转移影响如何？也就是说，我们必须弄清楚农业剩余劳动力转移的动因、途径、效应及其影响因素，这正是本书试图回答的主要问题。

1.1.2 研究意义

本书具有理论和现实两个方面的意义：在理论方面，本书突破既有文献外生给定城乡劳动生产率差距的固有范式，同时借鉴新经济地理模型关于效用函数和生产函数的假设，构建了内生的农业剩余劳动力转移一般均衡分析框架，借此研究我国农业剩余劳动力转移的动因、途径、效应及其影响因素，为传统的发展经济学理论增添新的内容；在现实方面，可以为中国各级政府实现农业剩余劳动力的有效转移提供理论参照与对策思路。

（1）理论意义。经济学、社会学和人口学对农业劳动力转移研究由来已久，其中，发展经济学具有代表性。但其模型的起始点是外生给定的城乡劳动生产率差距，农业劳动力转移只是外生力量作用的结果，从而无法深入地解释农业劳动力转移问题。新经济地理学关于效用函数和生产函数的假设极大地简化了工业部门垄断竞争下的消费者行为和生产者行为分析，由此建立的一般均衡模型内生地解释了劳动力的转移，对劳动力转移研究具有借鉴和启发意义。但新经济地理学主要用于研究发达国家制造业内部、区域之间的劳动力转移，其许多模型假设不适用于农业剩余劳动力转移研究，也不符合我国现实。本书突破既有文献外生给定城乡劳动生产率差距的固有范式，通过借鉴新经济地理模型内生性建模的研究思路及其关于效用函数和生产函数的假设，构建了内生的农业剩余劳动力转移一般均衡分析框架，借此研究我国农业剩余劳动力转移动因、途径、效应及其影响因素，并使用我国经验数据进行计量检验，为传统的发展经济学理论增添新的内容。

（2）现实意义。从现实方面来说，"农业是国民经济的基础，解决好我国的农业问题，我国的问题就解决了一半。在所有农业问题中，农业剩余劳动力问题又是一个最为现实而又棘手的重要问题"。尤其在当前我国仍然处于大量农业剩余劳动力、"三农"问题突出、城市化明显滞后、城市人口规模偏小、城市集聚效应偏低、城乡收入差距日益扩大的宏观背景下，如何促进农业剩余劳动力的有效转移，积极稳妥推进城镇化、增加农民收入、缓解农村贫困、缩小城乡收入差距、维护社会和谐稳定无疑成为了政府和学术界普遍关注的热点问题。本书紧密结合当前形势，采用现代经济学方法，从理论和经验两个方面系统地研究中国农业剩余劳动力转移动因、途径、效应及其影响因素，为各级政府实现农业剩余劳动力的有效转移提供理论参照与对策思路。

1.2　研究思路与研究内容

1.2.1　研究思路

本书旨在建立内生性一般均衡分析框架以系统地研究中国农业剩余劳动力转移的动因、途径与效应。研究遵循了以下思路：首先，建立理论分析框架。在对相关文献进行充分回顾与评论的基础上，借鉴新经济地理模型内生性建模的研究思路及其关于效用函数和生产函数的假设，并基于中国现实修改相关假设，进而提出本书的理论分析框架：内生的农业剩余劳动力转移一般均衡分析框架。

其次，建立数理理论模型。借鉴新经济地理模型内生性建模的研究思路及其关于效用函数和生产函数的假设，并分别基于中国现实修改相关假设，建立内生的一般均衡模型，使用比较静态分析方法，研究农业劳动力转移的动因、途径与效应。

再次，进行经验研究并提出政策建议。基于其数理理论模型，同时借鉴相关文献，使用中国宏观和微观数据，分别对农业剩余劳动力转移动因及各种效应进行了经验研究，并提出政策建议。

最后，提炼主要观点、结论及政策建议。

1.2.2　研究内容

本书主要基于内生的一般均衡分析框架以系统研究中国农业剩余劳动力转移动因、途径与效应。全文共分为9章，各章的主要研究内容如下：

第1章是绪论部分。主要介绍本书的研究背景及意义，研究思路与研究内容，研究方法及主要创新。

第2章是农业劳动力转移研究文献综述。第1节对西方农业劳动力转移研究经典理论进行了简单介绍。第2节对国内外农业劳动力转移研究的最新进展从动因、途径与效应三个方面进行了系统回顾。其中，在农业劳动力转移动因及其影响因素方面，本书依据经典理论的分类进行了回顾；在农业劳动力转移途径及其影响因素方面，由于既有研究较少，只进行了整体性回顾；而在农业劳动力转移效应及其影响因素方面，则针对我国当前的热点问题，分别从农业劳动力转移对农民增收和农村减贫、城乡收入差距、经济增长以及城镇失业四个方面分类进行了回顾。第3节为总结性评价。对既有农业劳动力转移研究进行了总结性评价，指出：既有研究成果尽管从多个视角、各个方面考察了农业劳动力转移问题，但基本是外生给定城乡劳动生产率差距，而没有内生解释为什么城市工业劳动生产率会高于农村农业劳动生产率，至今没能发展出一个适合国情、能内生决定劳动生产率差距的理论分析框架，无法深入、系统地研究我国农业剩余劳动力转移动因、途径、效应及其影响因素。

第3章为本书的理论分析框架构建。第1节在对新经济地理学基本模型进行简要介绍的基础上，指出：新经济地理学关于效用函数和生产函数的假设极大地简化了工业部门垄断竞争下的消费者行为和生产者行为分析，由此建立的一般均衡模型内生地解释了劳动力的转移，对劳动力转移研究具有借鉴和启发意义。第2节为相关概念及其特征事实。基于中国现实，对如下7个相关概念进行界定，并对其特征事实给予描述或论证：农业剩余劳动力（鉴于目前对农业是否存在剩余劳动力的争议，我们在农业经济增长和粮食产量两个方面，从经验上进行了论证）、转移成本、迁移成本、城市成本、城乡收入差距、城乡非农产业技术差距和城镇失业。第3节为本书的理论分析框架构建。基于上节的特征事实，建立相关假设，同时借鉴新经济地理模型关于效用函数和生产函数的假设，建立了内生的农业剩余劳动力转移一般均衡分析框架。

第4章建立了中国农业剩余劳动力转移动因数理模型。第1节为引言，介绍研究背景。第2节为初始均衡，基于消费结构与资源禀赋结构偏离、农业存在剩余劳动力和农业剩余劳动力转移存在转移成本三个特征事实，同时借鉴新经济地理模型关于效用函数和生产函数的假设，分析了初始状态时的消费者均衡、生产者均衡和市场均衡。第3节是农业剩余劳动力转移与稳定均衡，使用比较静态分析方法，分析了农业剩余劳动力转移机理及转移后的稳定均衡，得出结论：非农产品消费比重的提高是农业剩余劳动力转移的根本动因；农业剩余劳动力转移比例与非农产品消费比重正相关，与转移成本负相关。第4节为小结及政策建议。

第5章建立了中国农业剩余劳动力转移途径数理模型。第1节为引言，介绍研究背景。第2节为模型假设与初始均衡，在第4章转移动因理论模型基础上，引入"城市成本"变量，分析了初始状态时的消费者均衡、生产者均衡和市场均衡。第3节是农业剩余劳动力转移途径选择，考虑中国"就地转移"和"异地转移"现实，引入"迁移成本"和"城乡非农产业技术差距"两个变量，分析农业剩余劳动力在"就地转移"和"异地转移"之间的途径选择，并得出结论：农业剩余劳动力转移的途径选择取决于"城乡非农产业技术差距""迁移成本"和"城市成本"三个变量的相对大小，"城乡非农产业技术差距"大于"迁移成本"系数与"城市成本"系数之积时，农业剩余劳动力倾向于异地转移；而"城乡非农产业技术差距"小于"迁移成本"系数与"城市成本"系数之积时，农业剩余劳动力倾向于就地转移。第4节为小结及政策建议。

第6章建立了中国农业剩余劳动力转移各种效应数理模型。第1节在第4章转移动因一般均衡模型基础上，进一步从理论上分别推导了农业剩余劳动力转移对农民增收和农村减贫、城乡收入差距以及经济增长的效应。第2节建立了中国农业剩余劳动力转移的城镇失业效应数理模型。其中，第1小节为引言，介绍了研究背景。第2小节为模型假设与初始均衡，在第4章转移动因理论模型基础上，引入"城镇就业率"变量，分析了初始状态时的消费者均衡、生产者均衡和市场均衡。第3小节是农业剩余劳动力转移与稳定均衡，使用比较静态分析方法，分析了农业剩余劳动力转移机理及转移后的稳定均衡，得出结论：农业劳动力转移使得城镇就业率下降、城镇失业率上升，且迁移成本 τ 越小，则城镇就业率下降越多。第3小节为小结。

第7章为中国农业剩余劳动力转移动因经验研究及政策建议。第1节为引言，介绍了研究背景。第2节为变量选取与数据描述，介绍了该部分计量分析中的变量选取、数据来源、各变量基本统计特征、描述性证据等。第3节为基准回归及结果，在面板数据估计策略选择检验的基础上，分别选择个体固定效应模型、双向固定效应模型对中国农业剩余劳动力转移动因影响因素进行回归。第4节为稳健性检验，考虑到非农消费比重对劳动力转移的影响可能存在一定的滞后性，我们进一步使用核心解释变量的滞后一阶 lnfnczb_lag 作为替代变量进行稳健性检验。第5节为小结及政策建议。

第8章为中国农业剩余劳动力转移效应经验研究及政策建议。其中，第1节为农业剩余劳动力转移的农民增收、农村减贫效应，该部分基于上述理论模型，同时参考其他相关文献，利用中国家庭追踪调查（China Family Panel Studies，CFPS）2014年、2016年两期数据，分别使用个体固定效应、面板 Logit 固定效应和 PSM – DID 模型，就农业劳动力转移的农民增收、农村减贫效应进行经验分析。第 2 节为农业剩余劳动力转移的城乡收入差距效应，该部分基于上述理论模型以及其他相关文献，利用 1978 ~ 2013 年中国 31 个省份面板数据，使用面板 VAR 模型，对农业劳动力转移的城乡差距效应进行经验分析。第 3 节为农业剩余劳动力转移的经济增长效应，该部分首先建立了一个劳动力转移增长效应的分产业测算模型对中国农业劳动力转移增长效应进行了测算，然后再利用 1979 ~ 2017 年中国 27 个省份面板数据，使用面板 VAR 模型，对农业劳动力转移的经济增长效应进行经验分析。第 4 节为农业剩余劳动力转移的城镇失业效应，该部分基于上述理论模型以及其他相关文献，利用 2002 ~ 2017 年中国 30 个省份面板数据，使用个体固定效应模型、双向固定效应模型，对农业劳动力转移的城镇失业效应进行经验分析。

第 9 章总结全书观点、结论及政策建议。

1.3 研究方法与主要创新

1.3.1 研究方法

本书结合实际，采用一般均衡分析与比较静态分析方法，系统研究中国农业剩余劳动力转移的动因、途径、效应及其影响因素，并使用现代计量分析方法从经验上检验各理论结论。研究方法主要有：

（1）一般均衡分析、比较静态分析等数理经济学方法。本书采用一般均衡分析与比较静态分析方法系统研究了我国农业剩余劳动力转移动因、途径与效应。其中，第 4 章基于消费结构与资源禀赋结构偏离、农业存在剩余劳动力和农业剩余劳动力转移存在转移成本三个特征事实，同时借鉴新经济地理模型关于效用函数和生产函数的假设，建立内生的劳动力转移动因一般均衡模型，并通过比较静态分析，研究中国农业剩余劳动力转移动因；第 5 章在上述转移动因理论模型的基础上，考虑中国"就地转移"和"异地转移"现实，引入"迁移成本""城市成本"和"城乡非农产业技术差距"三个变量，建立内生的农业剩余劳动力转移途径一般均衡模型，推导初始均衡，并分析劳动力转移的途径选择；第 6

章在上述转移动因一般均衡模型基础上，进一步推导农业剩余劳动力转移对农民增收和农村减贫、城乡收入差距、经济增长三个方面的经济效应；并在农业劳动力转移动因理论模型基础上，考虑城镇失业现实，引入"城镇就业率"变量，建立内生的劳动力转移的城镇失业效应一般均衡模型，并通过比较静态分析方法，研究中国农业剩余劳动力转移对城镇失业的影响。此外，第 8 章还在 Chenery 等（1986）模型的基础上，发展出一个分产业测算数理模型，对中国 1979 年以来三大区域（东部、中部、西部）各产业间的劳动力转移增长效应进行测算和分析。

（2）现代计量分析方法。鉴于当前我国农业是否存在剩余劳动力争论，本书第 3 章分别从农业经济增长和粮食产量两个视角，使用面板个体固定效应模型、面板双向固定效应模型进行经验分析，论证我国农业剩余劳动力的现实性。第 7 章利用 1978～2017 年中国 31 个省份面板数据，在面板数据估计策略选择检验的基础上，分别选择个体固定效应模型、双向固定效应模型对中国农业剩余劳动力转移动因影响因素进行回归，并考虑到非农消费比重对劳动力转移的影响可能存在一定的滞后性，进一步使用核心解释变量的滞后一阶作为替代变量进行稳健性检验。第 8 章的第 1 节利用中国家庭追踪调查（China Family Panel Studies，CFPS）2014 年、2016 年两期数据，分别使用个体固定效应、面板 logit 固定效应和 PSM - DID 模型，就农业劳动力转移的农民增收、农村减贫效应进行计量分析；第 2 节利用 1978～2013 年中国 31 个省份面板数据，使用面板 VAR 模型，对农业劳动力转移的城乡差距效应进行计量分析；第 3 节利用 1979～2017 年中国 27 个省份面板数据，使用面板 VAR 模型，对农业劳动力转移的经济增长效应进行计量分析；第 4 节利用 2002～2017 年中国 30 个省份面板数据，使用个体固定效应模型、双向固定效应模型，对农业劳动力转移的城镇失业效应进行计量分析。

1.3.2 主要创新

本书的创新主要体现在以下三个方面：

（1）新的研究视角。本书基于内生城乡劳动生产率差距的视角，构建了农业剩余劳动力转移一般均衡分析框架，以系统研究我国农业剩余劳动力转移问题。农业剩余劳动力转移是工业化过程中的普遍现象，农业—非农业间劳动生产率差距是其直接原因，但农业—非农业间劳动生产率差距并非外生给定，而是内生决定的。既有文献尽管从多个视角、各个方面研究了农业剩余劳动力转移，但基本是外生给定城乡劳动生产率差距，而没有内生解释为什么城市工业劳动生产率会高于农村农业劳动生产率，至今没能发展出一个适合我国国情、能内生决定劳动生产率差距进而导致农业剩余劳动力转移的理论分析框架，无法深入研究我国农业剩余劳动力转移问题。本书突破既有文献外生给定城乡劳动生产率差距的固有范式，基于内生城乡劳动生产率差距的视角，通过借鉴新经济地理模型内生性建模的研究思路及其关于效用函数和生产函数的假设，构建了内生的农业剩余劳动力转移一般均衡分析框架，借此研究了我国农业剩余劳动力转移的动因、途径、效应及其影响因素，并利用我国经验数据进行计量验证，以期为农业剩余劳动力的有效转移提供政策建议。此外，针对当前我国是否存在农业剩余劳动力的争论，本书分别从农业经济增长和粮食产量两个视角进行了经验研究，以论证农业剩余劳动力的现实性。

（2）新的研究问题。考虑到中国特有的产业和区域发展特征，我们在Chenery等（1986）模型的基础上，发展出一个分产业测算模型，对中国三大区域（东部、中部、西部地区）各产业间劳动力转移增长效应进行了测算和分析。农业劳动力转移去向既可能是第二产业，也可能是第三产业，且第二、第三产业的劳动生产率并不相同，甚至可以说差异很大。同时，中国第二、第三产业发展也很不平衡，因此，各产业间劳动力转移增长效应也理应不同。此外，由于技术水平、经济发展程度的差异，中国东部、中部、西部三大区域各产业的劳动生产率、产业结构及其变化也相差较大。因此，分产业、分区域测算劳动力转移增长效应及其未来发掘潜力，具有重要意义。然而，既有研究都没有深入考虑产业结构问题，只是笼统地测算了农业、非农业间劳动力转移所引起的增长效应，而没有分产业详细测算各产业间的劳动力转移增长效应。本书在Chenery等（1986）模型的基础上，发展出一个分产业测算模型，对中国1979年以来三大区域（东部、中部、西部）各产业间的劳动力转移增长效应进行测算和分析，进而提出充分发掘劳动力转移增长效应的政策建议。

（3）新的研究方法和新的数据。第一，在理论模型上，对于农业剩余劳动力转移动因问题，本书基于消费结构与资源禀赋结构偏离、农业存在剩余劳动力和农业剩余劳动力转移存在转移成本三个特征事实，同时借鉴新经济地理模型关于效用函数和生产函数的假设，建立内生的农业剩余劳动力转移动因一般均衡模型，并通过比较静态分析，深入解释了中国农业剩余劳动力转移的动因。对于农业剩余劳动力的转移途径选择问题，本书在前述转移动因理论模型的基础上，考虑中国所存在的"就地转移"和"异地转移"现实，引入"迁移成本""城市成本"和"城乡非农产业技术差距"三个变量，建立内生的农业剩余劳动力转移途径一般均衡模型，深入解释中国农业剩余劳动力转移途径选择及其影响因素。对于农业剩余劳动力转移效应问题，本书首先在前述转移动因理论模型的基础上，从理论推导农业剩余劳动力转移对农民增收与农村减贫、城乡收入差距以及经济增长三个方面的经济效应；然后，我们考虑了中国城镇失业现实，引入城镇就业率变量，建立内生的农业剩余劳动力转移对城镇失业影响的一般均衡模型，并通过比较静态分析，深入解释中国农业剩余劳动力转移对城镇失业的影响。

第二，在经验研究上，对于农业剩余劳动力转移动因问题，我们利用1978 ~ 2017 年中国 31 个省市区面板数据，使用个体固定效应模型和双向固定效应模型，研究了农业劳动力转移动因。对于农业剩余劳动力转移效应问题，本书分别就农业剩余劳动力转移对农民增收与农村减贫、城乡收入差距、经济增长以及城镇失业四个方面的经济效应进行了经验研究。其中，我们利用中国家庭追踪调查（China Family Panel Studies，CFPS）2014 年、2016 年两期面板数据，使用个体固定效应、面板 Logit 固定效应和 PSM – DID 模型，分别研究了中国农业劳动力转移对农村家庭收入和贫困的影响。利用 1978 ~ 2013 年中国 31 个省份面板数据，使用面板 VAR 模型，对农业劳动力转移的城乡差距效应进行经验分析。利用 1979 ~ 2017 年中国 27 个省份面板数据，使用面板 VAR 模型，对农业劳动力转移的经济增长效应进行经验分析。利用 2002 ~ 2017 年中国 30 个省份面板数据，使用个体固定效应模型、双向固定效应模型，对农业劳动力转移的城镇失业效应进行经验分析。

2 农业劳动力转移研究文献综述

2.1 农业劳动力转移研究的经典理论

从经济思想史的发展线索来看，经济学对农业劳动力转移的研究可以追溯到古典经济学的创始人威廉·配第，其在《政治算术》中提到："英国的农民每周劳动所得不过四先令，而海员通过工资、食品以及房屋等其他各种供应所得到的收益多到十二先令，所以，一个海员实际上等于三个农民。"正是这种产业间的收入差距促使劳动力由农业流向非农产业。马克思虽然没有专门论述农业剩余劳动力转移问题，但他在《资本论》中从政治经济学的角度提出了深刻见解。马克思通过考察英国这一典型资本主义国家原始积累过程后认为："这就是原始积累的各种田园诗式的方法。这些方法为资本主义农业夺得了地盘，使土地与资本合并，为城市工业造成了不受法律保护的无产阶级的必要供给。"可见，农业剩余劳动力转移是工业劳动力形成的主要基础。Clark（1940）验证并发展了配第的思想，他通过整理许多国家的产业统计数据发现：随着经济的发展，劳动力首先由第一产业向第二产业转移，然后再向第三产业转移，这就是著名的"配第一克拉克定理"。20世纪40年代末，作为发展经济学主要创造人之一的张培刚先生着重研究了发展中国家的农业剩余劳动力转移问题，引发了学者们对这一问题的广泛关注。此后，刘易斯、拉尼斯—费景汉、乔根森、托达罗和Stark等经济学家从不同角度研究了农业剩余劳动力转移问题，农业剩余劳动力转移也逐渐成为发展经济学最为关注的核心问题之一。

2.1.1 刘易斯模型

1954 年，著名经济学家刘易斯在《曼彻斯特学报》上发表了《劳动力无限供给条件下的经济发展》一文，提出了发展经济学关于劳动力转移的第一个理论模型。他认为，在许多发展中国家经济中都存在着两个截然不同的部门：一个是以现代化方法进行生产，劳动生产率和工资水平都较高的城市资本主义部门（以工业部门为代表）；另一个是以传统方式进行生产，劳动生产率和工资极低的农村非资本主义部门（以农业部门为代表）。在传统的农业部门，没有资本投入，土地也很有限，而人口却迅速增长。根据边际生产率递减原理，农业劳动力的边际生产率非常低，以致部分劳动力的边际生产率为零，存在大量的农业剩余劳动力。因此农业劳动力的收入水平也非常低，仅能维持劳动力自身及其家庭的最低生活水平。工业部门则使用资本和劳动力两种生产要素，且资本是稀缺的，同样在既定的资本量下，工业劳动力的边际生产率也是递减的。工业部门以追求利润最大化为目标，其利润最大化的条件为边际产品等于工人工资。资本家将利润用于投资导致工业资本量增加，进而使得工业劳动力的边际生产率提高，在利润最大化的驱动下，工业部门对劳动力的需求相应增加。同时，由于工业部门的劳动力生产率高于农业部门，所以工业部门工资也高于农业劳动力收入，从而吸引农业剩余劳动力转移到城市工业部门，进而导致资本家利润进一步增加，资本家将获得的利润再用于投资，使得对劳动力的需要也进一步增加，从而吸引更多的农业剩余劳动力转移到城市工业部门。这一发展态势，将一直持续到农村剩余劳动力全部被转移到工业部门为止。此时，发展中国家的二元经济也就转化成了一元经济。

刘易斯二元经济模型在强调现代工业部门与传统农业部门结构差异的基础上，把经济增长过程和劳动力转移过程有机结合，开创了劳动力转移研究的结构主义思路，对分析发展中国家劳动力转移和经济增长具有重要理论意义。但是，其也存在一些缺陷，并招致不少批评。

（1）该理论直接外生给定城市工业部门较高的劳动生产率和农村农业部门较低的劳动生产率，农村农民在实际收入差距的驱动下向城市工业部门转移，而没有建立相应的微观基础以说明为什么城市工业部门的劳动生产率高于农村农业部门，因而无法深入解释发展中国家的农业劳动力转移问题。

（2）该理论仅强调现代工业部门的扩张，却忽视了农业发展对工业化的作用，把农业看成一个无所作为的部门，对经济发展是不能做出贡献的，充其量只能为工业发展提供无限的廉价劳动力，而农民也只是消极地等待被转移到工业部门。

（3）该理论关于现代工业部门的劳动和资本比例始终不变的假设不合理。事实经验是，随着现代资本主义部门的扩大，其日益倾向于采用资本密集型技术，人均资本呈上升趋势，劳动和资本比例呈下降趋势。这表明工业部门的扩张所创造的就业岗位有限，农业劳动力向工业部门转移并非刘易斯模型所表明的那样迅速。

（4）该理论假定农村存在剩余劳动力，而城市不存在失业。事实上，许多发展中国家的城市失业已成为更加严重的问题。

（5）该理论只注意到发展中国家工业部门自身的积累对农村剩余劳动力的吸收作用，而忽视了外来投资对发展中国家剩余劳动力的吸收。

（6）该理论过分强调物质资本积累的作用，忽视人力资本或人力资源的作用。事实上，对于包括发展中国家在内的许多国家来说，人力资本对经济增长的潜在贡献率比物质资本更大。

（7）该理论认为由于农村存在大量剩余劳动力，导致城市工资水平固定不变。

2.1.2　拉尼斯—费景汉模型

美国发展经济学家拉尼斯和美籍华人发展经济学家费景汉在《一个经济发展理论》和《劳力剩余经济的发展》中提出了一个新的劳动力转移模型（被称为拉尼斯—费景汉模型），将刘易斯模型向前大大推进了一步。他们将农业劳动力转移分为三个阶段：第一阶段，农业部门剩余劳动力的边际生产率为零，称为多余劳动力，从农业部门转移出这部分劳动力不会减少农业生产总量。仅能维持农业人口生存下去的收入水平（不变制度工资）等于农业的平均产品，它是由习惯和道德因素决定的。当农业劳动力被吸引到工业部门时，便产生了总农业剩余，由于平均农业剩余（转移的农业劳动力的人均总农业剩余）等于不变制度工资，所以不会出现粮食短缺问题，从而也不会影响工业部门的工资水平。第二阶段，农业部门仍然存在剩余劳动力，农业剩余劳动力的边际生产率大于零，但仍然低于不变制度工资。农业劳动力的转移导致农业总产量下降，平均农业剩余低于不变制度工资，粮食出现短缺，粮食价格上涨，工人工资上涨，进而影响工业部门吸收农业剩余劳动力的规模和速度。第三阶段，农业部门不再存在剩余劳动力，农业边际劳动生产率高于不变制度工资，农民和工人都按照劳动边际产出来获取工资，两部门实现了商业化。在第一阶段，由于农业剩余劳动力的转移不会减少农业总产出，因而也不会出现粮食短缺问题，所以劳动力的转移一般能够顺利进行，因此发展中国家能否摆脱二元经济进入商品化经济的关键在于转移的第二阶段。如果一个发展中国家的农业部门停滞，农业劳动力的转移就会导致农业总产量下降、粮食短缺、粮价上涨、工人工资上涨，进而可能导致工业部门的扩张停止，从而无法顺利进入转移的第三阶段。因此，要想实现工业部门的扩张和劳动力的顺利转移，就必须保证农业生产率的增长，且必须使得农业生产率增长和工业生产率增长保持同步性，也就是所谓的平衡增长。工农业平衡增长原则是：两部门生产率的相对变化必须使得两个部门长期保持增长刺激，即两部门贸易条件都不能恶化，也就是说，农业部门提供的农业剩余要刚好等于工业部门对农产品的需求，这样才能既不损害工业部门也不损害农业部门，从而保证两部门的长期经济增长。但实际情况是：发展中国家的实际增长很难遵循这种平衡增长路径，会出现不同程度的偏离，这就需要通过市场机制或政府政策来纠正。另外，发展中国家人口持续增长也增加了农业劳动力转移的压力，要想摆脱二元经济并顺利进入商业化阶段，还必须使劳动力转移速度大于人口增长速度。由此可见，人口增长和工农业生产率增长是农业劳动力转移的关键因素。控制人口增长不失为一项好政策，但其短期内难以奏效。因此，发展中国家短期的工作重点应该是通过资本积累和技术进步来迅速提高工农业生产率。对于农业，由于缺少资金，可主要通过隐性技术进步来提高部门生产率；而对于工业，则主要依靠资本积累来实现部门生产率的增长。

拉尼斯—费景汉模型被认为是对刘易斯模型的重大发展，其具有如下几点改进和创新：

（1）该模型认识到了农业对经济发展的重要性。农业不仅为工业部门扩张提供廉价劳动，同时还为工业部门提供农业剩余，只有当农业剩余能满足工业扩张对农产品的需求时，工业扩张才能得以实现，从而保证劳动力的顺利转移。

（2）刘易斯模型将资本积累视为工业扩张和经济发展的唯一源泉，而拉尼斯—费景汉模型则明确将资本积累与技术进步并列作为提高生产率的两大途径。

（3）拉尼斯—费景汉模型克服了刘易斯模型技术中性假定，强调发展中国家在选择和引进技术时应侧重劳动偏向，考虑自身劳动力丰富和资本短缺的特点。

（4）拉尼斯—费景汉模型明确指出人口增长对劳动力转移的制约作用，为发展中国家控制人口增长提供了理论依据。

但是，拉尼斯—费景汉模型仍然保留了刘易斯模型的部分缺陷，如外生给定城市工业部门劳动生产率高于农村农业部门、工业工资水平由农业生存收入决定且固定不变等。

2.1.3　乔根森模型

乔根森于 1961 年从截然不同的角度创立了一个新的二元经济模型。他首先假定：发展中国家只有农业部门，不存在工业部门；农业部门没有资本积累、只需要土地和劳动两种生产要素且土地数量是固定的；同时，农业部门存在中性技术进步。继承马尔萨斯主义的观点，他认为人口增长率依赖于人均粮食产出（假定为人均农业产出）。在达到最大人口生理增长率之前，人均粮食产出增长率决定总人口增长率，且总人口和粮食总产出按同一比率增长，人均粮食产出不变，因而不存在农业剩余劳动，也不存在农业剩余和工业部门。但达到最大人口生理增长率后，人口增长率为最大人口生理增长率，而人均粮食产出增长率高于人口增长率，于是开始出现农业剩余，农业劳动力开始向工业部门转移。由此可见，在乔根森模型中，农业剩余是工业部门产生和扩展的必要条件，也是农业劳动力转移的必要条件。接着乔根森分析了农业剩余与工业扩张之间的关系。农业剩余产生后，有一部分人会转移到工业部门从事工业生产，且转移到工业部门的劳动力规模与农业剩余规模相适应，两者具有如下平衡关系：农业剩余占总农业产出之比等于转移到工业部门的劳动力占总劳动力之比。同时，乔根森得出：只要存在一个正数且上升的农业剩余，无论最初资本多小，经济增长都可以持续地进行下去，因此，农业剩余也是工业部门产生和扩展的充分条件。此外，乔根森还讨论了工资问题，他认为工业部门存在中性技术进步，工业工资不断上升，农业工资也与工业工资同比例上升。

由此可见，乔根森模型在农业剩余的基础上为农业劳动力转移研究提供了一种新的思路。它更强调农业和技术进步且认为两个部门的工资水平都是上升的，这比刘易斯—拉尼斯—费景汉模型更接近现实，但其也存在明显的缺点，尤其是粮食需求弹性假设不现实。乔根森模型假定，当人均粮食产出低于临界最低水平时，所有的收入都用于粮食消费（粮食的需求收入弹性为 1），而当人均粮食产出高于临界最低水平时，所有增加的收入则都用于工业品消费（粮食的需求收入弹性为0）。粮食的需求收入弹性仅取这两个值，并在临界值的瞬间实现突变，这显然与人类粮食消费行为不一致。因此，乔根森模型尽管从消费需求结构变化的角度更深入地说明了农业劳动力转移的动因，但其粮食需求假设不现实。此外，乔根森认为农业部门不存在剩余劳动，这也与许多发展中国家的现实不符。

2.1.4 推拉理论

"推拉理论"（Push – Pull theory）是研究人口迁移原因的重要理论之一。Ravenstein（1885）、Ravenstein（1889）的"人口迁移规律"（The Laws of Migration）被认为是推拉理论的渊源，通过利用欧洲及北美洲20多个国家和地区的人口迁移统计数据，总结出以下规律：尽管受歧视、受压迫、赋税沉重、气候不佳、社会生活条件不适合等都是人口迁移的原因，但人口迁移的最主要原因还是经济因素；迁移人口数量与迁移距离成反比，距离越短，迁入的人数越多，距离越长，迁入的人数越少；迁移常常是阶段性的；尽管一个方向的迁移量可能远远大于另一个方向，但迁移通常是双向的；短距离迁移以女性为主，长距离迁移以男性为主；交通、通信、制造业等的发展促进了人口迁移。

Herberla、Mitchell 分别于1938年和1946年正式提出了推拉理论，将 Ravenstein 的"拉力"扩展为迁入地的"拉力"和迁出地的"推力"。迁入地更多的就业机会、更高的工资、更好的教育和卫生设施等形成了拉力，迁出地的失业、就业不足、耕地贫乏、基本生活设施缺乏、自然灾害等形成了推力，而迁移则是迁入地拉力与迁出地推力共同作用的结果。Bogue（1959）系统阐述了推拉理论：在迁入地和迁出地都存在着推力和拉力两种方向的作用力，其中，迁入地的拉力大于推力，占主导地位，例如较多的就业机会、较高的生活水平、较好的气候环境等；而迁出地的推力大于拉力，占主导地位，例如自然资源枯竭、农业成本增加、失业、就业不足或较低的经济收入等；人口迁移正是所有的推力和拉力综合作用的结果。

Lee（1966）则进一步认为影响人口迁移的因素有四种，人口迁移不仅受迁入地因素、迁出地因素的影响，同时还受迁入地和迁出地之间的障碍因素及迁移者个人因素的影响，性格、爱好、认知程度等都会影响个人对迁入地与迁出地的评价，也影响对中间障碍因素的认识，迁移决策是个人对迁入地和迁出地正负因素综合权衡的结果。

2.1.5 Todaro 模型

刘易斯、拉尼斯—费景汉和乔根森模型都认为劳动力从生产率低的农业部门转移到生产率高的工业部门可以提高整个经济的总生产率，促进社会的资本积累和经济增长，对经济发展产生积极作用，因而其主要考虑的是如何加速农业劳动力向城市的转移。但20世纪60年代末70年代初，许多发展中国家的城市失业问题越来越严重，一些经济学家开始反思前期理论，认为过多的农业劳动力转移不仅不能刺激资本积累和经济增长，反而会日益加剧城乡差距，恶化城市失业。他们主张控制农业劳动力转移，以缓解城乡差距和城市失业问题，Todaro 典型地表达了这种思想。

Todaro（1969）认为，一个农业劳动力是否迁入城市不仅取决于城乡实际收入差距，而且还取决于城市就业率。假定 n 代表计划范围内的时期数，$p(t)$ 表示一个转移者在 t 期中在现代部门找到工作的概率，$Y_u(t)$、$Y_r(t)$ 分别代表 t 期城市和农村的实际工资，r 表示贴现率，$C(0)$ 表示转移成本，那么转移者计划期内预期城乡收入差异的净贴现值 $V(0)$ 可表示为：

$$V(0) = \sum_0^n [p(t)Y_u(t) - Y_r(t)](1+r)^n - C(0)$$

假定 $\pi(t)$ 为第 t 期转移者被雇用的概率，则 $p(t)$ 与 $\pi(t)$ 之间的关系可描述为：

$$p(t) = \pi(1) + \sum_{i=2}^t \pi(i)\prod_{j=1}^{i-1}(1-\pi(j))$$

由上式可知，假设实际收入 $Y_u(t)$ 不变，那么一个迁移者在城里待的时间越长，他获得工作的机会就越大，从而他的预期收入也就越高。托达罗（Todaro）还认为，从农村转移到城市的人口规模是城乡收入差距贴现净值的函数，即 $M = F[V(0)]$，$F' > 0$。若 $V(0) > 0$，则农村劳动力愿意转移到城市，若 $V(0) < 0$，则农村劳动力不愿意转移到城市，甚至回流到农村。

Todaro 模型具有如下政策含义：第一，依靠工业扩张不能解决发展中国家严重的城市失业问题，相反，城市工业部门扩张越快，创造的就业机会越多，则会使得更多的农业劳动力流入城市，导致更多的城市失业。第二，消除一切人为扩大城乡实际收入差距的措施。第三，政府应该改变重工业轻农业的发展战略，投入更多资金用于改善农业生产条件和农村生活条件，提高农民收入，缩小城乡收入差距，这才是解决城市失业的根本出路。

尽管 Todaro 模型对发展中国家城市高失业和农村劳动力大量转移的并存现象做出了令人信服的解释，但也遭到了一些批评。其一，该理论假定农村不存在剩余劳动力，这与许多人多地少的发展中国家的实际不符；其二，该理论尽管假定城市工业部门的工资是上升的，但认为城市工业部门工资的上升是由外生的政治因素（如政府和工会）决定的，也就是说，外生给定了城市工人工资高于农民收入，农民在城乡预期收入差距的驱动下向城市转移；其三，该理论暗含了农村剩余劳动力迁移到城市就永远居住在城市、就不了业也留在城市里而不愿返回农村，这与事实不符。

2.1.6 新劳动力迁移经济学

以 Stark 为代表的新劳动力迁移经济学采用了与传统劳动力转移理论完全不同的思路，它强调家庭在劳动力迁移决策中的基本地位和重要性，将劳动力迁移的决策单位由劳动力个体拓展为农户家庭，认为农村劳动力迁移不仅是对城乡预期收入差距的考虑，同时也有对分散家庭风险和改变其相对收入水平等心理因素的考虑。Stark 和 Levhari（1982）认为，由于农村信贷与保险市场不健全，农户家庭面对风险的规避措施就是将部分劳动力配置到非农产业，实现家庭收入的多样化与收入组合。Stark（1984）通过分析大量村庄发现，最贫穷村庄的劳动力乡城迁移率并不是最高的，而内部收入分布越不均匀的村庄其劳动力迁移率越高。Stark 由此提出相对贫困假说，即农村劳动力是否迁移，不仅取决于城乡预期收入差距，还取决于他们迁移前在村庄或社区中所处的社会经济地位，以及迁移后按照他们期望的生活标准所感受到的社会经济地位的改善。Stark 和 Bloom（1985）从理论和经验两个方面进一步阐述了风险和相对贫困在劳动力乡城迁移决策中的作用，并正式提出了新劳动力迁移经济学（The New Economics of Labor Migration）。

2.2 农业劳动力转移研究的最新进展

对农业劳动力转移研究，我们大致可将其分为动因、途径和效应三大类，下面我们分别从农业劳动力转移的动因、途径、效应及其影响因素对最新进展进行回顾。

2.2.1 农业劳动力转移动因及其影响因素

农业劳动力转移研究的经典理论其实主要都是对转移动因的研究，而近来对转移动因的研究也没有新的重大进展，基本都是对原有经典理论的深化和拓展，因而本部分将其按经典理论进行分类回顾。

（1）基于刘易斯—拉尼斯—费景汉模型的拓展研究。在理论研究方面，学者们基于刘易斯—拉尼斯—费景汉模型对劳动力转移动因进行了拓展研究。包小忠（2005）结合中国农民工转移成本现实对刘易斯模型做改进，使其变成一个包括三个阶段的模型，认为"民工荒"实际上是由于工资黏性造成的一种假象，提高农民工名义工资是解决"民工荒"问题的基本措施。卢万青和李未无（2010）着重考虑企业劳动力需求因素，修改刘易斯二元经济理论，认为劳动力转移的动因为城乡收入差距，但沿海与内地收入水平不同，且中低端劳动密集型企业与高端劳动密集型企业和资本技术密集型企业所能提供的工资待遇也不一样，进而得出"民工荒"问题不是总量问题，而是结构问题。上述两篇文章基于各自视角对"民工荒"问题提出了不同见解，具有启发意义，但其基本沿袭了刘易斯—拉尼斯—费景汉模型的缺陷：农业工资不变，外生给定城乡收入差距。还有学者从其他角度对刘易斯—拉尼斯—费景汉模型做了重要拓展，郭剑雄和李志俊（2009）在考虑中国农业劳动力选择性转移现实的基础上，将人力资本这一重要因素引入，发展了刘易斯—拉尼斯—费景汉模型，发现：农民收入最大化决定了劳动力在农业和非农产业部门之间的选择性配置；即使考虑劳动力的异质性，刘易斯—拉尼斯—费景汉模型对于二元经济发展仍然有效，只是农业成功发展必须满足新的必要条件——农业从业者的人均人力资本投资增长率大于劳动力转移所产生的农业人均人力资本存量损失率。姚先国和来君（2005）认为民工到城市打工的动力不是简单的两部门工资差异，而应使用城乡生活效用差异来度量，同时，农民收入也会随农民数量的减少而提高，并以此修正刘易斯—拉尼斯—费景汉模型，尽管两部门工资率仍然存在差异，但"民工荒"现象可能意味着均衡状况已经出现。这两篇文章尽管考虑了人力资本和生活效用这两个重要变量对刘易斯—拉尼斯—费景汉模型进行了重要发展，但仍然是外生给定非农部门工资高于农业部门，没有建立起一般均衡模型以内生决定部门间收入差距，进而深入解释农业劳动力转移动因。

在经验研究方面，学者们也以事实和数据为依据，对刘易斯—拉尼斯—费景汉模型进行了拓展与检验。郭熙保和黄灿（2010）以调查数据为基础，从农村留守劳动力低素质化、农民工非正规就业化、农民工非市民化和农村劳动力转移陷阱四个方面指出刘易斯—拉尼斯—费景汉模型的不足，并依此提出解决劳动力转移问题的政策建议。周平（2008）以刘易斯模型为基础，用区域生产总值概念，以向量内积的形式建立简单计量模型，实证揭示了区域间收入差距是劳动力转移的要因；人口流动的主方向是人均区域生产总值较低的区域向较高区域的移动。刘建民和贺彩银（2010）从中国劳动力市场分割现实出发，将民营出口贸易引入拉尼斯—费景汉模型，并运用1996~2007年省级面板数据进行经验分析，结果表明：具有自生能力的民营非农业部门是容纳农业剩余劳动力转移的主要经济部门，其对外贸易是促进农业剩余劳动力转移的重要因素；民营进口贸易在推动自身发展技术创新和加深劳动力使用偏向方面有正向作用，进而间接加快了农业剩余劳动力的转移。贺彩银和陈开军（2013）将企业是否具有自生能力纳入拉尼斯—费景汉模型，并入西部五个民族自治区和六个多民族省份2000~2010年的数据实证分析表明，西部民族地区民营部门技术变迁和资本积累对农业剩余劳动力转移存在正向效应。苏芳（2016）使用甘肃省14个地州市、2003~2013年面板数据通过空间计量方法研究发现：地区经济规模、城乡绝对收入差距、期望的城市收入水平、受教育水平是农村劳动力向非农产业转移的重要因素。这些经验研究虽然基于中国现实考虑不同因素对劳动力转移的影响，但它们都忽略了制度这一重要因素对劳动力转移的影响。

（2）基于 Todaro 模型的拓展研究。在理论研究方面，学者们引入城市地租、迁移风险和户籍制度等因素对托达罗模型进行了拓展。Brueckner 和 Zenou（1999）与 Brueckner 和 Kim（2001）将城市土地市场这一重要的新要素纳入标准的哈里斯—托达罗模型，其认为，农村劳动力向城市的迁移将导致城市人口增加、城市地租上升、生活成本上涨，从而抑制农村劳动力迁移，因此城市地租也是决定发展中国家城市大小的一个重要作用力。高国力（1995）把托达罗预期收入差距具体化为区域经济收入差距，认为经济区域发展的不平衡是农村劳动力转移的重要因素之一。汪小勤和田振刚（2001）认为 Todaro 模型忽视了迁移风险对劳动力转移决策的影响，建立了考虑城市就业、定居城市、城市收入等不确定性的劳动力乡城转移决策模型，认为导致中国农村劳动力转移结果不确定性的主要原因是城市就业概率、转移者的择业能力等，由此提出选择合适经济增长方式、加大人力资本投资等对策。姚波（2003）以及廖淑华和余光英（2004）指出，由于户籍及劳动力就业保护制度的限制，使得中国城市劳动力市场形成了典型的城乡分割的二元劳动力市场，决定农村劳动力乡城转移的原因不是 Todaro 模型的城乡预期收入差距，而是转移的预期净收入；并认为中国二元劳动力市场造成的工资歧视及劳动力进入成本不能解决城市的失业问题，相反会造成城市就业容量的损失。于志善（2014）将财产性收入引入 Todaro 模型，并利用绥棱县农民工流动影响因素调查问卷数据计量分析得出，财产性收入对农村劳动力转移具有正向作用。但上述研究都没有考虑农业剩余劳动力问题，这与许多发展中国家的现实不符。Bhatia（1979）将农业存在剩余劳动力和弹性工时引入哈里斯—托达罗模型，并以部门间的预期福利相等替代预期收入相等作为劳动力迁移的均衡条件，研究表明，虽然预期收入增加会促进农业劳动力转移，但当外生给定商品价格率时，即使预期城市工资不变，最低工资的上涨也会导致农业劳动力转移；此外，劳动力转移规模大于固定工时假定下的封闭经济情形。周天勇和胡锋（2007）则考虑农民流回农村的理性，即农民在城市里找不到工作时会流回农村，城乡人口流动一直保持均衡状态。同时假设农民迁移决策是家庭理性决策行为，一国劳动力和失业人口在农业部门、城市非正规部门和正规部门的分布始终保持一种均衡状况，由此改进 Todaro 模型，得出相反结论：发展城市不仅能改善城市失业，而且能提高工资收入；而发展农业只能带来非常有限的收入增加，并会在农村积累更严重的隐蔽性失业。遗憾的是，其仍然是外生给定非农部门工资高于农业部门，没有建立起一般均衡模型以内生决定部门间收入差距，进而深入解释农业劳动力转移动因。

在经验研究方面，梁明等（2007）将 GDP 与农村人均耕地面积两个变量引入托达罗模型，利用 1992～2004 年省级面板数据，对中国劳动力城乡迁移进行计量分析，发现：经济增长、城镇新增就业岗位对劳动力城乡迁移具有显著的促进作用，人均耕地面积减少是城乡迁移比较重要的推动力量，而城镇失业率和城乡收入差距作用不显著。马颖和余官胜（2010）将哈里斯—托达罗模型扩展到存在贸易开放的情形，认为如果一国的比较优势为制造品，贸易开放将会减少就业，利用我国省际面板数据也验证了其理论结论：当不考虑劳动市场刚性时，由于中国的比较优势是劳动密集型产品，贸易开放能增加就业；而当劳动力市场刚性较大时，劳动力转移过程反而促使贸易开放减少就业。范晓非等（2013）利用 Todaro 模型和 CHNS（中国健康营养调查）微观数据分析表明，预期城乡收入差距是影响我国劳动力转移的最重要的因素。何微微和胡小平（2017）将非经济预期因素纳入 Todaro 模型，基于"经济预期"和"非经济预期"两个维度构建劳动力转移理论框架，并利用 2015 年 10 月至 2016 年 5 月对四川省、重庆市和贵州省的调研数据，研究发现：收入预期、择偶意愿、子女教育意愿、技能获取意愿、职业多样化选择意愿、职业晋升意愿及城市融入意愿对农村劳动力转移意愿均存在显著的促进作用。何微微和胡小平（2017）利用重庆市 1210 份样本调查数据回归分析农村劳动力转移影响动因，发现老一代农村劳动力最关注的是经济收入，其次是情感预期，职业预期位列最后；而新生代农村劳动力最关注的因素依次为情感预期、收入预期、城市融入预期和职业预期。然而他们都没有考虑制度因素这一重要变量对劳动力转移动因的影响。席恒和周明（2008）将农民工面临的制度歧视成本引入 Todaro 模型，并通过对乌鲁木齐市农建食品有限责任公司的调研数据实证分析，发现：决定农村居民转变为农民工的根本动因在于比较转移前后的家庭收益和各种制度约束下的成本；制度性歧视对农村居民的迁移决策产生影响，最终造成了整个社会福利的损失。但其对于制度歧视成本也侧重于定性描述而没有量化。卢向虎等（2006）以 Todaro 模型为理论基础，用时间趋势来反映制度因素对城乡人口迁移规模的影响，并利用 1979～2003 年时间序列数据进行实证分析，得到以下结论：中国城乡实际收入差距扩大已显著地阻碍了农村人口向城镇的长期迁移；城乡人口迁移规模的扩大并不是导致城镇失业增加的原因，而城镇失业却在一定程度上影响了农村人口的城乡迁移；制度因素对农村人口城乡迁移规模的影响是复杂的，城乡人口迁移规模随着制度约束的减弱而逐年增加。尽管卢向虎等考虑并量化了制度因素，但仅仅使用时间趋势以反映制度因素对城乡人口迁移的影响显然比较粗糙。

（3）基于推拉模型的拓展研究。在理论研究上，程名望等（2006）通过动态宏观经济学递归方法建立推拉模型表明，城镇的拉力特别是城镇工业技术进步，是农村劳动力转移的根本动因。基于宏观经济变量的 Logit 模型和基于微观经济变量的描述性分析都很好地验证了该结论。研究同时表明，加强农村基础文化教育对农村劳动力转移具有深远意义，性别、家庭收入、区位等因素的差异也对农村劳动力转移有明显影响。马光威等（2017）在"推拉理论"基础上构建扩展的动态搜索模型研究表明，农产品价格市场化改革有利于农村劳动力转移。由于程名望等仅仅建立了宏观理论模型而没有考虑微观行为，故也未能内生地解释农业劳动力向城市的转移。

经验研究上，程名望等（2005）以李（Lee）扩充的推拉理论为基础，利用2000年暑假和2004年寒假对烟台宏发食品责任公司农民工的问卷调查，发现：影响农民工进城的城镇因素中，城镇推力和拉力都有所增强，农村劳动力转移的动因逐渐从原来被动地依靠农村推力嬗变到主动地依靠城镇拉力。周孝坤等（2010）基于城乡统筹发展视角，利用重庆1997～2008年数据，针对"推"和"拉"的因素分别建立模型定量分析农村剩余劳动力转移影响因素。结果发现，农村人均耕地减少和农业生产现代化的提高是影响农村劳动力转移的重要"推力"，而城市较高的收入和现代化水平是影响农村劳动力转移的重要"拉力"。此外，Li（2004）运用重力模型，利用1990年人口普查和1995年1%人口抽样调查数据对全国人口流动和城市化进行分析，发现：外商直接投资对人口乡城转移具有推动作用，而城镇失业率及工资水平的作用不显著。余尊宝和刘玉萍（2012）依据"推拉理论"，并使用1978～2009年西部12省份的面板数据实证分析显示，城乡收入差距和城镇化工业化水平成为农村劳动力转移最主要的两个因素。赵德昭和许和连（2012）构建包含"拉力"FDI和"推力"农业技术进步的"合力模型"理论分析框架，并使用1996～2009年中国28个省份的面板数据计量分析发现，FDI和农业技术进步对农村剩余劳动力转移均有显著的正向影响。朱芸和邹杨（2014）基于推拉理论，分析了我国农村劳动力转移动因，并使用2001～2012年数据线性回归发现：农业发展对人口转移具有积极推动作用，产业载体和生活成本是阻碍农村人口向大城市转移的两大原因。然而他们都没有考虑制度因素这一重要变量对劳动力转移动因的影响。李强（2003）使用其在四川、北京等地组织的一些问卷访谈数据，认为中国的推拉模式与国际相比的主要差异在于户籍制度，户籍是影响中国城乡流动最为突出的制度障碍，由此修正推拉理论模型，对影响中国城市农民工流动的因素进行分析，得出：城乡之间巨大的经济差异和收入差异是人口向城市流动的最主要原因；户籍制度导致的阻力不仅对一般推力与拉力发生影响，而且使得推拉失去效力，从而使流动人口不再遵循一般的推拉规律。可惜其对于户籍制度侧重于定性描述而定量分析不够。

（4）基于新劳动力迁移经济学的拓展研究。在理论研究方面，Chen等（2003）考虑工人的异质性建立了一个迁移模型发现，即使迁移者的收入更低、风险更大，迁移也可能会发生。Stark（2006）通过使用基尼系数测度收入差距建立模型，发现：在既定的收入水平下，整体的相对贫困程度越高，则迁移动机越强；整体的相对贫困程度与基尼系数正相关。尽管上述文献从不同角度拓展了新劳动力迁移经济学，但仍然没有建立微观基础以内生地说明城乡劳动生产率差距，未能深入解释发展中国家的农业劳动力转移动因。

经验研究方面，Bhandari（2004）利用 1996 年尼泊尔 Western Chitwan Valley 的 1465 个农户家庭数据，运用 Logistic Regression 方法检验相对贫困对于迁移的影响，分析结果支持如下假说：相对于富裕家庭来说，那些有着更少耕地家庭的个体更有可能迁移。Quinn（2006）使用墨西哥移民项目数据发现，相对贫困是家庭迁移决策的一个重要动因。Stark 等（2009）利用波兰区域数据进行的经验分析支持 Stark（2006）的结论：整体的相对贫困程度与迁移正相关。蔡昉和都阳（2002）在对甘肃通渭、四川渠县、贵州威宁及陕西商州四个贫困县市 582 家农户进行问卷调查基础上，依据 Stark 等（1991）分析框架，运用 Probit 模型检验相对贫困与迁移的关系假说，发现：绝对收入差距与相对贫困同时构成农村劳动力迁移的动因；男性、受教育程度高、技能高及非农工作经验丰富的劳动力转移动机强，而已婚劳动力转移意愿低，年龄与劳动力转移决策具有倒"U"型关系。洪小良（2007）基于北京市的抽样调查数据，对城市农民工的家庭迁移行为及影响因素进行分析发现：以新劳动力迁移经济学理论为依据的家庭因素变量对农民工的家庭迁移行为有显著的解释能力，北京市外来农民工的流动已呈现明显的家庭化特点，1984～2006 年，家庭式迁移发生概率总体上呈逐年上升的趋势。朱明芬（2009）基于在杭州务工的 543 名农民工 1995～2008 年的追述式抽样调查数据，分析农民工家庭人口迁移态势、特征及其影响因素发现：以新迁移理论为依据的家庭因素对农民工家庭人口迁移行为有较好的解释能力，在近 14 年中，杭州外来农民工家庭人口迁移发生率总体上呈逐年上升的态势，夫妻携子女迁移的情形日益增多，人口迁移间距越来越短，入迁居住方式更加城市化。何微微（2016）基于 2015 年 10～12 月对四川省 9 个地级市所作的农村劳动力转移调查获得的 1109 份问卷调查数据，利用二元 Logistic 回归模型对影响新生代农村劳动力转移决策的因素进行实证分析发现，收入预期因素和非收入预期因素共同促进了新生代农村劳动力城乡转移，包括职业预期、情感预期和城市归属预期在内的非收入预期因素已成为影响新生代农村劳动力转移决策的重要因素。然而上述文献也没有考虑制度因素对劳动力转移动因的影响。盛来运（2007）利用新劳动力迁移经济学理论从个体、家庭、社区和制度（使用家庭转包出的耕地面积占承包面积的比重来反映土地流转情况的制度变量）等多个层面对中国农村劳动力外出的影响因素进行了系统分析，提出了相关因素影响劳动力外出可能性的 16 个假设，并在此基础上建立了劳动力外出决策模型，利用中国农村住户调查34000户样本数据，对这些假设进行了实证分析发现：新经济迁移理论在中国具有一定实用性。对于农民家庭来说，家庭相对剥夺感和市场流动性差增加了农民外出务工的可能性，对于家庭所在社区来讲，一个基础条件好和社会资本丰富的社区有利于推动农民外出，但过高的非农产业发展水平会降低本地劳动力外出的可能性；此外，土地制度对劳动力外出具有显著影响。但正如他本人所说"制度变量又是最难度量的，很难找到能充分体现制度影响的合适的制度变量放入模型。……我们试着在模型中放入一个反映土地流转情况的制度变量"，可见，这种使用家庭转包出的耕地面积占承包面积的比重来反映土地流转情况的制度变量也是比较粗糙的。

2.2.2　农业劳动力转移途径及其影响因素

农业剩余劳动力转移存在空间和产业两个维度，在空间维度表现为由农村向城市的转移，在产业维度则表现为由农业向非农产业的转移。对大多数国家来说，农业劳动力的转移在两个维度是同时进行的，即农业劳动力由农村向城市转移的同时完成由农业向非农产业的转移。然而在中国则不同，庞大的农业人口和有限的农地，导致农业存在大量剩余劳动力，但城市也面临较大的失业压力，因此形成了中国农业剩余劳动力异地转移和就地转移并存的现象，也就是说，中国农业剩余劳动力存在异地转移和就地转移两种转移途径。那么，农业剩余劳动力是如何选择转移途径的呢？其影响因素又是什么？由于就地转移只是极少数国家特有的现象，因而未曾引起国外学者的关注，基本没有看到相关研究。国内学者则根据我国国情进行了探讨。

在理论研究方面，一些学者认为两种转移途径都是现实的合理选择。李晓春（2005）通过分析 Lewis 及 Harris - Todaro 模型建立的基本思路和背景条件，认为"离土不离乡"型劳动力转移与 Lewis 模型、"民工潮"型与 Harris - Todaro 模型具有较好的对应关系，明确中国农村劳动力转移存在双重机制。马轶群和李晓春（2010）进一步认为，由于江苏的发展模式起源于乡镇企业，因此，江苏第一阶段劳动力转移途径为"离土不离乡"型就地转移，待大量就地转移劳动力聚集成新兴城市后再进入第二阶段"民工潮"型异地转移；浙江民营大多源于农村手工业，其农村劳动力转移机制为"离土不离乡"型就地转移；上海城市化水平高，基本不存在农村剩余劳动力，应为"民工潮"型异地转移。许经勇

（2007）认为强调依靠城市工业扩张来转移过剩农村劳动力的 Lewis 理论对应异地转移（流向大中城市），强调依靠人力资本提高、科学技术进步以及农村内部分工深化来扩大农村劳动力就业机会的 Schultz 理论则对应就地转移（流向农村工商业和小城镇），只有坚持农村劳动力异地转移与就地转移相结合，才能确保农村劳动力的合理流动，且随着社会主义新农村建设的全面推进，农村劳动力就地转移的重要性和现实性必然会越来越明显地凸显出来。

也有学者认为就地转移应成为解决农业剩余劳动力的主要途径。曹明贵（2006）认为我国不断深化的城市经济改革造成了城市失业，大量农民工进城加剧了城市就业压力，并增加城市交通压力和治安问题。因而加快农村工业发展、实现农村工业化，也应是解决农村剩余劳动力就业问题的途径选择。李平和侯军岐（2007）分析了农村工业化进程中劳动力转移速度下降的内外部原因，认为导致速度下降的因素不会长期发挥作用，并从作为农村工业化主体的乡镇企业在相对经济效益、竞争优势、不平衡性、积聚效应和自身特点等多个角度分析了农村工业化进一步吸纳劳动力的潜力，认为应该继续关注农村工业化。李国英（2007）认为不受限制、无序的异地转移会带来许多城市问题和社会问题，通过农业产业化和农村中小企业的集群发展，实现农村劳动力就地转移，才是解决问题的根本途径。穆建新（2009）认为在当前金融危机背景下，外向型经济严重受挫，中国必须由以出口导向、劳动力密集型制造业、异地就业为主要特征的"劳动力转移"模式，转变为以内需驱动、沿海劳动力密集型产业向内陆转移、就地就业为主要特征的"产业转移"模式。

其中，有的学者认为应大力发展以农产品加工为主要内容的新型工业化以实现农业剩余劳动力的就地转移。袁铖（2003）从动态视角认为，中国农村剩余劳动力规模比学术界测算的还大。虽然乡镇企业和小城镇发展受阻，但现实国情和经济发展规律决定了农村剩余劳动力转移主渠道仍然是就地转移，开展以农产品深加工为主要内容的新型工业化是农村经济发展的迫切需要。程怀儒（2006）分析中国现实情况后，认为大城市的人口容纳能力有限，实现农村工业化，大力发展"近"农产业特别是农产品加工业，延长经营链条，是转移农村剩余劳动力的有效途径。

但也有学者认为吸纳农业剩余劳动力最主要途径还是异地转移。董文柱（2003）认为，乡镇企业吸纳农村剩余劳动力的能力在减弱，小城镇由于缺乏第二、第三产业的支撑，吸纳能力有限，在大中城市里，基础设施相对完善，投资环境比较好，带动区域经济发展的功能强，居民的收入水平也较高，第三产业发展较快，就业机会相对较多，应成为吸纳农村劳动力的最主要途径。

尽管学者考虑我国实际情况，从多个视角分析了我国农业剩余劳动力转移的途径选择，但基本都只进行了粗略的文字性论述，缺乏严谨的论证，同时也没有进一步深入说明农业劳动力转移途径选择的具体影响因素及作用大小。

在经验研究方面，彭连清和詹向阳（2007）利用第五次全国人口普查和统计年鉴等数据发现，改革开放以来，我国农村劳动力转移表现为省内就近转移和跨省异地转移并存，并更多倾向于跨省转移；跨省转移的地域流向主要表现为由中西部地区向东部沿海地区转移，尤其是向长三角和珠三角地区集中；转移劳动力多数集中在加工制造业、建筑业和生活服务业等低技术的劳动密集型行业。彭连清和詹向阳（2007）进一步认为，改革开放以来，珠三角地区先后经历了以本地农村劳动力为主、以本省农村劳动力为主和以外省农村劳动力为主三个劳动力转移阶段。但随着产业和劳动力的持续集聚，珠三角地区产业重型化和高技术化趋势明显，劳动密集型产业开始向周边转移，欠发达地区要抓住珠三角产业向外转移契机，促进本地农村劳动力由大规模异地转移向就地或就近转移模式转变。罗明忠（2009）使用2009年2~3月对广东部分地区的农村劳动力进行的396份问卷调查数据分析发现：丰富自身的人力资本是农村劳动力异地转移的重要决策因素；孩子越多则作为其父母的农村劳动力出于照顾小孩的需要，会更多地考虑就地转移。但这些研究仅停留于数据描述，定量分析不够深入。

另有一些学者对此进行了计量分析，朱农（2004）利用1992年湖北的一次人口迁移问卷调查数据，用计量经济学的方法分析了中国农业剩余劳动力两种转移途径。结果表明，异地转移对劳动力素质的要求比就地转移更高；就地转移是一种更容易参与、成本较低的活动；两种转移存在互补关系。可惜他们没有考虑制度因素和日益高涨的城市生活成本对农业剩余劳动力转移途径的影响。

2.2.3 农业劳动力转移效应及其影响因素

本部分我们将针对我国当前的热点问题，分别从农业劳动力转移对农民增收与农村减贫、城乡收入差距、经济增长以及城镇失业四种效应分别进行回顾。

（1）农业劳动力转移与农民增收、农村减贫。解决"三农"问题的核心在于解决好农民问题，解决农民问题的关键又在于农民增收。关于农业劳动力转移与农民增收问题，国内外学者认为中国农业劳动力过剩是长期以来制约农村经济增长、影响农民收入提高的重要原因，解决农民增收问题的出路在于转移农业剩余劳动力。只有以农业劳动力转移为发展的主要目标，留在农村的劳动力才有可能增产增收，传统的以提高农业生产率为着眼点的农村发展战略才能真正解决农村贫困问题。

一些学者使用微观调查数据证实了农业劳动力转移对农民增收的积极作用。李实（1999）使用中国社会科学院经济研究所 1995 年居民收入抽样调查农户调查数据估计得出：外出劳动力的边际劳动报酬率要高于非外出劳动力，且其流动还会对家庭其他劳动力的劳动报酬率的提高产生积极影响，因而具有收入增长效应。李恒（2006）通过 2005 年暑期对河南省 49 个自然村的问卷调查分析，证实了外出务工对农民增收的促进作用，外出务工不但已成为农民收入的主要部分，同时也是农民增收最快的部分，而且也成为了促进农民增加其他收入的源泉。张鹏和王婷（2010）对重庆市开县 38 个乡镇的农村劳动力转移情况进行调查表明，实现农村剩余劳动力的转移和非农就业是提高农民收入水平的重要途径，农村劳动力转移规模、农民受教育水平对农民收入增加呈正向效应。Howell（2017）基于中国家庭民族调查项目数据研究发现，迁移可显著提高各民族农村家庭的收入水平（尽管对于少数民族农村家庭的作用要小于汉族农村家庭），尽管迁移减少了空间不平等，却加剧了少数民族之间的不平等。且民族不平等在总不平等中的贡献百分比大于空间不平等，因此种族维度是中国不平等的一个重要但常常被忽视的部分。

另外一些学者使用宏观数据计量验证了农业劳动力转移对农民增收的促进作用。廖楚晖（2004）利用 1978～2001 年全国时间序列数据，通过多元线性回归发现，转移农村劳动力将提高农村人均收入，而农村人均收入与农民人均产值之间也呈正相关关系。杨渝红和欧名豪（2009）采用 1998～2005 年全国 30 个省份面板数据，利用固定效应模型，进行广义最小二乘法（GLS）估计得到：农民纯收入和非农收入随非农劳动力比重的提高而增加，农业人口非农就业比重每上升一个百分点，农民人均纯收入增加 40.90%；土地经营规模与农民人均纯收入之间存在"U"型关系，土地经营规模过小或者处于规模经营水平都可能使农民获得较高的人均纯收入；各省份 GDP 每增加 1000 元，可以使农民人均纯收入增加 124.38 元；另外初中以上教育程度劳动力提高一个百分点，可使农民人均纯收入增加 15.71%。彭岚等（2009）从提高农业边际产出、有助于农业规模化生产、提高农产品商品化率、提高农民素质四个方面阐述了劳动力转移对促进农民增收的有效性，并利用江西省 1995～2007 年时间序列数据计量发现：农村劳动力转移能显著促进农民增收，农村劳动力转移量每增加 1%，将导致农民收入增加 1.214831%。

对劳动力转移减贫效应的看法，国内外学者大致有以下三种观点：一是贫困缓解论。这一观点普遍认为，劳动力流动通过资源合理配置、资金和技术的流转进而推动收入增长，进而有利于贫困减少。Adams 和 Page（2005）通过构建和分析 71 个发展中国家有关国际移徙、汇款、不平等和贫困的新数据，并使用 Ravallion（1997）与 Ravallion 和 Chen（1997）提出的基本增长—贫困模型，发现了国际移民和汇款都显著降低了发展中国家贫困的水平、深度和严重程度。另外在考虑到国际移民可能的内生性以及控制各种因素之后，结果显示，国际移民在一个国家人口中所占比例平均增加 10%，将导致贫困人口比例下降 2.1%。在考虑到国际汇款可能的内生性后，人均国际汇款增加 10%，将导致贫困人口比例下降 3.5%。Sabates - Wheeler 等（2008）利用加纳和埃及的移民及非移民的数据和动态行为模型（强调初始条件的重要性，特别是贫穷作为迁移的决定因素），定量地探讨移徙者是否能够利用移徙的经验来造福等问题。实证模型解释了移徙对贫困的直接影响以及移徙在缓解贫困动态方面的作用。结果显示移民对主观贫困的选择性，以及移民对帮助人们改善生活有重大影响。Bertoli 和 Marchetta（2014）以厄瓜多尔移民潮为切入点，并从一项提供移民详细信息的调查中得出数据，分析了移民潮对厄瓜多尔留守者贫穷发生率的影响，分析显示，移民对移民家庭的贫困有显著的负面影响。除此之外，移民具有正收入增长效应，移民一方面能帮助家庭摆脱贫困，另一方面还能改善农村地区的贫困状况。Nguyen 等（2015）调查了越南中部三省移民，研究其脆弱性和贫困状况以及农户福利的相互作用。该分析使用了涵盖 2007～2010 年越南农村 2200 户家庭的面板数据，通过 Probit 和倾向得分匹配估计表明，移民对收入增长有正向影响，这些影响在就业机会较少的省份更为明显。这些效应不仅有助于移民家庭摆脱贫困，而且还能改善农村的贫困状况。Adams（2006）估计了一个基于 115 个发展中国家的新数据集的计量经济学模型。结果表明，靠近主要汇款地区的国家（如美国、经合组织—欧洲）更有可能获得国际汇款，而且一国的贫困水平对汇款额没有统计影响。对于有幸接受汇款的国家来说，汇款资源流动确实倾向于减少贫困的程度和深度。Acosta 等（2008）使用跨国面板数据研究发现，拉丁美洲和加勒比（拉丁美洲）国家的汇款增加，不平等和贫困减少。Gupta 等（2009）评估了流向撒哈拉以南非洲的汇款稳步增长的影响，认为汇款是一种稳定的私人转账，具有直接的贫困现象，即使考虑了汇款、贫困和金融发展之间的反向因果关系，这些结论仍然成立。de la Fuente（2010）使用1998年10月至2000年11月的墨西哥一组农村家庭数据研究发现，汇款支付与农户可能遇到的对未来贫困的威胁之间存在负相关、统计上显著的关系。Adams和Cuecuecha（2013）分析来自加纳的内部汇款和来自非洲或其他国家的国际汇款对加纳投资和贫困的影响发现：接收汇款的家庭在食物的边际花费更少，在教育、住房和健康三类投资上花费更多的钱，汇款大大减少了家庭贫困的可能性，认为汇款可以减少发展中国家的贫困、增加投资。Christiaensen和Todo（2014）从城市化的角度出发，利用1980~2004年发展中国家的跨国数据发现，劳动力转移带来了更多的包容性增长和更快的减贫。Bang等（2016）利用肯尼亚移民家庭调查数据，采用工具变量分位数回归模型研究发现，迁移所带来的汇款能缓解贫困。Arouri等（2017）利用家庭调查数据，评估城市化对越南农村家庭的收入、支出和贫困的影响，发现：城市化进程刺激了农村从农业向非农业的转变，降低农业收入，增加农村工资和非农收入，有助于降低农户的支出贫困率。

国内部分学者的研究也得出了类似结论。都阳和朴之水（2003）利用中国西部贫困地区的农户调查资料，对迁移收入转移及其对贫困状态的影响进行实证研究表明，中国贫困地区的劳动力迁移行为与"利他性"假说相吻合，劳动力迁移的确成为缓解贫困的重要因素。这表明贫困地区的劳动力迁移可以视作一种积极的反贫困行为。都阳和朴之水（2003）使用对中国西部地区4个贫困县所做的两轮（1997年、2000年）农户调查数据，通过非参数分析发现，迁移从总体上改善了贫困地区的贫困程度，劳动力迁移所带来的收入已成为农户家庭收入的重要来源，并成为脱贫的最重要手段。王德文等（2009）对两个贫困县的调研数据也表明，劳动力转移对于贫困地区农民的增收、脱贫具有举足轻重的作用。罗楚亮（2010）根据收集到的相邻年份（2007年和2008年）的面板数据考察发现，包括外出务工收入在内的工资性收入增长对于农户脱贫具有重要贡献，外出务工显著降低了农户陷入贫困的可能性，贫困标准越低，外出的贫困减缓效应越明显。蒲艳萍（2010）以国家社科基金课题组2010年初在西部地区289个自然村有无外出务工户的问卷调查及2000~2007年西部各省际单位的面板数据为研究样本，就劳动力流动对农村居民收入的影响效应进行统计与实证分析。结果发现：农村劳动力流动对增加农村居民收入、缓解农民家庭贫困、改善农民家庭福利状况具有积极效应；劳动力流动、农村固定资产投资、经济增长及农村人力资本提高等因素对西部农村居民人均纯收入均具有积极影响，其中，区域经济增长对农民增收作用最大。李石新和高嘉蔚（2011）研究表明，农村劳动力流动通过非农收入增加、农业资源重组和资金技术回流推动了农村贫困减少，而高素质劳动力的流失则使农业发展乏力且阻碍了农村贫困减少进程，1992～2008年中国农村劳动力流动是有利于农村贫困减少的。而基于 ADL 模型的统计检验更是得出明确的结论：1994～2008年农村劳动力流动所降低的农村贫困发生率占总农村贫困发生率下降的30.17%。章元等（2012）认为，中国首先通过城市倾向政策推动工业化，创造出了新的经济增长点，并创造大量非农就业岗位吸收农村剩余劳动力，而贫困农户能够进入劳动力密集型的工业部门就业并获得更高收入，这是他们分享工业化所带来的经济增长"蛋糕"并脱离贫困陷阱的关键渠道。樊士德和江克忠（2016）利用2010年中国家庭追踪调查（CFPS）数据，采用线性回归模型和 Probit 模型实证分析了劳动力流动对全国和不同地区、地貌农村家庭的减贫效应。结果表明，从全国范围的全样本看，劳动力流动既改善了农村家庭绝对收入状况，又降低了陷入贫困的相对概率；但从分地区实证结果看，发达地区劳动力流动对降低家庭贫困发生概率的效果更为显著，并在提升家庭绝对收入上呈现边际效率递减特征，而欠发达地区的边际贡献更高。何春和崔万田（2018）使用中国25个省份2000～2014年的面板数据分析发现：农村劳动力转移能缓解贫困，且西部地区农村劳动力转移对贫困减少的作用最大，东部地区最小。陈光金（2008）发现：非农从业收入比重能显著减少贫困发生风险，纯农业户成为贫困户比例最高的社会阶层。邹薇和方迎风（2011）发现：从事农业工作的农户贫困状况更严重。

二是贫困加剧论。持贫困加剧论观点的学者们认为，大量农村人口向城市迁移必然破坏农村的经济和社会秩序，从而导致农村贫困化的加剧。Chinn（1979）指出葡萄牙、美国和日本都经历了大量农村劳动力向城市迁移，但在迁移过中，迁移对农村社会秩序有较大的破坏作用。Maddox（1960）、Foulkes 和 Schafft（2010）利用2000年美国十年一度的人口普查中的1995～2000年县—县移民数据，探讨贫困人口和非贫困人口的不同移民率如何影响当地贫困发生率。研究表明：20世纪90年代，穷人的移动速度不低于非贫穷者，然后这种运动却趋向于加深现有的贫困集中度。

三是贫困不确定论。该观点认为劳动力迁移行为能否改善贫困家庭的福利并减贫，取决于迁移动机的类型（Lucas 和 Stark，1985）、迁移类型、特点、时间和地点（de Haan，1999）、迁移人口的人力资本和社会资本水平（Kothari，2003），因而结果并不确定。还有一些研究指出，劳动力城乡间迁移与贫困的关系是混合型的，而不是单调关系（Marre，2009；Guriev 和 Vakulenko，2015）。杨靳（2006）从理论分析和经验研究两个方面得出结论，认为人口迁移能消除农村贫困，但在某种情况下，也会加剧农村贫困。当迁移人口向农村的人均汇款大于迁移人口在农村的边际产出时，人口迁移将消除或改善农村贫困；相反，当迁移人口的人均汇款小于迁移人口在农村的边际产出时，人口迁移恶化农村贫困。当前中国农村的人口迁移整体上是在消除农村贫困，但局部地区开始出现人口迁移恶化农村贫困的现象。李翠锦（2014）基于新疆 30 个贫困县、3000 个农户、2008 ~2010 年的微观面板数据，在控制了家庭规模、劳动力数量等家庭特征变量和粮食播种面积等村庄特征变量的前提下，运用固定效应法与工具变量法分别考察了劳动力迁移规模、迁移方式与迁移区位对家庭收入的影响，并进一步分析了劳动力迁移对贫困的缓解效应。回归结果表明：劳动力迁移规模虽然对农户农业收入有负向影响，但显著提高了农户人均收入与利他性收入；自发性迁移与政府组织性迁移方式均能显著提高农户收入，且自发性迁移的作用更强；省内县外迁移对农户收入的提高最为显著，其次为县内乡外迁移，省外迁移不影响农户收入；劳动力迁移规模提高了中等收入农户的收入水平，但对贫困户的贫困无缓解效应，也不影响富裕户的收入水平。

总之，农业劳动力转移对农民增收和农村减贫并没有得出一致结论。同时，中国农村贫困也存在很大的区域差异性，但既有研究多数没有考虑到这一差异。

（2）农业劳动力转移与城乡收入差距。就农业劳动力转移对城乡收入差距的影响来说，大部分学者都持肯定观点。Jian 等（1996）分析中国 1952 ~1993 年的人均实际收入发现，以经济增长为中心的改革加剧了收入不平等，而劳动力和其他资源要素的流动却弱化了不平等。赵人伟和李实（1997）利用国家统计局公布的时间序列资料和中国社会科学院经济研究所收入分配课题组对 1988 年和 1995 年城乡居民收入分配状况所做的抽样调查数据，对影响城乡间收入差距的因素进行了系统研究，认为农村劳动力流动可以较明显地缩小城乡收入差距，而改善劳动力流动政策，就是为缩小城乡收入差距提供一个前提——机会均等。李实和赵人伟（1999）进一步研究了劳动力流动对城乡收入差距产生的效应，认为农村劳动力流动，特别是流向城镇可以赚取更多的收入，同时也有助于提高停留在农村的其他劳动力的劳动生产率，从而增加农民收入，并缩小城乡收入差距。Justin Y. Lin 等（2004）对中国农村劳动力向城镇的迁移进行了研究，认为劳动力迁移即使在短期内也会缩小收入不平等，而 20 世纪 90 年代大量的劳动力迁移却没有缩小区域收入差距的一个重要原因就是对迁移的持续抑制。蔡昉（2005）认为农村劳动力向城镇转移过程中，劳动力从农业转向非农产业，通常会产生提高农业劳动的边际生产率和报酬水平，降低或抑制非农产业劳动的边际生产率和报酬水平的效果，从而缩小农村和城市之间的收入差距。然而，在中国的改革过程中，却出现了劳动力流动和城乡收入差距同时扩大的现象。其主要原因之一就是城市劳动力市场歧视，所以应深化户籍制度改革。许秀川和王钊（2008）以系统动力学模型和 Vensim 软件为分析工具，对重庆市的城市化、剩余劳动力转移与城乡收入差距进行系统动力学仿真研究表明，加快城市化进程和农村剩余劳动力转移速度是缩小城乡收入差距的有效手段。郑彩祥（2008）利用 1978～2005 年省级面板数据分析农业劳动力转移对缩小城乡收入差距的影响发现，农业劳动力转移有利于缩小城乡之间的收入差距，而城市导向的财政政策不利于缩小城乡之间的收入差距。范晓非等（2013）采用 CHNS（中国健康营养调查）微观数据分析表明：劳动力转移一定程度上缓解了城乡收入差距。彭竞和谢地（2014）使用吉林省 1990～2011 年数据研究发现，非农就业转移显著地缩小了吉林省城乡收入差距。王莹（2015）利用投入产出表等统计数据，采用两地区三部门和四地区三部门的 CGE 模型研究表明，农村劳动力在产业部门之间的转移有缩小城乡收入差距的作用。万晓萌（2016）基于广义空间面板模型，使用我国 1990～2013 年省际面板数据实证研究发现，农村劳动力转移不仅能直接缩小城乡收入差距，还可以通过空间溢出效应间接影响"相邻"地区城乡居民收入，劳动力转移对于改善城乡居民收入差距作用显著。谢冬水和周灵灵（2016）通过构建城乡二元经济模型，利用 1999～2012 年省级面板数据研究表明，劳动力流动具有缩小城乡居民收入差距的作用。徐家鹏和孙养学（2017）利用我国 1998～2014 年 30 个省级面板数据，采用空间计量模型分析显示，本省区内农村劳动力转移对城乡收入差距存在显著的负向直接影响。朱红恒等（2017）利用 2003～2014 年中国 31 个省份的面板数据研究表明，私营及个体经济发展和农村劳动力转移可以有效提高农村居民的收入水平，从而缩小城乡居民收入差距。

但也有学者持不同看法，侯琳琳和黄勇（2011）构建两期三部门的理论模型分析发现，仅通过农村剩余劳动力的转移不能有效缩小城乡收入差距。张柏杨

（2014）构建数理模型分析表明，收入差距也会随着劳动力在两大产业部门间的转移先扩大后缩小，呈倒"U"型特征。朱云章（2009）使用1983～2006年我国时间序列数据计量分析发现，城乡劳动力流动与收入差距两者之间只存在由收入差距到城乡劳动力流动的单向因果关系，而不存在城乡劳动力流动对城乡收入差距的反馈作用。朱长存等（2009）认为农村劳动力向城市转移除了一般性人力资本溢出外，还存在着更为广泛的人力资本外溢性：一是与城市人力资本投入相比，农村人力资本投入具有更强的私人性；二是由于城市劳动力市场存在着广泛的歧视，农村人力资本并不能获得与其边际贡献相应的报酬。因而农村劳动力向城市转移存在着农村向城市的庞大价值转移。实证分析表明，超过四成的城乡收入差距是由此形成的。匡远凤和詹万明（2016）构建由城镇正规、非正规与农村农业部门组成的农村劳动力转移三部门模型，并进行数值模拟研究表明，农村劳动力的择优转移导致了我国城乡收入差距的扩大。

就城乡收入差距对农业劳动力转移的影响来说，大部分学者也都持肯定意见。朱农（2002）利用1991年湖北省的一次人口迁移和经济发展的问卷调查数据，使用Probit模型的结构方程，证实了城乡收入差距在中国农村向城市的迁移过程中的正向作用：无论对于男性还是女性，收入差距越大，迁移概率越强。李强（2003）使用其在四川、北京等地组织的一些问卷访谈数据，认为中国的推拉模式与国际相比的主要差异在于户籍制度，由此修正推拉理论模型对影响中国城市农民工流动的因素进行分析，得出：城乡之间巨大的经济差异和收入差异是人口向城市流动的最主要原因；户籍制度导致的阻力不仅对一般推力与拉力发生影响，而且使得推拉失去效力，从而使流动人口不再遵循一般的推拉规律。吴红宇（2008）引入"新劳动力迁移经济学"解释框架，利用对广东韶关市乐昌县廊田镇进行的一次问卷调查数据，得出Stark的新劳动力迁移经济学对中国现实情况也有一定的解释力，绝对收入差距也是迁移决策行为的动因之一。李培（2009）以推拉模型为理论依据，利用1992～2005年省级人口城乡迁移面板数据，构建了中国人口城乡迁移的计量模型，得出：农村劳动力受教育程度与农村人口城乡迁移存在倒"U"型关系；城乡收入差距的扩大、城镇就业岗位的增加、农村机械化水平的提高以及乡镇企业就业岗位的相对减少都明显促进了城乡人口的迁移，而实际迁移距离和"无形"迁移距离制约着城乡人口的迁移。李勇刚（2016）利用1999～2013年中国31个省市区面板数据构建面板联立方程模型实证分析发现，收入差距对农村剩余劳动力转移的影响显著为正。徐宏伟和唐铁山

（2015）使用湖北省1990～2012年时间序列数据计量分析发现，城乡收入差距显著推动了农村剩余劳动力转移。

但也有学者得出了不同的结论，卢向虎等（2006）以Todaro模型为理论基础，用时间趋势来反映制度因素对城乡人口迁移规模的影响，并利用1979～2003年时间序列数据进行实证分析，得到以下结论：中国城乡实际收入差距扩大已显著地阻碍了农村人口向城镇的长期迁移；城乡人口迁移规模的扩大并不是导致城镇失业增加的原因，而城镇失业却在一定程度上影响了农村人口的城乡迁移；制度因素对农村人口城乡迁移规模的影响是复杂的，城乡人口迁移规模随着制度约束的减弱而逐年增加。梁明等（2007）将GDP与农村人均耕地面积两个变量引入Todaro模型，利用1992～2004年省级面板数据，对中国劳动力城乡迁移进行计量分析，发现：经济增长、城镇新增就业岗位对劳动力城乡迁移具有显著的促进作用，人均耕地面积减少是城乡迁移比较重要的推动力量，而城镇失业率和城乡收入差距作用不显著。蔡武和程小军（2012）建立联立方程模型，并使用1996～2010年全国29个省（市、自治区）面板数据研究发现：城乡劳动力流动缩小了城乡收入差距，而城乡差距的缩小也促进了城乡劳动力流动，两者形成良性互动。刘莉君（2016）使用中国27个省份、2005～2013年的面板数据计量分析发现，农村劳动力转移会缩小城乡收入差距，而城乡收入差距扩大会抑制农村劳动力转移。赵德昭和许和连（2012）构建包含"拉力"FDI和"推力"农业技术进步的"合力模型"理论分析框架，并使用1996～2009年中国28个省份的面板数据计量分析发现，城乡收入差距对中西部地区农村剩余劳动力转移具有显著的正向影响，但对东部地区农村剩余劳动力转移具有显著的负向影响。

总之，无论是农业劳动力转移对城乡收入差距的影响，还是城乡收入差距对农业劳动力转移的作用，由于选取的数据、假设条件与模型不同，得到的结论也不尽相同。同时，农业劳动力转移与城乡收入差距之间可能存在相互影响的关系，存在内生性而使得估计系数的不一致，而既有研究对此关注较少。

（3）农业劳动力转移与经济增长。估计和评价农业劳动力转移对宏观经济增长的贡献一直是经济研究领域的热点问题。多数研究表明，农业劳动力转移所引起的全社会劳动力资源再配置效应是改革开放以来中国经济持续增长的重要因素。

关于农业劳动力转移增长效应的测算方法大致可以分为两类。第一类明确考虑资本对经济增长的促进作用，并从经济增长中分解出劳动力转移增长效应。张保法（1997）在反思 Solow（1957）的基础上，考虑发展中国家的结构变化，放弃"希克斯中性技术进步"假设，把结构变动因素纳入新古典经济增长方程，将全要素生产率对产出增长的贡献分解成三部分：第一部分是各行业全要素生产率增长率的加权和，反映了技术进步对经济增长的贡献；第二部分是资本和劳动投入在各行业所占比例的不同变化所带来的经济增长；第三部分是各行业的产出占总产出比例的变化带来的经济增长。第二、三部分分别从要素投入和产出的角度，说明了经济结构的变动对经济增长的影响，这就是劳动力转移的经济增长效应。胡永泰（1998）利用柯布—道格拉斯生产函数，将 GDP 增长分解为资本积累、劳动力增长、全要素生产率（TFP）的增长，然后再将 TFP 的增长又分为劳动力转移增长效应和净 TFP 增长，依据相关统计资料计算得出：劳动力转移提高了 GDP 增长率，使之在 1979～1993 年增长了 0.9%～1.3%，占 TFP 增长的37%～54%。蔡昉和王德文（1999）引入人力资本因素，对中国经济增长源泉做出了较全面的解析，它将经济增长源泉分解为物质资本、劳动力、人力资本和未被解释部分，未被解释部分又分解为劳动力转移增长效应和技术进步，通过测算得到：1982～1997 年，中国经济 8.01% 的平均增长率中劳动力转移增长效应达1.62%，贡献份额为 20.23%。此类方法由于明确考虑了资本的作用，因此测算结果从理论上来讲似乎应该更加准确。但实际上却存在一大问题，当估算资本产出弹性时，如果直接使用统计数据进行计量回归的话，由于我国没有资本存量的官方数据，不同学者对资本存量的估算结果不同，由此而回归得出的资本产出弹性系数也会因人而异，不具客观性；若使用资本在总收入中所占份额来计算资本产出弹性的话，也存在着逻辑上的矛盾（资本产出弹性等于资本在总收入中所占份额，是竞争均衡条件下每个要素获得其边际产出所推导出的结论，而劳动力转移增长效应则发生在经济处于非均衡状态情况下）。

第二类则不明确考虑资本的作用，并从总量劳动生产率增长率中分解出劳动力转移增长效应。例如，Chenery 等（1986）将总量劳动生产率增长率分解为各部门劳动生产率增长率的加权平均值与劳动力转移增长效应两大部分，并对墨西哥、日本、法国等十几个国家 20 世纪中叶的劳动力转移增长效应进行了测算和比较。潘文卿（1999）从数理上推导出一个与 Chenery 等（1986）一致的两部门劳动力转移增长效应测算公式，将总产出增长率分解为劳动力增长率、总劳动生产率增长率以及它们两者的乘积，然后再将总劳动生产率增长率分为各部门劳动生产率的加权平均数和劳动力转移增长效应。劳动力转移增长效应由总劳动生产率增长率减去各部门劳动生产率的加权平均数得出。依据统计年鉴数据得出：总体来看，1979～1997 年，中国 GDP 年均递增 9.8%，总劳动生产率年均递增 6.7%，劳动力转移增长效应为 1.6%，对总劳动生产率增长率和 GDP 增长率的贡献分别达 23.4%、15.9%。潘文卿（2001）利用同一测算方法得出：1979～1999 年，在 9.59% 的 GDP 增长率中，总劳动生产率年均递增 6.68%，劳动力转移增长效应为 1.69%，对总劳动生产率增长率和 GDP 增长率的贡献分别达 19.92%、13.89%。徐现祥和舒元（2001）在总结劳动力转移增长效应测算方法的基础上，将潘文卿（1999）二部门测算法推广为 N 部门劳动力转移增长效应测算法，并利用统计年鉴数据分别测算了劳动力在三次产业间、农业非农业产业间和广东非广东省间流动所产生的增长效应：1979～1998 年，劳动力在三次产业间转移对经济增长的年均贡献为 7.8%，在农业非农业产业间转移对经济增长的年均贡献为 11.4%，在广东省和非广东省间流动对经济增长的年均贡献为 1.5%。齐明珠（2014）采用历史增长核算法发现，持续的农村劳动力转移在 20 年间使劳动力利用效率年平均提升 30.7%，总劳动生产率年平均提升 23.9%，GDP 年增长率平均提升近 1.6 个百分点。郝大明（2016）采用指数方法，从经济增长中直接分离出劳动力转移效应，并测算中国 1953 年以来各时期的劳动力转移效应发现，农业劳动力转移是 1970 年以来中国经济增长的重要源泉，其在许多年份对经济增长的贡献率均在 17% 以上，且未来仍有较大潜力，直到 2025 年后才将逐渐衰减。

考虑到劳动力转移增长效应的时间阶段性和区域差异性，还有学者分时间和区域测算了农业劳动力转移对经济增长的促进效应。李勋来和李国平（2005）借鉴 Chenery 等（1986）计算方法，对我国农业剩余劳动力转移的增长效应进行测算发现：1978～2003 年，劳动力转移对经济增长的效应为 1.9%，对总量劳动生产率的贡献率为 22.4%，对经济增长的贡献率为 17.9%；从时间维度看，20 世纪 80 年代劳动力转移对我国经济增长的效应（2.1%）大于 20 世纪 90 年代劳动力转移增长效应（1.4%），劳动力转移的增长效应有递减的趋势；从空间维度看，劳动力转移对东部地区经济增长的效应为 2.2%，中部地区为 1.7%，西部地区为 1.5%，表现出明显的东高西低的区域差异。张广婷等（2010）基于李勋来和李国平（2005）方法，利用 1997～2008 年全国 29 个省份面板数据测算发现，1997～2008 年中国农业剩余劳动力转移对劳动生产率提高和 GDP 增长的贡献分别为 16.33% 和 1.72%；分地区看，农业剩余劳动力转移对中部地区劳动生产率和 GDP 提高的影响要明显高于东部地区，而西部地区在剩余劳动力转移过程中受益最小。

也有学者对农业劳动力转移导致的经济增长效应进行了计量分析。徐现祥和舒元（2001）构造了一个简单的劳动结构调整模型，证明在劳动结构调整过程中，边际劳动结构效应递减，总劳动结构效应呈倒"U"型；计量分析支持该结论，且发现：劳动结构效应的大小因劳动结构划分而异，我国产业间的劳动结构效应还未达到最大值，总劳动结构效应在经济增长中也呈倒"U"型变动。胡兵（2005）将农业劳动力转移因素引入索洛经济增长模型，由此建立带有就业结构变量的经济增长计量模型，并使用 1980～2003 年全国时间序列数据研究发现：1980～2003 年农业劳动力转移对经济增长的平均贡献率为 17.26%，超过了劳动投入对经济增长的贡献率 10.85%。郝金磊和姜诗尧（2016）使用 2009～2013 年 30 个省份面板数据计量分析发现：农村劳动力转入越多的地区，经济发展状况越好；在城镇化水平较低的地区，农村劳动力转移对于经济增长的促进作用更加明显。

而关于经济增长对农业剩余劳动力转移的作用和影响研究很少，程名望和史清华（2007）使用我国 1978～2004 年的时间序列数据，运用岭回归方法发现：我国总体经济增长对农村劳动力转移有较大的促进作用，总体经济增长每增加 1%，农村劳动力转移增加 0.2654%。同时发现，工业、建筑业、服务业和农业经济增长对农村劳动力转移也有较大的促进作用。

由上可见，上述研究都没有深入考虑产业结构问题，只是笼统地测算了农业、非农业间转移所引起的增长效应，而没有分产业详细测算各产业间的劳动力转移增长效应。但事实上，农业劳动力转移去向既可能是第二产业（会导致第一、第二产业间劳动就业结构发生变化），也可能是第三产业（会导致第一、第三产业间劳动就业结构发生变化），且第二、第三产业的劳动生产率并不相同，甚至可以说差异很大。同时，中国第二、第三产业发展也很不平衡，因此，各产业间劳动力转移增长效应也理应不同。此外，由于技术水平、经济发展程度的差异，中国东部、中部、西部三大区域各次产业的劳动生产率、产业结构及其变化也相差较大。因此，分产业、分区域测算劳动力转移增长效应及其未来发掘潜力，无疑具有重要意义。

（4）农业劳动力转移与城镇失业。在中国农业剩余劳动力转移与城镇失业并存的背景下，农业剩余劳动力转移对城镇失业率的影响自然成为经济学者的一个研究热点。一些学者认为农业剩余劳动力转移将加剧城镇失业。如钱小英（1998）使用 1981~1996 年数据回归分析发现，城镇使用农村劳动力会挤占城镇劳动力就业机会，从而显著增加城镇失业率。刘鹏和李晓嘉（2005）利用 1995~2003 年中国 30 个省份面板数据计量分析发现，农村就业人口占总就业人口比例对城镇失业有显著的正向影响。也有学者持相反的观点，如张勇（2008）采用 1983~2006 年时间序列数据回归分析发现，劳动力转移对失业率产生显著的负向影响。还有学者认为，两者之间不存在显著关系。如黄宁阳和汪晓银（2009）认为，在初级劳动力市场上，进城农民工与城镇劳动力主要表现为替代关系，农民工进城会增加城镇失业；而在高级劳动力市场上则主要表现为互补关系，农民工进城会增加城镇就业。该文利用 2004~2007 年全国 31 个省份面板数据回归分析发现，进城农民工对城镇登记失业率没有显著影响。蔡武和程小军（2012）建立联立方程模型，并使用 1996~2010 年全国 29 个省（市、自治区）面板数据研究发现：城乡劳动力流动和城镇失业相互之间均具有很微小的且不显著的促进作用。袁志刚（2006）则运用 1995 年 1% 人口抽样调查和 2000 年第五次全国人口普查数据得出了更为复杂的关系：进城农村人口比例的估计系数显著为负，进城农村人口比例每增加 1 个百分点，城镇失业将减少 0.44 个百分点；居住在进城农村劳动力比例较高地区的城镇劳动力其失业可能性反而较低，但影响幅度很小且统计上不显著；但分年龄段来看，15~24 岁年龄段的城镇非农户口劳动力失业的可能性随进城农村劳动力增加而显著降低，25~34 岁和 45 岁以上年龄段的城镇非农户口劳动力的失业概率受进城农村劳动力影响不显著，而 35~44 岁城镇非农户口劳动力的失业可能性随进城农村劳动力的增加显著提高；分受教育程度来看，受教育程度为高中或中专的城镇非农户口劳动力的失业可能性随进城农村劳动力增加而显著增加，但其他受教育程度的城镇非农户口劳动力失业可能性受进城农村劳动力增加而下降（但不显著）。宋淑丽和齐伟娜（2014）使用黑龙江省 1985~2010 年时间序列数据分析发现，城镇失业率、受教育程度、财政支农比率、机械总动力对农村剩余劳动力转移呈正向作用。

由上可知，农业劳动力转移对城镇失业的影响并没有得出一致结论。同时，我国东中西部城镇劳动力的素质可能存在显著差异，因而可能使农业劳动力转移对城镇失业的影响具有异质性，但既有研究基本没有对此给予关注。

2.3　农业劳动力转移研究的总结性评价

刘易斯二元经济模型在强调现代工业部门与传统农业部门结构差异的基础上，把经济增长过程和劳动力转移过程有机结合，开创了劳动力转移研究的结构主义思路，对分析发展中国家劳动力转移和经济增长具有重要理论意义。但该理论仅强调现代工业部门的扩张，却忽视农业发展对工业化的作用，且认为城市工资水平固定不变，这都导致了大量的批评。尤其是该理论直接外生给定城市工业部门较高的劳动生产率和农村农业部门较低的劳动生产率，农村农民在实际收入差距的驱动下向城市工业部门转移，而没有建立相应的微观基础以说明为什么城市工业部门的劳动生产率高于农村农业部门，因而无法深入解释发展中国家的农业劳动力转移问题。拉尼斯—费景汉模型将刘易斯模型向前大大推进了一步，认为农业不仅为工业部门扩张提供廉价劳动，同时还为工业部门提供农业剩余，只有当农业剩余能满足工业扩张对农产品的需求时，工业扩张才得以实现，从而保证劳动力的顺利转移。同时，它也更重视技术进步的作用，并明确将资本积累与技术进步并列作为提高生产率的两大途径。然而，与刘易斯模型一样，它也存在着农民收入和工业工资不变以及无法内生决定城市工业部门劳动生产率高于农村农业部门等缺陷。

与刘易斯和拉尼斯—费景汉模型不同，乔根森模型不是建立在剩余劳动的基础上，而是建立在农业剩余的基础上，从消费需求结构变化的角度深入地解释了农业劳动力转移动因。它更强调农业的发展和技术进步，也更看重市场机制在农业劳动力转移中的作用，且认为两个部门的工资水平都是上升的，这更接近现实，但其也存在明显的缺点，尤其是粮食需求弹性假设不现实。因此，乔根森模型尽管从消费需求结构变化的角度更深入地说明了农业劳动力转移的动因，但其粮食需求弹性假设不合实际，难以令人信服。此外，乔根森也否认农业剩余劳动力的存在，这与许多发展中国家现实不符。

Todaro 模型充分考虑了城市失业问题，认为决定农业劳动力向城市迁移的动因并非城乡实际收入差距，而是城乡期望收入差距。通过引入城市失业率，Todaro 模型对一些发展中国家城市高失业和农村劳动力大量转移的并存现象做出了令人信服的解释。但其也存在两个重要缺陷，首先，关于农村不存在剩余劳动力的假设与许多人多地少的发展中国家现实不符；其次，该理论假定外生政治因素（如政府和工会）决定的城市工业部门工资高于农民收入，农民在城乡预期收入差距的驱动下向城市转移，因而未能深入解释发展中国家的农业劳动力转移问题。

推拉理论将影响劳动力转移的因素扩展到包括经济因素在内的社会因素和环境因素，从力学的角度出发，将各种影响迁移者行为的因素转化为力的形式（推力和拉力），并通过力的大小和方向来判断迁移者的最终迁移行为。新劳动力迁移经济学则采用了和传统劳动力转移理论完全不同的思路，将劳动力转移的决策单位由劳动力个体拓展为农户家庭，认为农村劳动力转移不仅是对城乡收入差距的考虑，同时也有分散家庭风险和改变其相对收入水平等心理因素的考虑。推拉理论和新劳动力迁移经济学对影响因素的考虑更加全面，因而被广泛应用于发展中国家的劳动力转移研究，然而由于社会、环境和心理因素的复杂性，往往难以客观地进行量化，更不要说建立微观基础以内生地说明城乡劳动生产率差距，进而深入解释发展中国家的农业劳动力转移问题。

对于农业劳动力转移动因的最新研究，大多是对刘易斯—拉尼斯—费景汉模型、Todaro 模型、推拉理论或新劳动力迁移经济学的进一步深化，但都不能内生决定城市工业部门的劳动生产率高于农村农业部门，农业劳动力转移只是外生力量作用的结果，Henderson（2005）因而无法深入解释农业劳动力转移的动因。

由于农业劳动力的就地转移只是极少数国家特有的现象，对于农业劳动力转移途径问题，国外学者几乎无人关注，尽管学者们考虑我国实际情况，从多个视角分析了我国农业剩余劳动力转移的途径选择，但基本都只进行了粗略的文字性论述，缺乏严谨的论证，同时也没有进一步说明农业劳动力转移途径选择的具体影响因素及作用大小。

对于农业劳动力转移效应的研究，在农业劳动力转移与农民增收、农村减贫方面，一些学者使用微观调查数据证实了农业劳动力转移对农民增收的积极作用，另外一些学者使用宏观数据计量验证了农业劳动力转移对农民增收的促进作用。而对劳动力转移减贫效应的看法，国内外学者们大致有贫困缓解论、贫困加剧论、贫困不确定论三种观点。总之，农业劳动力转移对农村减贫作用观点并非一致。同时，中国农村贫困也存在很大的区域差异性，但既有研究大多没有考虑到这一差异。

在农业劳动力转移与城乡收入差距方面，就农业劳动力转移对城乡收入差距的影响来说，大部分学者都持肯定观点，但也有学者持不同看法；就城乡收入差距对农业劳动力转移的影响来说，大部分学者也都持肯定意见，但也有学者得出了不同的结论。总之，无论是农业劳动力转移对城乡收入差距的影响，还是城乡收入差距对农业劳动力转移的作用，由于选取的数据、假设条件与模型不同，得到的结论也不尽相同。同时，农业劳动力转移与城乡收入差距之间可能存在相互影响的关系，存在内生性而使得估计系数的不一致，而既有研究对此关注较少。

在农业劳动力转移与经济增长方面，既有研究皆表明，农业劳动力转移所引起的经济增长效应是改革开放来中国经济持续增长的重要因素。但相关研究都没有深入考虑产业结构问题，只是笼统地测算了农业、非农业间转移所引起的增长效应，而没有分产业详细测算各产业间的劳动力转移增长效应。同时，由于技术水平、经济发展程度的差异，中国东部、中部、西部三大区域各次产业的劳动生产率、产业结构及其变化也相差较大。既有研究也大多没有关注这种区域差异性。

在农业劳动力转移与城镇失业方面，一些学者认为农业剩余劳动力转移将加剧城镇失业，也有学者持相反的观点，还有学者认为两者之间不存在显著关系。总之，农业劳动力转移对城镇失业的影响并没有得出一致结论。同时，我国东中西部城镇劳动力的素质可能存在显著差异，因而可能使得农业劳动力转移对城镇失业的影响具有异质性，但既有研究基本没有对此给予关注。

由上可见，以往的研究成果尽管从多个视角、各个方面考虑了农业劳动力转移问题，但鉴于其复杂性和我国国情的特殊性，至今没能发展出一个适合国情、能内生决定劳动生产率差距的理论分析框架，以深入、系统地研究我国农业劳动力转移的动因、途径、效应及其影响因素。

3　本书的理论分析框架构建

3.1　新经济地理学关于劳动力转移的研究及其借鉴

　　主流经济学通常假定随着企业生产量的增加，平均成本增加，并在收益递减原则基础上得出了许多经济学定理。但许多事实证明这一前提假设并不完全成立，在现实世界中，随着企业规模的扩大，大量企业平均生产成本不是增加而是下降，表现为收益递增。1977 年狄克西特—斯蒂格利茨（Dixit – Stiglitz，D – S）垄断竞争模型的建立使得严密地研究收益递增条件下的经济活动成为可能。此外，阿瑟（W. Brian Arthur）从复杂科学的角度研究经济中的报酬递增现象，并通过微观主体行为的相互作用再现了"路径依赖"和"锁定"等经济现象，也为"新经济地理学"提供了认识论和方法论上的支持。同时，计算机科学的发展使得人们可以给出包含报酬递增经济问题的非线性方程数值解，从而有助于观察到非线性方程组后面难以通过推理了解到的经济故事。"新经济地理学"由此应运而生。新经济地理学是空间经济学一个新的分支学科，它利用一般均衡分析框架来解释地理上各种形式的经济活动的空间集聚。Krugman（1991）《收益递增与经济地理》一文的发表则标志着新经济地理学的诞生。

　　Krugman（1991）假定经济体系中存在两个区域（区域 1 和区域 2）、两个部门（工业和农业）、两种生产要素（农民和工人）。代表性消费者效用函数为 $U = C_m^{\mu} C_a^{1-\mu}$。其中，$C_m$ 为工业品消费量综合指数，C_a 为农产品消费。为实现效用最大化，代表性消费者将采取如下消费策略：μ 比例的收入用于工业品的消费支出（$0 < \mu < 1$），（$1 - \mu$）比例的收入用于农产品的消费支出。而工业品消费量综合指数使用了不变替代弹性函数，并定义为 $C_m = \left[\sum_{i=1}^{n} C_i^{\frac{\sigma-1}{\sigma}}\right]^{\frac{\sigma}{\sigma-1}}$，其中，n 为工业品

种类数，σ 为工业品之间的替代弹性（σ > 1），C_i 为第 i 种工业品的消费量。这种对称结构的不变替代弹性函数形式的工业品消费量综合指数极大地简化了对消费者行为分析，根据消费者效用最大化，我们可以求得代表性消费者对每一种工业品的需求皆为 $C_i = \dfrac{\mu Y P_i^{-\sigma}}{P_m^{1-\sigma}}$，其中，$P_i$ 为第 i 种工业品的价格，$P_m =$ $\left[\sum\limits_{i=1}^{n} P_i^{1-\sigma}\right]^{\frac{1}{1-\sigma}}$ 为工业品价格指数，Y 为代表性消费者的收入。对整个经济社会来说，通常工业品种类数 n 很大，因而第 i 种工业品的价格 P_i 对工业品价格指数 P_m 的影响微乎其微（可以忽略不计），同时假定企业进行价格调整时其他企业的产品价格不会变化，那么工业品价格指数 P_m 将不受第 i 种工业品价格 P_i 的影响。此外，工业品消费比重 μ 和代表性消费者收入 Y 也与第 i 种工业品价格 P_i 无关，因此，代表性消费者对每一种工业品的需求可表示为 $C_i = CON \cdot P_i^{-\sigma}$，其中，CON 为某个常数。也就是说，代表性消费者对每一种工业品的需求价格弹性皆为 σ，这将进一步简化狄克西特—斯蒂格利茨（Dixit – Stiglitz）垄断竞争模型下的企业产品定价行为。

假定工业部门在 D–S 垄断竞争框架下生产差异化工业品，不同工业品所使用的生产技术相同，且表现为内部的规模经济，其生产函数为 $L_{il} = a + bX_i$，L_{il} 是生产商品 i 时使用的劳动量，X_i 是该产品的产出量，a 是企业固定劳动力投入（为常数），b 是企业边际劳动力投入（为常数）。不变的固定劳动力投入和边际劳动力投入使得企业扩大规模时的平均成本下降，表现为内部的规模经济，这种工业品生产的内部规模经济意味着每一种工业品都由单个企业生产。同时假定工业生产不存在范围经济，那么每一个企业也只生产一种产品，所以工业品种类数等于企业数。由于工业品之间具有一定的替代性，这表明企业具有一定的垄断力，可以进行实现利润最大化的产品最优定价，其利润函数可表示为：$\pi = P_i X_i - W(a + bX_i)$，其中，W 为企业工人工资。由于代表性消费者对每一种工业品的需求价格弹性皆为 σ，那么所有消费者对每一种工业品的需求价格弹性也为 σ，也就是说，每个企业所面对的产品需求价格弹性皆为 σ。根据利润最大化原则，可得到每个企业的产品最优定价为 $P_i = \dfrac{\sigma bW}{\sigma - 1}$。bW 为企业生产单位工业品的边际成本，由于需求价格弹性 σ 为大于 1 的常数，所以 $\dfrac{\sigma}{\sigma - 1}$ 也为大于 1 的常数，因此，每个企业的产品最优定价也称为边际成本固定加成定价。由于工业部门处在 D-S 垄断竞争市场结构中，工业企业可以自由进出，故工业企业的最终利润为零，得到每个企业的产量 $X_i = \dfrac{a\,(\sigma-1)}{b}$，每个企业的劳动力需求量 $L_{i1} = a\sigma$。此时，企业的劳动平均产量为 $\dfrac{X_i}{L_{i1}} = \dfrac{\sigma-1}{b\sigma}$，劳动边际产量为 $\dfrac{dX_i}{dL_{i1}} = \dfrac{1}{b}$。可见，边际产量高于平均产量，且两者之比为 $\dfrac{\sigma}{\sigma-1}$。因此，σ 反映了工业企业的规模报酬递增程度，且 σ 越小则工业企业规模报酬递增程度越强。

具体来讲，区域 1 企业追求利润最大化的产品最优定价为 $P_1 = \dfrac{\sigma b W_1}{\sigma-1}$，其中，$W_1$ 为区域 1 工人工资率；区域 2 企业的产品最优定价为 $P_2 = \dfrac{\sigma b W_2}{\sigma-1}$，其中，$W_2$ 为区域 2 工人工资率。所以 $\dfrac{P_1}{P_2} = \dfrac{W_1}{W_2}$。由于每个企业的劳动力需求量都为 $L_{i1} = a\sigma$，因此两区域的工业品种类数（等于企业数）分别为 $n_1 = \dfrac{L_1}{a\sigma}$、$n_2 = \dfrac{L_2}{a\sigma}$，其中，$L_1$、$L_2$ 分别为两区域的工业劳动力数量。所以 $\dfrac{n_1}{n_2} = \dfrac{L_1}{L_2}$，即两区域生产的工业品种类数之比等于两区域工业劳动力数量之比。

为保证长期均衡时工人工资率等于农民工资率，该模型假定：农民数量为 $1-\mu$，它们在两区域对称分布，且不能在区域间流动；工人数量为 μ，且工人可以在区域间流动。同时，假定农业部门在规模报酬不变和完全竞争下生产同质的农产品（为计价标准），农产品在区域间不存在运输成本；工业品在区域间存在萨缪尔森（Samuelson）式"冰山"运输成本，运输成本系数 $\tau < 1$，即从一个区域运输的单位工业品中只有 τ 单位能到达另一区域，其余的 $(1-\tau)$ 单位工业品在运输过程中损耗掉了。

用 c_{11} 表示区域 1 居民对区域 1 生产的代表性工业品的消费，c_{12} 表示区域 1 居民对区域 2 生产的代表性工业品的消费，那么 $\dfrac{c_{11}}{c_{12}} = \left(\dfrac{P_1 \tau}{P_2}\right)^{-\sigma} = \left(\dfrac{W_1 \tau}{W_2}\right)^{-\sigma}$。用 Y_1、Y_2 分别表示区域 1 和区域 2 的总收入，z_{11} 表示区域 1 对本区域生产的工业品消费与对区域 2 生产的工业品消费之比，z_{12} 表示区域 2 对区域 1 生产的工业品消费与对本区域生产的工业品消费之比，那么，$z_{11} = \dfrac{n_1}{n_2}\dfrac{P_1}{P_2}\dfrac{\tau c_{11}}{c_{12}} = \dfrac{L_1}{L_2}\left(\dfrac{W_1 \tau}{W_2}\right)^{-(\sigma-1)}$、$z_{12} = \dfrac{L_1}{L_2}\left(\dfrac{W_1}{W_2 \tau}\right)^{-(\sigma-1)}$、

$$W_1L_1 = \mu\left[\left(\frac{z_{11}}{1+z_{11}}\right)Y_1 + \left(\frac{z_{12}}{1+z_{12}}\right)Y_2\right]、W_2L_2 = \mu\left[\left(\frac{1}{1+z_{11}}\right)Y_1 + \left(\frac{1}{1+z_{12}}\right)Y_2\right]、Y_1 = \frac{1-\mu}{2} +$$

W_1L_1、$Y_2 = \dfrac{1-\mu}{2} + W_2L_2$。只要给定两个区域的劳动力分布，我们就可以根据上述6个方程确定 W_1、W_2 等6个变量。此外，两区域的工业品价格指数也可分别表示为：$P_1 = $

$$\left[\frac{L_1}{\mu}(W_1)^{-(\sigma-1)} + \frac{L_2}{\mu}\left(\frac{W_2}{\tau}\right)^{-(\sigma-1)}\right]^{\frac{-1}{(\sigma-1)}}、P_2 = \left[\frac{L_1}{\mu}\left(\frac{W_1}{\tau}\right)^{-(\sigma-1)} + \frac{L_2}{\mu}(W_2)^{-(\sigma-1)}\right]^{\frac{-1}{(\sigma-1)}}，$$

两区域工人的实际工资则为：$w_1 = W_1P_1^{-\mu}$、$w_2 = W_2P_2^{-\mu}$。可看出，当 $L_1 = L_2$ 时，$w_1 = w_2$，也就是说，当工业劳动力在两区域对称分布时，两区域工人的实际工资相等。如果劳动力向任一区域偏离，那么实际工资将受到三种力量的作用，本地市场效应和价格指数效应将促使区域分异，而对本地农民市场的竞争将促使区域趋同。Krugman 用数值法得出：在工业品运输成本（τ 的逆指标）低、工业品消费比重（μ）大或规模报酬递增程度（σ 的逆指标）强的情况下，促使区域分异的本地市场效应和价格指数效应强于促使区域趋同的竞争效应。此时，工业劳动力向任一区域的偏离都将导致该区域工人的实际工资高于另一区域工人的实际工资，从而促使工业劳动力向该区域的转移，直到所有工业劳动力全部转移为止。

由上可见，新经济地理学关于内嵌不变替代弹性函数式的柯布—道格拉斯效用函数的假设极大地简化了消费者行为分析，使得代表性消费者对每一种工业品的需求价格弹性相等且为常数 σ。同时，新经济地理学关于 D－S 垄断竞争框架下的生产函数假设也刻画了企业内部的规模经济，意味着每一种工业品都由单个企业生产。而工业生产不存在范围经济的假定，使得每一个企业也只生产一种产品，所以工业品种类数等于企业数，每个企业所面对的产品需求价格弹性也为 σ。结合效用函数假设，其生产函数假设进一步简化了 D－S 垄断竞争框架下的企业产品定价行为，使得每个企业的产品最优定价为简单的边际成本固定加成定价，进而可得到企业产量、企业劳动力需求量和企业数量的显性解，因而也极大地简化了生产者行为分析。此外，基于其效用函数和生产函数假设，新经济地理学建立了一般均衡模型内生地解释了劳动力的转移，具有借鉴意义。

总之，新经济地理学关于效用函数和生产函数的假设极大地简化了工业部门垄断竞争下的消费者行为和生产者行为分析，由此建立的一般均衡模型内生地解释了劳动力的转移，对劳动力转移研究具有一定的借鉴和启发意义。

3.2 几个相关概念及其特征事实

3.2.1 农业剩余劳动力及其经验证据

对于农业剩余劳动力，不同学者根据其观点和研究需要进行了不一样的界定。Leweis（1954）将剩余劳动定义为："边际产品微不足道，或者为零，甚至为负的劳动数量。"郭熙保（1995）则认为："当一个国家（或地区）农业劳动者人均耕地面积长期呈下降趋势时，我们认为该国（或地区）存在农业剩余劳动。"何景熙（2000）将农业剩余劳动力定义为"从事农业（含种植业、养殖业、林、牧、渔业）的农村不充分就业劳动力"。程名望（2007）则认为："农村剩余劳动力的实质是大量农民处于失业或半失业状态，它是指超过农村产业需求的那部分劳动力，将他们从农村转移出去，并不会减少农业的现有产量，即其边际生产率为零甚至为负。"考虑到我国当前乃至将来相当一段时期仍将存在大量的农业剩余劳动力，本书沿用程名望的农业剩余劳动力定义，即超过农业需求的那部分劳动力，将他们从农业转移出去，并不会减少农业的现有产量。

关于中国目前是否还有农业剩余劳动力也存在学术上的争论。部分学者认为，中国刘易斯拐点到来，已经没有农业剩余劳动力。蔡昉（2010）利用人口预测结果等经验材料，论证了刘易斯转折点已经到来。张晓波等（2010）基于对甘肃省3个国家贫困县、9个乡、共87个村、1993~2007年的调查数据发现，实际工资水平总是不断向上攀升，表明剩余劳动力的时代已经结束。孟令国和刘薇薇（2013）采用劳动工日法，对中国历年农村剩余劳动力的数量进行分析表明，2002~2011年中国剩余劳动力数量锐减，"刘易斯拐点"开始浮现。

但也有许多学者认为，刘易斯拐点还未到来，我国仍然存在农业剩余劳动力。王红玲（1998）使用改进的生产资源配置优化模型，估计我国农业剩余劳动力数量为1.1730亿。农业部课题组（2000）采用劳动力合理负担耕地法，估计我国农业剩余劳动力约1.5亿。谢培秀（2004）运用农业技术需求法，并结合第5次人口普查和第一次农业普查资料，估算得到2000年农业剩余劳动力数量为

1.3 亿。王检贵和丁守海（2005）应用古典估算法，认为现阶段农业剩余劳动力约 0.46 亿。何如海和叶依广（2005）从城乡发展的综合视角，估计 2004 年我国农村剩余劳动力超过 2 亿。程名望（2007）根据中国农村固定观察点办公室所公布的数据，认为 2005 年我国农村剩余劳动力数量为 1.5 ~ 1.7 亿。蔡昉（2007）采用直接观察加总方法，估计目前我国农村剩余劳动力不到 1.2 亿。马晓河和马建蕾（2007）则通过计算农业从业人员和当前农业生产所实际需要的劳动力之间的差距，估算中国农村剩余劳动力约 1.1 亿。钟钰和蓝海涛（2009）使用实际农业劳动力与工日折算法估算的用工量之差来近似估算剩余劳动力，认为 2006 年我国的农业剩余劳动力人数为 13149.98 万。丁守海（2011）基于内蒙古、甘肃两省份 1500 个农户的调查数据认为，当前农民工工资上涨与用工短缺并存现象很可能源于劳动剩余条件下的供给不足，而并非剩余劳动力枯竭。毛学峰和刘靖（2011）使用 CHNS 数据库资料分析发现，尽管农民工名义工资上涨，但其实际工资先降后升且尚未恢复到之前最高水平，因此，从实际工资水平来看，不支持刘易斯拐点到来这一判断。聂华林等（2011）通过修正的生产资源配置优化模型，分别对 1994 年和 2008 年我国西部各省农业剩余劳动力数量进行估算发现，西部地区剩余农业劳动力的数量从 1994 年的 2968.182 万减少到 2008 年的 478.0856 万。涂圣伟和何安华（2011）将中国农村剩余劳动力分为农业剩余劳动力和农村剩余经济活动人口两部分，估算了中国农村隐性剩余劳动力和显性剩余劳动力总量，并对农村剩余劳动力的变动趋势进行预测得出，2008 年中国仍有 15518.3 万农村剩余劳动力。汪进和钟笑寒（2011）研究发现，中国的人均 GDP 已经超越了刘易斯拐点所在的区间，但农业劳动力比重却远高于该经济发展水平下的世界平均水平，由此认为，中国的农业劳动力转移仍有较大潜力。杨继军和范从来（2012）基于"标准结构法"认为，中国农村 2010 年仍然沉淀着约 15% 剩余劳动力。蒋若凡等（2013）采用劳动生产率模型对农业就业人员进行分析，并估算 2001 ~ 2010 年我国农村剩余劳动力发现：我国 2010 年农村剩余劳动力为 4094 万。张兴华（2013）从劳动力供给和需求角度估算得出，2011 年中国农村剩余劳动力仅占农村劳动力总数的 2.1%。苏毅清和王志刚（2016）运用 2005 ~ 2013 年的面板数据得出结论：我国的用工荒是由于人口波动所导致的伊斯特林人口波谷，而非出现了刘易斯拐点。薛继亮（2016）从资本劳动匹配的视角计算东、中、西和东北四大地区的产业转移与劳动力之间的协调性发现，东中西部地区都已出现"刘易斯拐点"，但东北地区尚未出现"刘易斯拐点"。万广华在 2018 年 3 月 15 日所做的演讲《中国经济增长前景、不均等和逆全球化》中认为，中国农村尚有 2.8 亿的剩余劳动力。[①]

总之，关于中国目前是否存在农业剩余劳动力尚有争议。我们将根据经验数据，从农业经济增长和粮食产量两个视角，对中国是否存在农业剩余劳动力进行判断。

3.2.1.1 农业经济增长视角的经验证据

改革开放以来，随着工业化和城市化的快速发展，中国农业劳动力开始向非农产业大规模转移。劳动力的持续转移甚至被认为是中国经济长期高速增长的关键。李扬和殷剑峰（2005）发现，中国农业产出也实现了持续较快增长。中国农业产值由 1978 年的 1018.5 亿元增加到 2019 年的 5832.67 亿元，增加到约 5.73 倍。[②] 那么，农业劳动力的大规模转移对农业产出的影响如何呢？这引起了学者的关注。

陈宗胜和黎德福（2004）吸收内生增长理论思想，建立了一个内生农业技术进步的二元经济增长模型发现，农业劳动力转移导致了农业经济增长。郭剑雄和李志俊（2011）认为，中国农业部门数量和质量上的劳动力过剩，导致了劳动力大规模选择性转移下的农业产出持续快速增长。佟大建和贾彧（2015）使用全国 1992～2011 年时间序列数据研究发现：农业劳动力转移导致农业物质资本投入增加，从而提高了农业总产出水平。荆丰（2013）基于均衡模型实证发现：农村劳动力转移降低了农用生产资料的加工和生产成本，提高了农民的生产积极性，从而实现了农业产出增长。王海军（2009）则使用全国时间序列数据，运用协整模型和误差修正模型研究发现：无论是短期还是长期，农村剩余劳动力就地转移都促进了农村经济增长。此外，蔡银寅和杜凯（2009）利用全国时间序列数据计量发现：当农业生产技术高于某一水平时，如果劳动力转移不畅，那么农业劳动力将对农业经济增长产生负面影响。而盖庆恩等（2014）使用 2004～2010 年全国固定调查点山西、河南、山东、江苏和浙江的面板数据研究发现：男性和壮年女性的转移不仅会提高农户退出农业的概率，增大农户家庭耕地流出率，而且会降低农业产出增长率。

上述研究为我们提供了许多启示，同时，我们也可发现，关于农业劳动力转

---

① 该信息来自网页 https://www.ljzforum.com/article/662592.html。

② 本部分所有涉及价格的数据都已按 1978 年不变价格计算。

移对农业产出的影响研究并没有形成一致看法，是否存在农业剩余劳动力尚存争议。下文将基于扩展的柯布—道格拉斯生产函数，就中国 1978～2017 年农业劳动力对农业产出的影响进行经验分析，从农业产出的角度为是否存在农业剩余劳动力提供经验证据。剩余部分结构安排如下：第一部分是模型构建及整体性经验分析；第二部分是分区域的经验分析；第三部分是小结。

（1）模型构建及整体性经验分析。

1）模型构建、变量设定与描述性统计。

经典的柯布—道格拉斯生产函数为：

$Q = AL^{\alpha}K^{\beta}$ （$\alpha > 0$，$\beta > 0$）

其中，Q 为产量，A 为技术水平，L、K 分别为劳动和资本的投入量。

考虑到土地和化肥在农业生产中的重要性，我们借鉴 Lin（1992），采用劳动、土地、资本和化肥四大传统农业生产要素。由于农业资本投入数据不可得，我们采用农业机械总动力作为替代变量。于是得到以下农业生产函数：

$Q = AL^{\beta_1}D^{\beta_2}M^{\beta_3}F^{\beta_4}$ （β_1、β_2、β_3、$\beta_4 > 0$）

其中，D、M、F 分别为土地、农业机械总动力和农用化肥。

基于上述理论模型，我们建立以下计量模型：

$Q = AL^{\beta_1}D^{\beta_2}M^{\beta_3}F^{\beta_4}e^u$，其中，$u$ 为随机误差项。为了估计模型，对等式两边取对数，得：

$\ln Q = \ln A + \ln L^{\beta_1} + \ln D^{\beta_2} + \ln M^{\beta_3} + \ln F^{\beta_4} + u$

即 $\ln Q = a + \beta_1\ln L + \beta_2\ln D + \beta_3\ln M + \beta_4\ln F + u$

上式即为本部分所使用的基本计量模型。被解释变量 lnyczjz 为农业产值（采用按 1978 年不变价格计算的农业增加值数据）取自然对数，解释变量分别为农业劳动力 lnycjys、农业土地投入 lnnzwbzmj、农业机械总动力 lnnyjxzdl 和农用化肥 lnnyhfl，分别使用第一产业年末从业人数、农作物总播种面积、农业机械总动力和农用化肥施用折纯量取自然对数进行度量。研究采用了 1978～2017 年中国 31 个省份（不含港澳台）相关数据作为研究样本，所有变量原始数据均来自中经网统计数据库和国家统计局网站。

各变量基本统计特征见表 3－1。

表 3 - 1　变量基本统计特征

变量	平均值	中位数	标准差	最小值	最大值	样本容量
lnyczjz	4.183	4.372	1.126	1.027	6.384	1199
lnycjys	6.494	6.736	1.115	3.613	8.179	1199
lnnzwbzmj	8.116	8.425	1.104	4.795	9.600	1199
lnnyjxzdl	6.851	6.939	1.166	3.133	9.499	1199
lnnyhfl	4.223	4.523	1.301	-1.609	6.574	1199

2）全样本计量结果及分析。

表 3 - 2 汇报了全样本面板数据双向固定效应模型的回归结果。其中，第（1）列为只加入核心解释变量 lnycjys、基本控制变量 lnnzwbzmj 和常数项的双向固定效应模型回归结果，第（2）列、第（3）列分别为在前一列基础上再加入控制变量 lnnyjxzdl、lnnyhfl 的回归结果。对比该 3 列回归结果可以看出，各解释变量系数的符号和显著性都比较稳健。

下面我们主要根据第（3）列的回归结果来解释各变量对农业产值的影响。首先，核心解释变量农业劳动力 lnycjys 的估计系数为 0.145，系数估计值的 t 统计值为 1.146，不显著。这意味着，在其他条件不变的情况下，减少农业劳动力不会显著地降低农业产值。因此，从全样本来看，存在着农业剩余劳动力。其次，农作物总播种面积 lnnzwbzmj 的估计系数为 0.306，系数估计值的 t 统计值为 1.854，在 10% 水平下显著。这意味着，在其他条件不变的情况下，农作物总播种面积每增加 1%，农业产值将增加约 0.306%。此外，所有年度虚拟变量的估计系数都为正，且显著（除了 1979 年、1980 年在 10% 水平下显著之外，其他年份都是 1% 水平下显著），同时，随着年份的增加，各年度虚拟变量的估计系数也不断增大。[①] 这意味着，所有年份都存在着持续的农业技术进步。

表 3 - 2　全样本双向固定效应回归结果

被解释变量 解释变量	(1)	(2)	(3)
lnycjys	0.200 (1.386)	0.186 (1.546)	0.145 (1.146)

---

① 包含各年份虚拟变量具体系数的详细回归结果见书末附录 1 所示。

续表

被解释变量 解释变量	(1)	(2)	(3)
lnnzwbzmj	0.472 ***	0.366 **	0.306 *
	(4.162)	(2.523)	(1.854)
lnnyjxzdl		0.0832	0.0696
		(0.899)	(0.792)
lnnyhfl			0.0897
			(1.213)
Constant	−1.984 *	−1.491 *	−0.965
	(−1.794)	(−1.789)	(−0.945)
个体固定效应	控制	控制	控制
时间固定效应	控制	控制	控制
Observations	1204	1204	1199
R−squared	0.944	0.945	0.945

（2）分区域的经验分析。考虑到中国区域经济发展的不平衡性，我们还将全部样本区分为东部、中西部分别分析农业劳动力对农业产值的影响。①

1）东部地区的计量结果及分析。

表3－3汇报了东部地区面板数据双向固定效应模型的回归结果。其中，第（1）列为只加入核心解释变量 lnycjys、基本控制变量 lnnzwbzmj 和常数项的双向固定效应模型回归结果，第（2）列、第（3）列分别为在前一列基础上再加入控制变量 lnnyjxzdl、lnnyhfl 的回归结果。对比该3列回归结果可以看出，各解释变量系数的符号和显著性都比较稳健。

下面我们主要根据第（3）列的回归结果来解释各变量对农业产值的影响。首先，核心解释变量农业劳动力 lnycjys 的估计系数为0.345，系数估计值的 t 统计值为2.697，在5%水平下显著。这意味着，在其他条件不变的情况下，东部地区农业劳动力每增加1%，农业产值将增加约0.345%。因此，东部地区已经不存在农业剩余劳动力。其次，农作物总播种面积 lnnzwbzmj、农业机械总动力

---

① 其中，东部地区包括北京、天津、河北、辽宁、上海、江苏、浙江、福建、山东、广东和海南共11个省市；中西部地区则包括山西、吉林、黑龙江、安徽、江西、河南、湖北、湖南、内蒙古、广西、重庆、四川、贵州、云南、西藏、陕西、甘肃、青海、宁夏和新疆等共20个省市。

lnnyjxzdl 的估计系数分别为0.416、0.193，系数估计值的 t 统计值分别为2.995、2.750，都在5%水平下显著。这意味着，在其他条件不变的情况下，东部地区农作物总播种面积、农业机械总动力每增加1%，农业产值将分别增加约0.416%、0.193%。此外，所有年度虚拟变量的估计系数都为正，且几乎全部显著（除了1980年不显著、1979年10%水平下显著、1981年5%水平下显著之外，其他年份都是1%水平下显著），同时，随着年份的增加，绝大多数年度虚拟变量的估计系数也不断增大。[①] 这也意味着，绝大多数年份都存在着持续的农业技术进步。

表3-3　东部地区双向固定效应回归结果

解释变量＼被解释变量	（1）	（2）	（3）
lnycjys	0.474 ***	0.388 ***	0.345 **
	(3.179)	(3.646)	(2.697)
lnnzwbzmj	0.725 ***	0.433 ***	0.416 **
	(7.373)	(3.655)	(2.995)
lnnyjxzdl		0.223 **	0.193 **
		(3.123)	(2.750)
lnnyhfl			0.100
			(1.325)
Constant	−5.620 ***	−4.023 **	−3.790 **
	(−3.315)	(−2.780)	(−2.311)
个体固定效应	控制	控制	控制
时间固定效应	控制	控制	控制
Observations	433	433	432
R-squared	0.949	0.957	0.958

2）中西部地区的计量结果及分析。

表3-4汇报了中西部地区面板数据双向固定效应模型的回归结果。其中，第（1）列为只加入核心解释变量 lnycjys、基本控制变量 lnnzwbzmj 和常数项的双向固定效应模型回归结果，第（2）列、第（3）列分别为在前一列基础上再加

―――――――――――

① 包含各年份虚拟变量具体系数的详细回归结果见书末附录2。

入控制变量 lnnyjxzdl、lnnyhfl 的回归结果。对比该 3 列回归结果可以看出，各解释变量系数的符号和显著性都比较稳健。

下面我们主要根据第（3）列的回归结果来解释各变量对农业产值的影响。首先，核心解释变量农业劳动力 lnycjys 的估计系数为 - 0.107，系数估计值的 t 统计值为 - 0.811，不显著。这意味着，在其他条件不变的情况下，减少农业劳动力不会显著地降低农业产值。因此，从中西部地区来看，也存在着农业剩余劳动力。其次，农作物总播种面积 lnnzwbzmj 的估计系数为 0.485，系数估计值的 t 统计值为 2.684，在 5% 水平下显著。这意味着，在其他条件不变的情况下，农作物总播种面积每增加 1%，农业产值将增加约 0.485%。此外，所有年度虚拟变量的估计系数都为正，且显著（除了 1979 年在 10% 水平下显著之外，其他年份都是 1% 水平下显著），同时，随着年份的增加，绝大多数年度虚拟变量的估计系数也不断增大。① 这意味着，绝大多数年份都存在着持续的农业技术进步。

表 3 - 4　中西部地区双向固定效应回归结果

被解释变量\\解释变量	(1)	(2)	(3)
lnycjys	- 0.0639 (- 0.464)	- 0.0944 (- 0.723)	- 0.107 (- 0.811)
lnnzwbzmj	0.514 ** (2.507)	0.614 *** (3.358)	0.485 ** (2.684)
lnnyjxzdl		- 0.122 (- 1.610)	- 0.133 (- 1.531)
lnnyhfl			0.120 (1.714)
Constant	- 0.709 (- 0.520)	- 0.664 (- 0.512)	0.153 (0.120)
个体固定效应	控制	控制	控制
时间固定效应	控制	控制	控制
Observations	771	771	767
R - squared	0.964	0.965	0.968

---

① 包含各年份虚拟变量具体系数的详细回归结果见书末附录 3。

（3）小结。

农业劳动力转移对农业产出的影响是学者们所关注的一个重要问题，既有研究对此没有形成一致结论，且多数都是针对全国范围的整体性分析。本部分基于扩展的柯布—道格拉斯生产函数，对中国 1978～2017 年全国及分区域进行计量分析发现，尽管东部地区农业劳动力对农业产出存在显著的正向作用，但中西部地区以及全国范围农业劳动力对农业产出都没有显著影响。这表明，尽管东部地区不存在农业剩余劳动力，但中西部地区尚存在一定的农业剩余劳动力。此外，各地区农作物总播种面积都对农业产出存在显著的正向作用，且绝对多数年份都存在着持续的农业技术进步。

3.2.1.2　粮食产量视角的经验证据

作为粮食生产关键要素的农业劳动力的大规模转移，是否会影响中国的粮食产量从而威胁国家的粮食安全呢？这自然引起了学者们的高度关注。关于农业劳动力转移对粮食产量的影响问题，学者们大致具有以下三种不同的观点：

第一种观点认为农业劳动力转移会增加粮食产量。Wu 和 Meng（1997）使用 1993 年、1994 年中国 5 个省份约 1000 农户家庭抽样调查数据计量发现，只要没有导致富有务农经验的男性劳动力严重短缺，农业劳动力转移就不会危及中国的粮食产量，且家庭中务农劳动力所占比重对农户粮食产量存在显著的负面影响。Mochebelele 和 Winter‐Nelson（2000）使用 1995 年莱索托 152 户有转移劳动力农户和 148 户无转移劳动力农户的调查数据分析发现，劳动力转移不仅能带来汇款，而且可以提高农业生产中的技术效率，从而促进农业生产。Wouterse（2010）则使用 2003 年非洲布基纳法索乡村家庭抽样调查数据研究发现，农业劳动力的内陆迁移与农业技术效率也存在正相关关系。

第二种观点认为农业劳动力转移会减少粮食产量。吕新业（2003）认为，农业劳动力的转移可能会导致粮食生产由精细种植向粗放种植的倒退，从而降低粮食生产能力。陈飞等（2010）则认为劳动力由农业向第二、第三产业转移导致农业劳动力的数量和质量均有所下降，且城市扩张、占用耕地等因素也会减少粮食播种面积，进而对农业生产造成不利影响。郁建兴和高翔（2009）利用农业普查数据分析发现，转移农业劳动力通常具有较高文化程度和较强劳动能力，从而制约了现代农业的发展。秦立建等（2011）运用美国密歇根大学与中国农业部农村经济研究中心对安徽省某村的联合调查数据，采用随机前沿生产函数研究发现，农业劳动力转移降低了粮食产量。陈锡文等（2011）使用 1985～2009 年时间序列数据计量发现，农业劳动力转移对农业产出存在显著的负面影响。王跃梅等（2013）利用1978~2008年省级面板数据研究发现，农业劳动力转移对粮食生产具有显著的负面影响。刘亮等（2014）利用县级面板数据研究发现，农业劳动力转移到2005年左右开始显著降低粮食总产量。此外，Rozelle等（1999）利用1995年中国河北、辽宁两省31个乡村787户农户调查数据分析发现，劳动力转移对玉米产量的直接影响为负且显著，而劳动力转移所带来的汇款也对玉米产量产生显著的正面影响，但汇款带来的正面影响仅能够部分抵消劳动力转移所带来的负面影响，因此劳动力转移对玉米产量的总影响为负。Brauw（2010）分析20世纪90年代越南农户数据发现，农业劳动力季节性迁移降低了稻米产量。Azam和Gubert（2005）使用1997年1~4月在马里卡伊地区8个乡村获取的调查数据发现，尽管迁移有助于迁移农户采用先进的农业技术，但也会引起机会主义行为，并最终导致迁移农户农业生产的技术无效率。

第三种观点则认为农业劳动力转移对粮食产量没有显著影响。温铁军（2000）认为农业劳动力转移并不会必然导致实际从事农业生产劳动力的减少，因而不会影响粮食产量。农业部农村经济研究中心课题组（1996）利用1994年四川、安徽两省2820户样本户调查数据研究发现，农业劳动力外出对粮食总产量没有造成显著影响。马忠东等（2004）运用中国2000年普查数据以及分县的时间序列数据分析发现，四川、安徽、湖南和江西四个农业大省20世纪90年代的大量劳动力转移并没有对粮食生产产生显著影响。程名望等（2013）则利用中国主产区11个省份2001~2010年的面板数据研究发现，农业劳动力转移没有对中国粮食主产区的粮食产量产生显著影响。

上述研究为我们提供了许多启示，同时，我们也可发现，关于农业劳动力转移对粮食产量的影响研究并没有形成一致看法，是否存在农业剩余劳动力也还存在争议。下文将基于扩展的柯布—道格拉斯生产函数，对中国1978~2017年农业劳动力对粮食产量的影响进行经验分析，从粮食产量的角度为是否存在农业剩余劳动力提供经验证据。剩余部分结构安排如下：第一部分是模型构建及整体性经验分析；第二部分是三大类粮食产量区的经验分析；第三部分是小结。

（1）模型构建及整体性经验分析。

1）模型构建、变量设定与描述性统计。

我们同样借鉴Lin（1992），得到以下粮食生产函数：

$$Q = AL^{\beta_1}D^{\beta_2}M^{\beta_3}F^{\beta_4} \quad (\beta_1、\beta_2、\beta_3、\beta_4 > 0)$$

其中，D、M、F 分别为土地、农业机械总动力和农用化肥。并建立以下计量模型：$\ln Q = \ln A + \ln L^{\beta_1} + \ln D^{\beta_2} + \ln M^{\beta_3} + \ln F^{\beta_4} + u$

其中，被解释变量 lnlscl 为粮食产量取自然对数，解释变量分别为农业劳动力 lnycjys、粮食播种面积 lnlsbzmj、农业机械总动力 lnnyjxzdl 和农用化肥 lnnyhfl，分别使用第一产业年末从业人数、粮食作物播种面积、农业机械总动力和农用化肥施用折纯量取自然对数进行度量。研究采用了 1978 ~ 2017 年中国 31 个省市区（不含港澳台）相关数据作为研究样本，所有变量原始数据均来自中经网统计数据库和国家统计局网站。

各变量基本统计特征见表 3 – 5。

表 3 – 5　变量基本统计特征

变量	平均值	中位数	标准差	最小值	最大值	样本容量
lnlscl	6.856	7.149	1.175	3.611	8.911	1199
lnycjys	6.494	6.736	1.115	3.613	8.179	1199
lnlsbzmj	7.763	8.112	1.139	4.202	9.558	1199
lnnyjxzdl	6.851	6.939	1.166	3.133	9.499	1199
lnnyhfl	4.223	4.523	1.301	−1.609	6.574	1199

2）估计策略、计量结果及分析。

面板数据估计策略的选择检验见表 3 – 6。

表 3 – 6　面板数据估计策略的选择

估计策略选择	检验	统计量	统计值	概率	结论
混合回归，还是 FE	F 检验	F	96.81	0.0000	拒绝混合回归
	LR 检验	χ^2	1500.35	0.0000	拒绝混合回归
混合回归，还是 RE	LM 检验	χ^2	10052.84	0.0000	拒绝混合回归
	LR 检验	χ^2	1305.88	0.000	拒绝混合回归
RE，还是 FE	Hausman 检验	χ^2	9.845	0.0431	拒绝 RE

根据表 3 – 6 的检验结果可知，无论是 F 检验还是 LR 检验，在 1% 的显著性水平下，都拒绝使用混合回归；同时，通过 LSDV 法考察，大部分省份虚拟变量

在 10% 水平上显著。① 因此，可放心地拒绝"所有个体虚拟变量都为 0"的原假设，认为存在个体固定效应，不应使用混合回归。

此外，无论是 LM 检验还是 LR 检验，在 1% 的显著性水平下，都拒绝使用混合回归，认为存在个体随机效应。最后，稳健的豪斯曼检验结果显示：卡方统计值为 9.845，相应 p 值为 0.0431，在 5% 显著性水平下拒绝随机效应原假设，应该使用个体固定效应模型。

表 3 - 7 汇报了面板数据个体固定效应模型的回归结果。其中，第（1）列为只加入核心解释变量 lnycjys、基本控制变量 lnlsbzmj 和常数项的个体固定效应模型回归结果，第（2）列、第（3）列分别为在前一列基础上再加入控制变量 lnnyjxzdl、lnnyhfl 的回归结果。对比该 3 列回归结果可以看出，各解释变量系数的符号和显著性都比较稳健。结果显示，农业劳动力对粮食产量没有显著影响。这说明，从粮食产量视角来看，全国范围内存在着农业剩余劳动力。

表 3 - 7 全样本个体固定效应回归结果

解释变量 ＼ 被解释变量	（1）	（2）	（3）
lnycjys	0.310	0.102	− 0.0410
	(1.665)	(0.955)	(− 0.507)
lnlsbzmj	0.640 ***	0.813 ***	0.882 ***
	(4.611)	(10.69)	(15.46)
lnnyjxzdl		0.294 ***	0.111 ***
		(11.22)	(3.408)
lnnyhfl			0.249 ***
			(6.169)
Constant	− 0.128	− 2.138 **	− 1.536 **
	(− 0.122)	(− 2.252)	(− 2.322)
个体固定效应	控制	控制	控制
Observations	1，204	1，204	1，199
R - squared	0.343	0.797	0.856

① 由于篇幅关系，没有将 LSDV 法的回归结果列出。LSDV 法的回归系数与组内估计量完全相同，但聚类稳健的标准误和 p 值略有差别。

进一步考虑时间效应，加入年度虚拟变量后的双向固定效应估计结果显示，绝大部分年度虚拟变量在1%水平上显著，且进行所有年度虚拟变量的联合显著性F检验，F值为52.85，相应p值为0.0000，在1%显著性水平上拒绝"无时间固定效应"的原假设，应该使用双向固定效应模型。[1]

表3－8汇报了全样本面板数据双向固定效应模型的回归结果。其中，第（1）列为只加入核心解释变量lnycjys、基本控制变量lnlsbzmj和常数项的双向固定效应模型回归结果，第（2）列、第（3）列分别为在前一列基础上再加入控制变量lnnyjxzdl、lnnyhfl的回归结果。对比该3列回归结果可以看出，尽管第（1）列、第（2）列回归中，核心解释变量农业劳动力lnycjys的估计系数显著为正，但第（3）列的估计系数却不显著。根据粮食生产常识，化肥应该是影响粮食产量的重要因素，且第（3）列调整后的R－squared（0.892）明显高于第（1）列、第（2）列。因此，第（3）列估计结果更可信。

下面我们根据第（3）列的估计结果来解释各变量对粮食产量的影响。首先，核心解释变量农业劳动力lnycjys的估计系数为0.0458，系数估计值的t统计值为0.796，不显著。这意味着，在其他条件不变的情况下，减少农业劳动力不会显著地降低粮食产量。因此，从全样本来看，存在着农业剩余劳动力。其次，粮食作物播种面积lnlsbzmj、农用化肥lnnyhfl的估计系数分别为1.052、0.172，系数估计值的t统计值分别为16.70、3.966，都在1%水平下显著。这意味着，在其他条件不变的情况下，粮食作物播种面积、农用化肥每增加1%，粮食产量将分别增加约1.052%、0.172%。此外，所有年度虚拟变量的估计系数都为正，且显著（除了1980年在5%水平下显著之外，其他年份都是1%水平下显著），同时，随着年份的增加，大多数年度虚拟变量的估计系数也在增大。[2] 这意味着，总体来说存在着持续的粮食生产技术进步。

表3－8　全样本双向固定效应回归结果

解释变量＼被解释变量	(1)	(2)	(3)
lnycjys	0.151 **	0.143 **	0.0458
	(2.522)	(2.384)	(0.796)

[1] 由于篇幅关系，也没有将年度虚拟变量的联合显著性F检验的详细结果列出。
[2] 包含各年份虚拟变量具体系数的详细回归结果见书末附录4。

续表

解释变量＼被解释变量	（1）	（2）	（3）
lnlsbzmj	1.125 ***	1.107 ***	1.052 ***
	(15.23)	(12.93)	(16.70)
lnnyjxzdl		0.0210	−0.0202
		(0.471)	(−0.482)
lnnyhfl			0.172 ***
			(3.966)
Constant	−3.394 ***	−3.315 ***	−2.618 ***
	(−7.015)	(−6.498)	(−6.266)
个体固定效应	控制	控制	控制
时间固定效应	控制	控制	控制
Observations	1204	1204	1199
R^2	0.872	0.873	0.892

（2）三大类粮食产量区的经验分析。考虑到中国各省市区土壤、气候、地理等自然条件以及产业发展的差异，全国 31 个省市区（不含港澳台）被划分为三大类：粮食主产区（包括辽宁、河北、山东、吉林、内蒙古、江西、湖南、四川、河南、湖北、江苏、安徽、黑龙江 13 个省市区）、粮食主销区（包括北京、天津、上海、浙江、福建、广东、海南 7 个省市区）和粮食产销平衡区（包括山西、宁夏、青海、甘肃、西藏、云南、贵州、重庆、广西、陕西、新疆 11 个省市区）。下面我们进一步分析这三大类粮食产量区农业劳动力对粮食产量的影响，所使用的基本模型与变量设定任沿用上述形式。

1）粮食主产区的计量结果及分析。

表 3-9 汇报了粮食主产区面板数据双向固定效应模型的回归结果。其中，第（1）列为只加入核心解释变量 lnycjys、基本控制变量 lnlsbzmj 和常数项的双向固定效应模型回归结果，第（2）列、第（3）列分别为在前一列基础上再加入控制变量 lnnyjxzdl、lnnyhfl 的回归结果。对比该 3 列回归结果可以看出，尽管第（1）列、第（2）列回归中，核心解释变量农业劳动力 lnycjys 的估计系数显著为正，但第（3）列的估计系数却不显著。根据粮食生产常识，化肥应该是影响粮食产量的重要因素，且第（3）列调整后的 R^2（0.926）明显高于第（1）

列、第 (2) 列。因此，第 (3) 列估计结果更可信。

下面我们根据第 (3) 列的估计结果来解释各变量对粮食产量的影响。首先，核心解释变量农业劳动力 lnycjys 的估计系数为 0.0857，系数估计值的 t 统计值为 0.802，不显著。这意味着，在其他条件不变的情况下，减少农业劳动力不会显著地降低粮食产量。因此，从粮食主产区来看，存在着农业剩余劳动力。其次，粮食作物播种面积 lnlsbzmj、农用化肥 lnnyhfl 的估计系数分别为 1.192、0.207，系数估计值的 t 统计值分别为 7.695、7.399，都在 1% 水平下显著。这意味着，在其他条件不变的情况下，粮食作物播种面积、农用化肥每增加 1%，粮食产量将分别增加约 1.192%、0.207%。此外，所有年度虚拟变量的估计系数都为正，且显著（除了 1980 年、1981 年 10% 水平下显著和 1979 年、1982 年 5% 水平下显著之外，其他年份都是 1% 水平下显著），同时，随着年份的增加，大多数年度虚拟变量的估计系数也在增大。[①] 这意味着，粮食主产区总体上存在着持续的粮食生产技术进步。

表 3 – 9   粮食主产区双向固定效应回归结果

被解释变量\\解释变量	(1)	(2)	(3)
lnycjys	0.181 *	0.184 *	0.0857
	(1.940)	(2.003)	(0.802)
lnlsbzmj	1.367 ***	1.345 ***	1.192 ***
	(6.844)	(6.790)	(7.695)
lnnyjxzdl		0.0359	− 0.0124
		(0.619)	(− 0.295)
lnnyhfl			0.207 ***
			(7.399)
Constant	− 5.883 ***	− 5.939 ***	− 4.464 ***
	(− 4.416)	(− 4.491)	(− 5.387)
个体固定效应	控制	控制	控制
时间固定效应	控制	控制	控制
Observations	520	520	518
R – squared	0.907	0.907	0.926

---

① 包含各年份虚拟变量具体系数的详细回归结果见书末附录 5。

2）粮食主销区的计量结果及分析。

表3-10汇报了粮食主销区面板数据双向固定效应模型的回归结果。其中，第（1）列为只加入核心解释变量 lnycjys、基本控制变量 lnlsbzmj 和常数项的双向固定效应模型回归结果，第（2）列、第（3）列分别为在前一列基础上再加入控制变量 lnnyjxzdl、lnnyhfl 的回归结果。对比该3列回归结果可以看出，各解释变量系数的符号和显著性都比较稳健。

下面我们根据第（3）列的估计结果来解释各变量对粮食产量的影响。首先，核心解释变量农业劳动力 lnycjys 的估计系数为0.0555，系数估计值的 t 统计值为0.755，不显著。这意味着，在其他条件不变的情况下，减少农业劳动力不会显著地降低粮食产量。因此，从粮食主销区来看，也存在着农业剩余劳动力。其次，粮食作物播种面积 lnlsbzmj 的估计系数为1.090，系数估计值的 t 统计值为16.22，在1%水平下显著。这意味着，在其他条件不变的情况下，粮食作物播种面积每增加1%，粮食产量将分别增加约1.090%。此外，所有年度虚拟变量的估计系数都为正，且绝大部分显著（除了1979年、1980年、1981年不显著和1982年、1983年分别在5%、10%水平下显著之外，其他年份都是1%水平下显著），同时，随着年份的增加，大多数年度虚拟变量的估计系数也在增大。[①] 这意味着，粮食主销区总体上也存在着持续的粮食生产技术进步。

表3-10　粮食主销区双向固定效应回归结果

被解释变量　解释变量	（1）	（2）	（3）
lnycjys	0.0674	0.0683	0.0555
	(0.947)	(1.073)	(0.755)
lnlsbzmj	1.100 ***	1.100 ***	1.090 ***
	(16.84)	(18.03)	(16.22)
lnnyjxzdl		-0.00102	-0.00860
		(-0.0430)	(-0.299)
lnnyhfl			0.0286
			(0.794)

---

① 包含各年份虚拟变量具体系数的详细回归结果见书末附录6。

续表

解释变量 \ 被解释变量	(1)	(2)	(3)
Constant	− 2. 253 ** (− 2. 984)	− 2. 257 ** (− 3. 230)	− 2. 149 ** (− 2. 659)
个体固定效应	控制	控制	控制
时间固定效应	控制	控制	控制
Observations	273	273	273
R – squared	0. 937	0. 937	0. 938

3) 产销平衡区的计量结果及分析。

表 3 – 11 汇报了粮食产销平衡区面板数据双向固定效应模型的回归结果。其中，第 (1) 列为只加入核心解释变量 lnycjys、基本控制变量 lnlsbzmj 和常数项的双向固定效应模型回归结果，第 (2) 列、第 (3) 列分别为在前一列基础上再加入控制变量 lnnyjxzdl、lnnyhfl 的回归结果。对比该 3 列回归结果可以看出，各解释变量系数的符号和显著性都比较稳健。

下面我们根据第 (3) 列的估计结果来解释各变量对粮食产量的影响。首先，核心解释变量农业劳动力 lnycjys 的估计系数为 0. 158，系数估计值的 t 统计值为 1. 164，不显著。这意味着，在其他条件不变的情况下，减少农业劳动力不会显著地降低粮食产量。因此，从粮食产销平衡区来看，也存在着农业剩余劳动力。其次，粮食作物播种面积 lnlsbzmj、农用化肥 lnnyhfl 的估计系数分别为 0. 649、0. 239，系数估计值的 t 统计值分别为 3. 581、3. 099，分别在 1%、5% 水平下显著。这意味着，在其他条件不变的情况下，粮食作物播种面积、农用化肥每增加 1%，粮食产量将分别增加约 0. 649%、0. 239%。此外，所有年度虚拟变量的估计系数都为正且显著（都在 5% 或 1% 水平下显著），但随着年份的增加，年度虚拟变量的估计系数增加缓慢。[①] 这意味着，产销平衡区粮食生产技术进步缓慢。

———————

① 包含各年份虚拟变量具体系数的详细回归结果见书末附录 7。

表 3-11 粮食产销平衡区双向固定效应回归结果

解释变量＼被解释变量	(1)	(2)	(3)
lnycjys	0.158 (0.890)	0.154 (0.789)	0.158 (1.164)
lnlsbzmj	0.774 ** (2.794)	0.736 ** (2.723)	0.649 *** (3.581)
lnnyjxzdl		0.0794 (0.832)	0.0269 (0.344)
lnnyhfl			0.239 ** (3.099)
Constant	-0.876 (-0.529)	-0.960 (-0.572)	-0.842 (-0.616)
个体固定效应	控制	控制	控制
时间固定效应	控制	控制	控制
Observations	411	411	408
R^2	0.814	0.817	0.857

（3）小结。中国农业劳动力转移是否影响到了粮食产量与粮食安全，一直是学者们所关注的重要问题。既有研究对此没有形成一致结论，且多数都是针对全国范围的整体性分析。本部分基于扩展的柯布—道格拉斯生产函数，对1978～2017年全国及三大类粮食产量区（粮食主产区、粮食主销区和粮食产销平衡区）分别进行计量分析发现，无论是全国范围还是三大类粮食产量区，农业劳动力对粮食产量都没有显著影响。这表明，从粮食产量视角来看，也存在一定的农业剩余劳动力。此外，粮食作物播种面积对粮食产量存在显著的正向作用，且总体上存在持续的粮食生产技术进步。

3.2.2 农业剩余劳动力转移成本、迁移成本和城市成本

农业剩余劳动力转移存在空间和产业两个维度，在空间维度表现为由农村向

城市的转移，在产业维度则表现为由农业向非农产业的转移，本书中的农业剩余劳动力转移是指产业维度的转移。现实中，我国农业剩余劳动力转移存在两种途径，一种是就地转移到农村非农产业，本书称为就地转移，另一种是异地转移到城市非农产业，本书称为异地转移或迁移。对于就地转移从事非农生产来说，农民通常要具有一定的文化知识、专业技能或人际关系；而对于异地转移从事非农生产来说，农民不仅要承担以户籍制度为基础的制度性歧视政策（例如养老、医疗、失业和教育等政策）导致的成本（本书称为迁移成本），还需承担城市昂贵的住房成本、通勤成本和生活成本等非制度性歧视政策导致的成本（本书称为城市成本）。总之，无论是就地转移还是异地转移，农业劳动力都必须承担一定的成本。为了简化分析，在研究农业剩余劳动力转移动因时，本书暂不区分就地转移成本和异地转移成本，而将其统称为转移成本。

对于就地转移，农业剩余劳动力需付出学习成本和信息成本。尽管也有一些工作不需要劳动技能培训，但这类工作竞争激烈、收入偏低。尤其是近年来随着我国技术进步和产业结构升级，对劳动者的劳动技能要求不断提高，农业劳动力不经培训找到合适工作的机会越来越少，所需时间越来越长。此外，农业转移劳动力寻找工作仍以通过亲属和熟人介绍为主，二者合计占总人数的58.8%，而通过劳动力市场找到工作的不到一半。

虽然影响劳动力转移的制度障碍在逐渐消除，但由于户籍制度的存在以及社会福利制度的城乡分割，导致农民工报酬与社会保障参与率与城市职工存在巨大差别。蔡昉等（2009）从社会保险来看，在失业保险方面，据农业部2005年的调查显示，全国范围内只有9.6%的用人单位为农民工购买了失业保险。在医疗保险方面，有调查显示，务工期间有36.4%的农民工生过病，生病以后有59.3%的人没有花钱看病，而是硬挺过来的，40.7%的人不得不花钱看病，但用人单位为他们支付的不足实际看病费的1/12。在养老保险方面，据2008年上半年浙江省的一项调查显示，83%的农民工没有参加社会养老保险，且农民工养老保险还出现了参保率低、退保率高的现象。一份调研报告显示，在农民工集中的广东省，有的地区农民工退保率高达95%以上。在工伤保险方面，农民工参险比例也很低。从劳动福利来看，农民工除了工资收入外，很少享有其他福利收入。从社会救助来看，农民工与城市最低生活保障制度无缘。夏丽霞和高君（2009）发现，农民工还可能须承担由于被拖欠或克扣工资而导致的讨薪成本，据北京青少年法律援助与研究中心针对进城务工的青年农村劳动力维权成本进行的调查发现，农村转移劳动力讨薪须付出四大成本：经济成本、时间成本、政府成本、法律援助成本。接受调查的农村转移劳动力平均讨薪的综合成本在3420～5720元之间。如果提供法律援助，则成本最少需要5000元，最高将超过9000元。同时调查显示每索回1元钱，需付出3元钱的代价。此外，进城务工农民除办理暂住证和婚育证外，还要持有身份证、未婚证、计生证、毕业证、待业证等。到了城里，还要交纳各种费用，如就业管理费、治安保护费、子女借读费和赞助费，有的企业还要收取培训费和合同费，有的城市还要收取城市增容费、劳动力调节费等多项费用。例如，深圳市一年仅为农民工办证，就从农民工身上拿走10亿元；武汉市一个派出所，一年就可以从对农民工的收费中，分到100万元左右的现金。Zhao（1999）指出，这些额外的成本有时可占到总成本的30%。

2010年，美国著名咨询公司美世衡量了各地包括住房、交通、食品、服装、家居用品以及娱乐在内的200多个项目的相对成本，发布了涵盖全球5大洲214个城市的最新"全球生活成本调查"（这是全世界最全面的生活成本调查）。其中，中国香港排名第6、北京和上海分别排名第16和第25，共有7个中国大陆城市进入排行榜。可见，中国虽属发展中国家，但其城市生活成本却并不低。由于交通运输的发展，地区间可贸易品价格差别很小，而非贸易品价格与住房成本高度相关，因而学者们认为住房成本是地区间生活成本差异的最重要因素，美国人口普查局实验性生活成本指标也假设地区间生活成本差异仅由住房成本引起。因此，住房成本差异可大致反映地区间生活成本差异。自1998年住房分配货币化改革以来，我国房价大幅上涨。平均房价从1998年的2063元/平方米增长到2009年的4600元/平方米。2009年的全国住宅销售均价比2008年增长1000多元，2010年1月房价再创新高，我国70个大中城市房屋销售价格指数同比增长9.5%。陈欣欣（2001）认为，在制约劳动力迁移的诸多因素中，城市紧张的住房和昂贵的房价已成为最大的反推力之一。

3.2.3 城乡收入差距

改革开放以来，我国经济快速发展，城乡收入差距也不断扩大。1978年城乡收入比为2.57∶1，2004年扩大到3.21∶1，相应地，城乡消费支出比从2.68∶1扩大到3.29∶1，城乡消费水平比由2.9∶1扩大到3.47∶1。黄智淋和赖小琼（2011）指出，城镇家庭人均可支配收入与农村居民家庭人均纯收入之比从1978年的2.6

上升到 2009 年的 3.3，远高于世界多数国家和地区 1.5 左右的城乡收入比。如果将实物性收入和补贴都算作个人收入的一部分，那么中国的城乡收入差距可为全球第一。高彦彦（2010）则认为，改革初期，城乡居民真实收入差距为 2.57。之后，由于农村经济改革的成功，1988 年城乡居民收入差距缩小到 1.508。然而，随着改革的重心转向城市和非农部门，城市居民收入的增长幅度超过农民，城乡收入差距又开始扩大，2007 年，城乡收入差距增大至 2.633，超过改革开放初期水平。因而，改革开放以来城乡居民收入差距是一个先缩小而后不断扩大的过程。总之，尽管不同学者的研究方法和研究结果可能有所不同，但对于城乡差距的扩大趋势还是达成了共识。

3.2.4 城乡非农产业技术差距

根据我国国家统计局关于三次产业划分的规定，第一产业（广义农业）是指农、林、牧、渔业；第二产业是指采矿业、制造业、电力、燃气及水的生产和供应业、建筑业；第三产业是指除第一、第二产业以外的其他行业。由于本书中农业剩余劳动力转移是从第一产业向第二、第三产业的转移，为表述方便，我们将第二产业和第三产业统称为非农产业。

对于技术，目前并无公认的定义。《现代汉语词典》将技术定义为："人类在认识自然和利用自然的过程中积累起来并在生产劳动中体现出来的经验和知识，也泛指其他操作方面的技巧"。根据《大不列颠百科全书》的解释，technology 一词最早由希腊词 techne（艺术、手工艺器）和 logos（词、言语）组成，这意味着技术偏重于实用性，强调技术的可用性和易用性。而法国科学家狄德罗主编的《百科全书》给技术下了一个简明的定义：技术是为某一目的共同协作组成的各种工具和规则体系。由于本书的生产要素仅包括劳动力，所以我们将技术概念定义为企业生产中所体现的劳动生产率，它受设施、经验、知识和环境等因素的影响。城乡非农产业技术差距则定义为农村非农产业与城市非农产业之间的技术差距。

改革开放初期，农民进城困难，短缺经济和国有企业经营机制僵化给乡镇企业提供了发展空间，乡镇企业异军突起，在 20 世纪 80 年代和 90 年代前期超常规发展，成为中国工业经济的"半壁江山"。但乡镇企业走的是一条无序、分散的道路，产业布局具有很大的离散性和随机性，具有基础设施薄弱、设备陈旧、工艺落后、布局分散、规模偏小、土地浪费、集聚效益低等缺陷。而城市是一个以获取集聚效益为目的的空间地域系统，是国家和地区经济发展的中心和枢纽，基础设施相对完善、投资环境较好、资本相对富裕，同时，企业布局具有计划性、设备和工艺先进、集聚效益高，因而具有更高的劳动生产率。根据《新中国 60 年农业统计资料》和《新中国六十年统计资料汇编》，作为农村非农产业主要载体的乡镇企业人均劳动生产率由 1978 年的 741 元增加到 2008 年的 54449 元，而城市产业的人均劳动生产率由 1978 年的 2531 元增加到 2008 年的 60424 元，城市产业人均劳动力生产率一直都高于乡镇企业，城市产业与乡镇企业人均劳动生产率比值最大值为 4.52，最小值为 1.11。

3.2.5　城镇失业

失业是最直接而又最严重影响人们生活的经济问题，也是经济学家和政策制定者最关心的一个问题。当前，我国正处于由社会主义计划经济向市场经济转型的过渡时期，农业大量剩余劳动力需转移到非农部门，城镇也由于国有企业改革、产业结构升级等问题而面临就业压力。所以，城镇失业是我国的一个普遍现象。当前，我国主要用城镇登记失业率来反映失业状况。据中华人民共和国国家统计局网站，"城镇登记失业人员指有非农业户口，在一定的劳动年龄内（16 周岁至退休年龄），有劳动能力，无业而要求就业，并在当地劳动保障部门进行失业登记的人员"，"城镇登记失业率指城镇登记失业人员与城镇单位就业人员（扣除使用的农村劳动力、聘用的离退休人员、港澳台及外方人员）、城镇单位中的不在岗职工、城镇私营业主、个体户主、城镇私营企业和个体就业人员、城镇登记失业人员之和的比"。①

由于城镇登记失业率在概念的界定和统计范畴上都存在比较严重的缺陷，因此，学术界普遍认为城镇登记失业率低估了真实的失业水平。有些学者使用不同方法对我国城镇真实失业率进行了估算。如高卷（2016）采用蔡昉（2004）估算方法，先用我国经济活动人口总数，减去农村经济活动人口总数，得到城镇经济活动人口总数；再用城镇经济活动人数，减去城镇就业人数总数，得到城镇失业人数；最后，根据失业率的计算公式，测算得出我国 1978～2014 年的实际失业率。城镇登记失业率及其估算的实际失业率如图 3 – 1 所示。

---

① 该定义来自 http：//www.stats.gov.cn/tjsj/zbjs/201310/t20131029_ 449543.html。

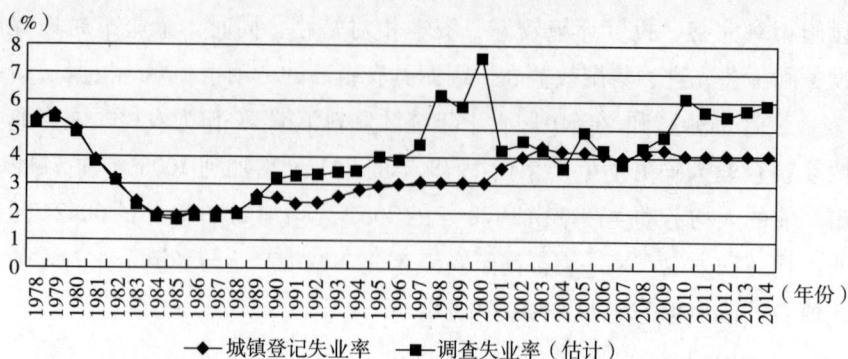

图 3-1　1978~2014 年中国城镇登记失业率和估算的城镇实际失业率时间趋势

资料来源：高卷（2016）。

　　张翔博（2017）引入名义国内生产总值指数和人口因素作为参数构建模型，测算我国 1990~2014 年城镇实际失业率，城镇登记失业率及其估算的实际失业率如表 3-12 所示。

表 3-12　1990~2014 年中国城镇登记失业率及估算的城镇实际失业率

年份	城镇登记失业率	估算的城镇实际失业率	年份	城镇登记失业率	估算的城镇实际失业率
1990	2.5	3.322	2003	4.3	8.719
1991	2.3	3.513	2004	4.2	7.962
1992	2.3	3.833	2005	4.2	7.305
1993	2.6	4.374	2006	4.1	6.609
1994	2.8	4.751	2007	4.0	5.577
1995	2.9	5.303	2008	4.2	5.402
1996	3.0	5.903	2009	4.3	5.512
1997	3.1	6.545	2010	4.1	4.595
1998	3.1	7.145	2011	4.1	4.598
1999	3.1	7.742	2012	4.1	4.777
2000	3.1	8.218	2013	4.05	5.0
2001	3.6	8.707	2014	4.09	5.370
2002	4.0	9.188			

资料来源：张翔博（2017）。

从图 3 - 1 和表 3 - 12 都可以看出，我国的城镇实际失业率水平不低，是我们必须要考虑的一个重要因素。

3.3 本书的理论分析框架构建

农业剩余劳动力转移是工业化过程中的普遍现象，农业—非农业间劳动生产率差距是其直接原因，但农业—非农业间劳动生产率差距并非外生给定，而是内生决定的。既有劳动力转移文献尽管从多个视角、各个方面进行了探讨，但鉴于其复杂性和我国国情的特殊性，至今没能发展出一个适合国情、能内生决定城乡劳动生产率差距的理论分析框架，以深入系统地研究我国农业剩余劳动力转移问题。

新经济地理学关于效用函数和生产函数的假设极大地简化了工业部门垄断竞争下的消费者行为和生产者行为分析，由此建立的一般均衡模型内生地解释了劳动力的转移，对劳动力转移研究具有借鉴和启发意义。但新经济地理学主要用于研究发达国家制造业内部、区域之间的劳动力转移，其许多模型假设不适合农业剩余劳动力转移研究，也不符合我国现实。本部分将基于我国上述特征事实，同时借鉴新经济地理模型关于效用函数和生产函数的假设，建立内生的农业剩余劳动力转移一般均衡分析框架[①]，以深入系统地研究我国农业剩余劳动力转移动因、途径与效应及其影响因素。

3.3.1 中国农业剩余劳动力转移动因

在农业剩余劳动力转移动因研究方面，本书将基于我国消费结构偏离资源禀赋结构、农业存在剩余劳动力和劳动力转移存在转移成本三个特征事实，修改新经济地理模型相关假设，同时借鉴新经济地理模型关于效用函数和生产函数的假设，建立内生的农业剩余劳动力转移动因一般均衡模型，以研究中国农业剩余劳动力转移的动因。此部分对新经济地理模型相关假设的具体修改如下：

第一，新经济地理模型通常假定长期均衡时工人工资等于农民工资，由此得

[①] 本书分析框架的构建受到了朱希伟（2004）一文的启发，特此表示感谢。

到：农民占总劳动力的比重等于农产品消费占总消费支出的比重 $1-\mu$，工人占总劳动力的比重等于工业品消费占总消费支出的比重 μ。显然，其关于工人工资等于农民工资的假定与我国严重的城乡收入差距现实不符。为此，本书拟放宽此假设，假定农民和工人占总劳动力的比重分别为 $(1-h)$ 和 h，而农产品和非农产品消费占总消费支出的比重分别为 $(1-g)$ 和 g，两者未必相等。也就是说，消费结构偏离了资源禀赋结构。

第二，新经济地理模型假定农业部门在规模报酬不变技术下生产农产品，农业总产出与农业劳动力投入成正比，农业中不存在失业，这不符合我国现实。如前所述，无论是从狭义还是从广义上来说，绝大部分学者都认为我国仍存在大量农业剩余劳动力。本书假定在农业生产中，土地资源固定且是稀缺的，而劳动力资源非常丰富。因此，农业总产量只随农业技术水平的变化而变化，与劳动力投入无关，即农业存在大量的剩余劳动力，农业劳动力的转移对农业总产量没有影响，且农民收入根据农业的平均产量来支付。

第三，新经济地理模型关于劳动力转移不存在转移成本的假定不合理。对于从计划经济向市场经济转型的中国来说，农业劳动力无论是异地转移还是就地转移都存在较高的成本。为简化分析，在研究农业剩余劳动力转移动因与效应时，我们暂不区分异地转移成本和就地转移成本，而引入统一的转移成本。同时，新经济地理模型还假定工业品存在运输成本，本书为建立可解的一般均衡模型以内生地解释农业剩余劳动力转移，忽略了工业品运输成本。

3.3.2　中国农业剩余劳动力转移途径

在农业剩余劳动力转移途径研究方面，本书将在上述劳动力转移动因理论模型基础上，考虑中国所存在的"就地转移"和"异地转移"现实，引入迁移成本、"城市成本"和城乡非农产业技术差距三个变量，修改相关假设，建立内生的农业剩余劳动力转移途径一般均衡模型，以分析农业剩余劳动力转移的途径选择及其影响因素。此部分对上述转移动因模型相关假设的具体修改如下：

第一，大多数国家的农业劳动力转移是在空间和产业两个维度同时进行的，即农业劳动力由农村向城市转移的同时完成由农业向非农产业的转移。而中国则不同，庞大的农业人口和有限的农地，导致农业存在大量剩余劳动力，但城市也面临较大的失业压力，因此形成了中国农业剩余劳动力异地转移（转移到城市非农产业）和就地转移（转移到以乡镇企业为主的农村非农产业）并存的现象，也就是说，中国农业剩余劳动力存在异地转移和就地转移两种转移途径。

第二，对于就地转移来说，农民通常要具有一定的文化知识、专业技能或人际关系，这会产生成本；对于异地转移来说，农民不仅要承担以户籍制度为基础的制度性歧视政策（例如养老、医疗、失业和教育等政策）导致的成本（本书称为迁移成本），还需承担城市昂贵的住房成本、通勤成本、生活成本等非制度性歧视政策所导致的成本（本书称为城市成本）。为简化分析，在研究农业剩余劳动力转移途径时，我们假定就地转移成本为零，而异地转移则包括迁移成本和城市成本。

第三，由于农村非农产业通常设备陈旧、工艺落后、布局分散、规模偏小、集聚效益低，而城市则基础设施相对完善、投资环境较好、资本相对富裕，同时，企业布局具有计划性、设备和工艺先进、集聚效益高，因而具有更高的劳动生产率。本部分由此假定城乡非农产业之间存在技术差距。

3.3.3 中国农业剩余劳动力转移效应

在农业剩余劳动力转移效应研究方面，本书首先在上述劳动力转移动因理论模型基础上，分析农业剩余劳动力转移对农民增收与农村减贫、城乡差距和经济增长的影响；其次再考虑中国城镇所存在的失业现象，引入"城镇就业率"变量，修改相关假设，建立内生的农业剩余劳动力转移对城镇失业影响的一般均衡模型，分析农业剩余劳动力转移的城镇失业效应。此部分对上述转移动因模型相关假设的具体修改为：存在城镇失业。失业是最直接而又最严重影响人们生活的经济问题，也是经济学家和政策制定者最关心的一个问题。城镇失业是各国经济中的普遍现象，当前，我国正处于由社会主义计划经济向市场经济转型的过渡时期，农业大量剩余劳动力需转移到非农部门，城镇也由于国有企业改革、产业结构升级等问题而面临就业压力。所以，城镇失业也是我国的一个普遍现象。据学者们估计，我国自1978年以来的城镇实际失业率在2%～10%波动。特别是20世纪90年代以来，我国城镇实际失业率相对更加严重，许多年份都在5%以上，甚至接近10%。因此，城镇失业是我们必须要考虑的一个重要因素。本书由此假定城镇存在失业，引入城镇就业率变量e。

4 中国农业剩余劳动力转移动因理论模型

4.1 引言

农业劳动力转移动因一直是经济学研究的一个重点，其中，发展经济学的研究具有代表性。刘易斯—拉尼斯—费景汉模型将发展中国家经济分为城市工业和农村农业两个部门，且城市工业部门的劳动生产率远高于农村农业部门，城乡实际收入差距导致农业劳动力向城市转移，直至两部门劳动生产率相等（Leweis，1954；Ranis 和 Fei，1961）。而 Todaro 模型则考虑了城市失业问题，认为城乡期望收入差距而非城乡实际收入差距是决定农业劳动力转移的根本动因，并分析了多种劳动力市场政策对于解决城市失业问题的经济效果（Todaro，1969；Harris 和 Todaro，1970）。Kelley 和 Williamson（1984）利用 40 个发展中国家的数据建立了一个动态可计算一般均衡模型，并用以评价各种因素对于第三世界城市增长的影响，Becker 等（1992）则利用印度 1960 年之后的经验数据建立了一个动态可计算一般均衡模型，并分析了印度城市化趋势及其与经济增长之间的关系，然而这两个一般均衡模型的起始点仍然是外生给定的城乡生产率差距。可见，上述二元经济模型都不能内生决定城市工业部门的劳动生产率高于农村农业部门，农业劳动力转移只是外生力量作用的结果。

Krugman（1991）"中心—外围"模型阐明了规模经济与运输成本之间的相互作用内生决定制造业和工人向城市集聚的作用机制，较好地解决了传统二元经济模型的上述不足。但是，Krugman 模型假定农民不可跨区域流动，且不能转变为工人，这接近于发达国家现实却不符合发展中国家实际，因而也就无法直接应用于发展中国家农业剩余劳动力转移的研究。朱希伟（2004）认识到：对于发展中国家，尤其是像中国这样的转型国家而言，Krugman 模型关于区域之间产品运输存在成本、而劳动力迁移只存在于制造业内部区域之间且不存在成本等假设不合理。其一，由于户籍制度及依附于户籍制度之上的各种福利政策的存在，劳动力迁移成本要远高于产品运输成本；其二，劳动力迁移主要是从农村农业部门向城市工业部门的跨部门迁移，他通过引入部门间劳动力迁移成本和地区间技术差异，建立了一个农业劳动力转移模型，并得出了新兴制造业可以在外围地区形成，从而缩小地区间差距的结论。何雄浪和李国平（2007）扩展了贸易成本范围，认为贸易成本不仅包括产品运输成本，而且包括要素流动成本，并引入前后向产业联系发展了可解的农业劳动力转移模型。然而，包括上述模型在内的大多数新经济地理模型都假定农业总产出与农业劳动力投入成正比，且农业中不存在失业。事实上，在多数发展中国家都存在大量农业剩余劳动力，中国尤为如此。可见，上述新经济地理模型关于农业部门的假设显然与发展中国家的事实不符。同时，它们也不具有发展经济学家所感兴趣的政策含义。

在国内，高国力（1995）把 Todaro 预期收入差距具体化为区域经济收入差距，认为经济区域发展的不平衡是农村劳动力转移的重要因素之一，朱农（2002）基于湖北省问卷调查数据，使用 Probit 模型证实了城乡收入差距对于劳动力迁移的正向作用。王格玮（2004）利用中国第五次全国人口普查数据进行的经验分析表明，地区间人均收入差距对劳动力迁移有显著影响。程名望等（2006）运用动态宏观经济学递归方法和推拉理论建立模型表明，城镇拉力是农村劳动力转移的根本动因，并用经验数据验证了该结论。程名望和史清华（2007）又基于岭回归模型的实证分析表明：1978 年以来我国总体经济增长对农村劳动力转移有较大的促进作用，而城市服务业则是我国农村劳动力转移的主要去向。而刘志忠等（2007）运用 1996～2004 年的省级面板数据实证表明，民营非农部门的出口贸易是促进农业剩余劳动力转移的重要因素。此外，蔡昉（2001）认为，传统的发展战略及户籍制度限制了劳动力转移，改革开放虽放松了对劳动力转移的控制，但在制度障碍依然存在的情况下，预期收入和人力资本禀赋都无法充分解释劳动力转移。李晓春和马轶群（2004）考虑到我国的户籍政策，修正了传统的 Harris - Todaro 模型，并对各项政策的经济效果进行了分析。李勋来和李国平（2005）从农村劳动力"转移能力"的视角构建计量模型表明，制度因素是阻碍农村劳动力转移的主要因素之一。李陈华和柳思维（2006）通过建立一个简化的 Harris – Todaro 模型，分析了各种城市政策对农村劳动力转移的影响。

由上可见，传统二元经济模型不能内生决定城乡收入差距，无法深入地解释中国农业剩余劳动力转移动因；新经济地理模型关于效用函数和生产函数的假设极大地简化了工业部门垄断竞争下的消费者行为和生产者行为分析，由此建立的一般均衡模型内生地解释了劳动力的转移，对劳动力转移研究具有借鉴和启发意义。但新经济地理模型主要用于研究发达国家制造业内部、区域之间的劳动力转移，其许多模型假设不适合于农业剩余劳动力转移研究，也不符合中国现实。本部分将基于上章关于消费结构与资源禀赋结构偏离、农业存在剩余劳动力和农业剩余劳动力转移存在转移成本三个特征事实，同时借鉴新经济地理模型关于效用函数和生产函数的假设，建立内生的农业剩余劳动力转移动因一般均衡模型，深入解释中国农业剩余劳动力转移动因及其影响因素。

4.2 初始均衡

假设经济体存在两个区域：区域 1（城市）和区域 2（农村），其人口总量为 L 且每人拥有单位同质劳动力。初始时，区域 1 是非农产业区，采用规模报酬递增技术生产非农产品，其人口在人口总量中所占比例为 h（即城市化水平，$0 < h < 1$），则工人数量为：

$$L_u = Lh \tag{4-1}$$

区域 2 是农业区，农民在劳动力总量中所占比例为（$1 - h$），则农民数量为 $L(1 - h)$。假定以单位农产品价值作为计价标准，即农产品价格为 1，同时，假定非农产品和农产品在区域间贸易不存在成本，故两区域的生活费用指数相同。

4.2.1 消费者均衡

为简化分析，假定消费者具有相同的偏好，代表性消费者效用函数为 $U = C_m^g C_a^{1-g}$。其中，C_m 为非农产品消费量综合指数（非农产品为若干具有不变替代弹性的差异化产品），C_a 为农产品消费（农产品为单一同质产品），g 为非农产

品在消费支出中所占份额（g 为外生变量且 $0 < g < 1$），$(1 - g)$ 为农产品在消费

支出中所占份额。而非农产品消费量综合指数定义为 $C_m = \left[\sum_{i=1}^{n} C_i^{\frac{\sigma-1}{\sigma}} \right]^{\frac{\sigma}{\sigma-1}}$，其中，

n 为非农产品种类数，σ 为非农产品之间的替代弹性（$\sigma > 1$），C_i 为第 i 种非农
产品的消费量。

4.2.1.1 代表性城市工人消费均衡

假定城市工人工资为 W_1，消费者将收入作为预算约束以实现效用最大化，

那么，代表性城市工人效用最大化问题可以表述为：

$$MaxU = C_{ml}^{g} C_{al}^{1-g}, s.\,t. \sum_{i=1}^{n} P_i C_{il} + C_{al} = W_1$$

其中，$C_{ml} = \left[\sum_{i=1}^{n} C_{il}^{\frac{\sigma-1}{\sigma}} \right]^{\frac{\sigma}{\sigma-1}}$，为代表性城市工人的非农产品消费量综合指数，

C_{al} 为代表性城市工人的农产品消费，P_i 为第 i 种非农产品的价格，C_{il} 为代表性
城市工人对第 i 种非农产品的需求。求解该效用最大化问题，通过拉格朗日定理
推导可得：

$$C_{al} = (1 - g)W_1 \tag{4-2}$$

$$C_{il} = \frac{gW_1 P_i^{-\sigma}}{P_m^{1-\sigma}}, \; i = 1, 2, \cdots, n \tag{4-3}$$

其中，P_m 为非农产品价格指数，

$$P_m = \left[\sum_{i=1}^{n} P_i^{1-\sigma} \right]^{\frac{1}{1-\sigma}} \tag{4-4}$$

4.2.1.2 代表性农民消费均衡

假定农民收入为 W_p，且农村不存在（显性）失业[①]，故代表性农民的收入

为 W_p，其效用最大化问题可以表述为：$MaxU = C_{mp}^{g} C_{ap}^{1-g}$，$s.\,t. \sum_{i=1}^{n} P_i C_{ip} + C_{ap} = W_p$。

其中，$C_{mp} = \left[\sum_{i=1}^{n} C_{ip}^{\frac{\sigma-1}{\sigma}} \right]^{\frac{\sigma}{\sigma-1}}$，为代表性农民的非农产品消费量综合指数，$C_{ap}$ 为代

表性农民的农产品消费，C_{ip} 为代表性农民对第 i 种非农产品的需求。同理，求解
该效用最大化问题，可得：

$$C_{ap} = (1 - g)W_p \tag{4-5}$$

---

① 即不存在失业农民，但存在隐性失业。也就是说，农业剩余劳动力的转移不会减少农业总产量，
但会提高农民的劳动生产率。

$$C_{ip} = \frac{gW_p P_i^{-\sigma}}{P_m^{1-\sigma}}, \quad i = 1, 2, \cdots, n \tag{4-6}$$

4.2.2 生产者均衡

4.2.2.1 非农产品厂商生产均衡

本部分在 D – S（Dixit 和 Stiglitz，1977）垄断竞争分析框架下进行讨论。假定非农产品生产只使用一种生产要素，即劳动力，且假定工业企业具有相同的规模报酬递增生产技术，代表性企业生产函数为：

$$L_{il} = a + bX_i, \quad i = 1, 2, \cdots, n \tag{4-7}$$

式（4-7）中，L_{il} 为代表性企业生产所使用的劳动量，X_i 为代表性企业的产出，a 和 b 分别表示固定劳动力投入和边际劳动力投入。假定区域 2 非农产业不存在范围经济，由于具有规模报酬递增生产技术，故每一种产品只由一个企业生产，且每一个企业也只生产一种产品，企业数等于产品种类数，生产企业具有一定的垄断力量。由式（4-7）可知，代表性企业的利润函数为：

$$\pi = P_i X_i - W_1(a + bX_i) \tag{4-8}$$

由式（4-3）和式（4-6）可以看出，若产品种类数足够多，则代表性工人与代表性农民对第 i 种非农产品的需求价格弹性皆为 σ，生产企业的产品最优定价为：

$$P_i = \frac{\sigma b W_1}{\sigma - 1}, \quad i = 1, 2, \cdots, n \tag{4-9}$$

由于企业可以自由进出，故最终企业利润为零。将式（4-9）代入式（4-8），并令其等于零，得到代表性企业产量为：

$$X_i = \frac{a(\sigma - 1)}{b} \tag{4-10}$$

再将式（4-10）代入式（4-7），得到代表性企业所使用的劳动量为：

$$L_{il} = a\sigma \tag{4-11}$$

4.2.2.2 农产品厂商生产均衡

考虑到中国人多地少的客观事实，本书假定在农业中，土地资源固定且是稀缺的，而劳动力资源非常丰富。因此，农业总产量 X_p 只随农业技术水平的变化而变化，与劳动力投入无关，即农业存在大量的剩余劳动力，农业劳动力的转移对农业总产量没有影响，且农民收入根据农业的平均产量来支付，故代表性农民的收入为：

$$W_p = \frac{X_p}{L_p} = \frac{X_p}{L(1-h)} \tag{4-12}$$

其中，L_p 为农业生产中使用的劳动量（农民数量）。

4.2.3 市场均衡

根据非农产业劳动力市场均衡条件，由式（4-1）和式（4-11）可得：$Lh = na\sigma$。故产品种类数（即企业数量）为：

$$n = \frac{Lh}{a\sigma} \tag{4-13}$$

再根据农业劳动力市场均衡条件，由式（4-2）、式（4-5）和式（4-12）可知：$LhW_1(1-g) + L(1-h)W_p(1-g) = L(1-h)W_p$。所以，工人收入为：

$$W_1 = \frac{g(1-h)W_p}{h(1-g)} = kW_p \tag{4-14}$$

其中，

$$k = \frac{g}{(1-g)} \bigg/ \frac{h}{(1-h)} \tag{4-15}$$

k 为偏离系数，它反映了居民的消费结构相对于资源禀赋结构的偏离程度，容易证明，此时非农产品与农产品市场也实现了均衡。

4.3 农业剩余劳动力转移与稳定均衡

4.3.1 农业剩余劳动力转移

农业剩余劳动力转移存在空间和产业两个维度，在空间维度表现为由农村向城市的转移，在产业维度则表现为由农业向非农产业的转移，本书中的农业剩余劳动力转移是指产业维度的转移。现实中，我国农业剩余劳动力转移存在两种途径：一种是就地转移到农村非农产业，另一种是异地转移到城市非农产业。为下文表述方便，本书将转移到非农产业的农民统称为农民工。对于就地转移从事非农生产来说，农民通常要具有一定的专业知识、技能或人际关系；

而对于异地转移从事非农生产来说，农民不仅要承担以户籍制度①为基础的制度性歧视政策（例如养老、医疗、失业和教育等政策）导致的成本外，还需承担城市昂贵的通勤成本、住房成本和生活成本。总之，无论是就地转移还是异地转移，农业剩余劳动力都必须承担一定的成本。为了简化理论推导，本章暂时不对就地转移成本和异地转移成本加以区分，而是统称为转移成本。同时，假定转移成本系数 τ（$\tau \geqslant 1$）为 Samuelson（1954）的"冰山"交易形式，即从农村转移出去的 τ 单位劳动力中只有 1 单位能到达目的地，其余的（$\tau - 1$）单位劳动力在转移过程中损耗掉了。因此，由式（4-14）可得，农民工收入为 $\frac{W_1}{\tau} = \frac{kW_p}{\tau}$。

假定农业剩余劳动力根据转移前后的收入差距来决定是否向非农产业转移。初始时，如果 $k > \tau$，那么，农民工收入 $\left(\frac{kW_p}{\tau}\right)$ 将大于农民收入（W_p），所以农民向非农产业转移；如果 $k \leqslant \tau$，则农民工收入将小于等于农民收入，故农民不会转移。而根据恩格尔定律，随着社会经济的发展、人们生活水平的提高，居民消费结构中用于食品的支出比例将不断下降，即（$1 - g$）不断下降，相应地，g 将不断上升。于是由式（4-15）可知：k 也将不断上升。如果 τ 值不是太大，k 将大于 τ，使得农民工收入大于农民收入，从而导致农民向非农产业转移。

可见，不管初始时 k 值如何，随着社会经济的发展，g 值将不断上升，k 值也将不断上升。只要 τ 值不是太大，k 将大于 τ，农民工收入大于农民收入，导致农民向非农产业转移。且 k 值越大，则农业剩余劳动力转移前后的收入差距越大，农民向非农产业转移动机越强。因此，非农产品消费比重 g 的提高是农业剩余劳动力转移的根本动因之一。

4.3.2 稳定均衡

现假定向非农产业转移的农民在总劳动力中所占比例为 Δh，那么，转移后农民数量 $L'_p = L(1 - h - \Delta h)$。根据式（4-12），转移后农民收入为：

$$W'_p = \frac{X_p}{L(1 - h - \Delta h)} \tag{4-16}$$

转移后工人（包括城市工人和农民工）数量为 $L_1 = L(h + \Delta h)$，非农产业劳

---

① 此处的户籍制度不仅包括户籍制度本身，而且包括依附于户籍制度之上的各种福利政策。

动力供给为 $L\left(h + \dfrac{\Delta h}{\tau}\right)$。同理，通过消费者效用最大化、生产者利润最大化以及非农产业劳动力市场均衡分析，可以得到转移后产品种类数（即企业数量）：

$$n' = \frac{L\left(h + \dfrac{\Delta h}{\tau}\right)}{a\sigma} \tag{4-17}$$

通过消费者效用最大化、生产者利润最大化以及农业劳动力市场均衡分析，可以得到转移后城市工人的收入为：

$$W'_{1} = \frac{g(1 - h - \Delta h)W'_{p}}{(1 - g)\left(h + \dfrac{\Delta h}{\tau}\right)} \tag{4-18}$$

农民工收入为 $\dfrac{W'_{1}}{\tau} = \dfrac{g(1 - h - \Delta h)W'_{p}}{(1 - g)\left(h + \dfrac{\Delta h}{\tau}\right)\tau}$。当农民工与农民的收入相等

$\left(\dfrac{g(1 - h - \Delta h)W'_{p}}{(1 - g)\left(h + \dfrac{\Delta h}{\tau}\right)\tau} = W'_{p}\right)$ 时，即：

$$\Delta h = g - h(\tau - 1)(1 - g) - h \tag{4-19}$$

农民不再转移，从而实现了稳定均衡。

式（4-19）对 g 求导，得 $\dfrac{d\Delta h}{dg} = 1 + h(\tau - 1)$，因为 $h > 0$、$\tau \geqslant 1$，故 $\dfrac{d\Delta h}{dg} > 0$，也就是说，农业转移劳动力比例与非农产品消费比重呈正相关，随着非农产品消费比重的提高，农业转移劳动力将增加。因为由式（4-15）可知，偏离系数 k 与非农产品消费比重 g 呈正相关。非农产品消费比重提高，则偏离系数 k 变大，农业剩余劳动力转移前后的收入差距增大，农民向非农产业转移动机增强，所以，农业转移劳动力增加。

式（4-19）对 τ 求导，得 $\dfrac{d\Delta h}{d\tau} = -h(1 - g)$，因为 $h > 0$、$g < 1$，故 $\dfrac{d\Delta h}{d\tau} < 0$，也就是说，农业转移劳动力比例与农业剩余劳动力转移成本呈负相关，随着农业剩余劳动力转移成本的下降，农业转移劳动力将增加。

综上所述，可得出如下结论：非农产品消费比重的提高是农业剩余劳动力转移的根本动因之一；而转移成本下降将促进农业剩余劳动力转移。

4.4 小结及政策建议

既有劳动力转移理论虽然从多个视角、各个方面考虑了农业劳动力转移问题，但都不能内生决定城乡收入差距，从而无法深入解释中国农业剩余劳动力转移动因。新经济地理模型关于效用函数和生产函数的假设极大地简化了工业部门垄断竞争下的消费者行为和生产者行为分析，由此建立的一般均衡模型内生地解释了劳动力的转移，对劳动力转移研究具有借鉴和启发意义。但新经济地理模型主要用于研究发达国家制造业内部、区域之间的劳动力转移，其许多模型假设不适合于农业剩余劳动力转移研究，也不符合中国现实。本章基于上述关于消费结构与资源禀赋结构偏离、农业存在剩余劳动力和农业剩余劳动力转移存在转移成本三个特征事实，同时借鉴新经济地理模型关于效用函数和生产函数的假设，建立内生的农业剩余劳动力转移动因一般均衡模型，并通过比较静态分析，深入解释了中国农业剩余劳动力转移的动因。其具体逻辑为：随着社会经济的发展，居民消费结构中用于食品之外的支出比例将不断上升，使得居民消费结构与资源禀赋结构之间的偏离系数（k）也不断上升，在劳动力转移成本系数（τ）不是太大的情况下，农民转移到非农产业的收入将大于留在农村的收入，从而导致农业剩余劳动力向非农产业转移。其主要结论为：非农消费比重的提高是农业剩余劳动力转移的根本动因之一；转移成本下降将促进农业剩余劳动力转移。由此得出以下两点政策建议：

第一，深化收入分配制度改革，提高非农消费比重。根据恩格尔定律，随着社会经济的发展、国民收入的提高，居民消费中用于食品的支出比例不断下降，非农消费比重相应提高。当前，在中国人均收入较低且收入分配差距扩大的情况下，应进一步深化收入分配制度改革，建立企业职工工资正常增长机制和支付保障机制，提高扶贫标准和最低工资标准，逐步增加居民显性收入；同时，要加快建立覆盖城乡居民的社会保障体系，逐步提高保障水平，增加居民隐性收入，扭转收入分配差距扩大趋势，提高非农消费比重。

第二，加大农村教育和培训力度，发展劳动力转移中介组织，降低转移成本。近年来出现的"民工荒"现象至少部分地说明了劳动力市场的结构性失衡，相当一部分城市出现了劳动力短缺的"民工荒"，但同时农村却还存在大量的农业剩余劳动力。究其原因，除农民务工收入较低外，劳动力素质不高、技能低下，劳动力市场供求信息不充分，也是其主要原因。例如，农业转移劳动力寻找工作仍以通过亲属和熟人介绍为主，二者合计占总人数的58.8%，而通过劳动力市场找到工作的不到一半（苗瑞卿等，2004）。因此，一方面，要继续改革农村教育投资体制，加强农村教育和培训力度，提升农村义务教育质量，加强农村劳动力技能培训，提高农村劳动力的整体文化技能水平；另一方面，要大力发展劳动力转移就业中介组织，为劳动力供需双方提供充分、有效的信息，并加强对农村劳动力就业观念的教育，降低农业剩余劳动力转移成本。

5 中国农业剩余劳动力转移
途径理论模型

5.1 引 言

  农业剩余劳动力转移存在空间和产业两个维度，在空间维度表现为由农村向城市的转移，在产业维度则表现为由农业向非农产业的转移。对大多数发展中国家来说，农业劳动力的转移在两个维度是同时进行的，即农业劳动力由农村向城市转移的同时完成由农业向非农产业的转移。然而在中国则不同，巨大的农业人口和有限的农地导致农民收入一直很低，农业剩余劳动力转移动机很强烈。但城市也面临较大的失业压力，对农业剩余劳动力的吸纳能力有限，从而促进了农村非农产业的繁荣和发展。同时，通过发展以乡镇企业为代表的农村非农产业来就地吸收农业剩余劳动力也得到了政府的认可与推广，因而形成了中国农业剩余劳动力异地转移和就地转移并存的现象。

  在理论研究方面，朱希伟（2004）通过引入部门间劳动力迁移成本和地区间技术差异，建立了一个农业劳动力转移模型，认为转移途径取决于迁移成本与技术差距的大小。李晓春（2005）通过分析 Lewis 及 Harris – Todaro 模型建立的基本思路和背景条件，认为"离土不离乡"型劳动力转移与 Lewis 模型、"民工潮"型与 Harris – Todaro 模型具有较好的对应关系，明确中国农村劳动力转移存在的双重机制。许经勇（2007）则认为强调依靠城市工业扩张来转移过剩农村劳动力的 Lewis 理论对应于异地转移（流向大中城市），强调依靠人力资本提高、科学技术进步以及农村内部分工深化来扩大农村劳动力就业机会的 Schultz 理论则对应于就地转移（流向农村工商业和小城镇），只有坚持农村劳动力异地转移与就地转移相结合，才能确保农村劳动力的合理流动。一些学者认为就地转移应成为解决农业剩余劳动力的主要途径。李平和侯军岐（2007）分析了农村工业化进程中劳动力转移速度下降的内外部原因，认为导致速度下降的因素不会长期发挥作用，并从作为农村工业化主体的乡镇企业在相对经济效益、竞争优势、不平衡性、积聚效应和自身特点等多个角度分析了农村工业化进一步吸纳劳动力的潜力，认为应该继续关注农村工业化。穆建新（2009）则认为在当前金融危机背景下，外向型经济严重受挫，中国必须由以出口导向、劳动力密集型制造业、异地就业为主要特征的"劳动力转移"模式，转变为以内需驱动、沿海劳动力密集型产业向内陆转移、就地就业为主要特征的"产业转移"模式。程怀儒（2006）分析中国现实情况后，认为大城市的人口容纳能力有限，实现农村工业化，大力发展"近"农产业，特别是农产品加工业，延长经营链条，是转移农村剩余劳动力的有效途径。也有学者认为吸纳农业剩余劳动力的最主要途径还是异地转移。董文柱（2003）认为，乡镇企业吸纳农村剩余劳动力的能力在减弱，小城镇由于缺乏第二、第三产业的支撑，吸纳能力有限，在大中城市里，基础设施相对完善，投资环境比较好，带动区域经济发展的功能强，居民的收入水平也较高，第三产业发展较快，就业机会相对较多，应成为吸纳农村劳动力的最主要途径。但他们基本上都只进行了定性分析，缺乏定量研究，同时也没有进一步深入说明农业劳动力转移途径选择的具体影响因素及作用大小。

在经验研究方面，彭连清和詹向阳（2007）利用第五次全国人口普查和统计年鉴等数据发现，改革开放以来，我国农村劳动力转移表现为省内就近转移和跨省异地转移并存，并更多倾向于跨省转移；跨省转移的地域流向主要表现为由中西部地区向东部沿海地区转移，尤其是向长三角和珠三角地区集中；转移劳动力多数集中在加工制造业、建筑业和生活服务业等低技术的劳动密集型行业。罗明忠（2009）使用 2009 年 2～3 月对广东部分地区的农村劳动力进行的 396 份问卷调查数据分析发现：丰富自身的人力资本是农村劳动力异地转移的重要决策因素；孩子越多则作为其父母的农村劳动力出于照顾小孩的需要，会更多地考虑就地转移。但这些研究仅停留于数据描述，定量分析不够深入。朱农（2004）利用1992 年湖北的一次人口迁移问卷调查数据，用计量经济学的方法分析了中国农业剩余劳动力两种转移途径：异地转移和就地转移。结果表明，就地转移是一种更容易参与、成本较低的活动；两种转移存在互补关系。

由上可见，在农业剩余劳动力转移途径方面，既有理论研究大多停留于定性层面，缺乏定量分析。本部分将在前述转移动因理论模型的基础上，考虑中国所存在的"就地转移"和"异地转移"现实，加入"迁移成本""城市成本"和"城乡非农产业技术差距"三个变量，建立内生的农业剩余劳动力转移途径一般均衡模型，深入解释中国农业剩余劳动力转移途径选择及其影响因素，并得出政策建议。

5.2 模型假设与初始均衡

5.2.1 模型假设

许多学者认为，城市昂贵的购（租）房价格抑制了农业剩余劳动力的异地转移，"城市成本"是城市一个重要的分散力，本部分拟借鉴 Murata 和 Thisse（2005）方法，将城市成本引入前述转移动因理论模型。假设经济体存在两个区域：区域 1（城市）和区域 2（农村），其人口总量为 L 且每人拥有单位同质劳动力。区域 1 是非农产业区，采用规模报酬递增技术生产非农产品，其人口在人口总量中所占比例为 h(0 < h < 1)。该区域为一维线性城市，所有企业都定位于中心商务区（位于线性城市的原点），区域内每个工人消费单位土地并通勤去中心商务区，所以均衡时该区域工人均匀分布于中心商务区两旁区间 [- Lh/2, Lh/2]。假定通勤成本具有冰山性质，居住在距离中心商务区 x 处工人的有效劳动力供给为：

s(x) = 1 - 2c|x|, x ∈ [- h/2, h/2]

其中，c 为通勤成本系数（c ≥ 0），0 ≤ s (x) ≤ 1。因此，区域 1 的总有效劳动力供给为：

$$S_1 = \int_{-Lh/2}^{Lh/2} s(x)dx = Lh(1 - ch/2) \tag{5-1}$$

W₁ 为区域 1 企业支付给工人的工资率，那么居住在城市边缘的工人所获得的工资净值为：

s(- h/2)W₁ = s(h/2)W₁ = (1 - ch)W₁

由于城市边缘地租为零且工人是同质的，所以在整个区域内，剔除通勤成本

与地租后的工资净值相同，即 $s(x)W_1 - r(x) = s(-h/2)W_1 = s(h/2)W_1 = (1 - ch)W_1$，其中 $r(x)$ 为距离中心商务区 x 处的地租。因此，区域 1 的均衡地租为：$r(x) = c(h - 2|x|)W_1$。

区域 1 的总地租为：$R = \int_{-Lh/2}^{Lh/2} r(x)dx = cLh^2 W_1/2$。

假定地租由区域收集并平均分配给本区域所有居民，因此，区域 1 的每一工人除了工资外还能从地租上获得一份收入 $R/Lh = chW_1/2$，所以，区域 1 工人的名义可支配收入为：

$$Y_1 = (1 - ch)W_1 + chW_1/2 = (1 - ch/2)W_1 \qquad (5 - 2)$$

我们引入城市成本系数 τ_c 来描述由于城市成本的存在而导致的城市居民可支配收入的损失，$\tau_c = 1/(1 - ch/2)$。那么，区域 1 工人的名义可支配收入为：

$$Y_1 = (1 - ch/2)W_1 = W_1/\tau_c \qquad (5 - 3)$$

农村是农业区，农民在劳动力总量中所占比例为 $(1 - h)$，则农民数量为 $L(1 - h)$。假定以单位农产品价值作为计价标准，即农产品价格为 1，同时，假定非农产品和农产品在区域间贸易不存在成本，故城市和农村的生活费用指数相同。

5.2.2　消费者均衡

为简化分析，假定消费者具有相同的偏好，代表性消费者效用函数为 $U = C_m^g C_a^{1-g}$。其中，C_m 为非农产品消费量综合指数（非农产品为若干具有不变替代弹性的差异化产品），C_a 为农产品消费（农产品为单一同质产品），g 为非农产品在消费支出中所占份额（g 为外生变量且 $0 < g < 1$），$(1 - g)$ 为农产品在消费支出中所占份额。而非农产品消费量综合指数定义为 $C_m = \left[\sum_{i=1}^{n} C_i^{\frac{\sigma-1}{\sigma}}\right]^{\frac{\sigma}{\sigma-1}}$，其中，$n$ 为非农产品种类数，σ 为非农产品之间的替代弹性（$\sigma > 1$），C_i 为第 i 种非农产品的消费量。

5.2.2.1　代表性城市工人消费均衡

假定消费者将其可支配收入作为预算约束以实现效用最大化，那么，代表性城市工人效用最大化问题可以表述为：

$$MaxU = C_{m1}^g C_{a1}^{1-g}, \text{ s. t. } \sum_{i=1}^{n} P_i C_{i1} + C_{a1} = W_1/\tau_c$$

其中，$C_{m1} = \left[\sum_{i=1}^{n} C_{i1}^{\frac{\sigma-1}{\sigma}}\right]^{\frac{\sigma}{\sigma-1}}$ 为代表性城市工人的非农产品消费量综合指数，C_{a1}

为代表性城市工人的农产品消费，P_i 为第 i 种非农产品的价格，C_{il} 为代表性城市工人对第 i 种非农产品的需求。

求解该效用最大化问题，通过拉格朗日定理推导可得：

$$C_{al} = (1 - g) W_1 / \tau_c \qquad\qquad (5 - 4)$$

$$C_{il} = \frac{g W_1 P_i^{-\sigma}}{\tau_c P_m^{1-\sigma}}, \ i = 1, 2, \cdots, n \qquad\qquad (5 - 5)$$

其中，P_m 为非农产品价格指数，

$$P_m = \left[\sum_{i=1}^{n} P_i^{1-\sigma} \right]^{\frac{1}{1-\sigma}} \qquad\qquad (5 - 6)$$

5.2.2.2　代表性农民消费均衡

假定农村农民收入为 W_p，且农民不需承担通勤成本和房租，故代表性农民的名义可支配收入为 W_p，其效用最大化问题可以表述为：

$$\mathrm{Max} U = C_{mp}^g C_{ap}^{1-g}, \mathrm{s.\,t.} \sum_{i=1}^{n} P_i C_{ip} + C_{ap} = W_p$$

其中，$C_{mp} = \left[\sum_{i=1}^{n} C_{ip}^{\frac{\sigma-1}{\sigma}} \right]^{\frac{\sigma}{\sigma-1}}$ 为代表性农民的非农产品消费量综合指数，C_{ap} 为代表性农民的农产品消费，C_{ip} 为代表性农民对第 i 种非农产品的需求。

同理，求解该效用最大化问题，可得：

$$C_{ap} = (1 - g) W_p \qquad\qquad (5 - 7)$$

$$C_{ip} = \frac{g W_p P_i^{-\sigma}}{P_m^{1-\sigma}}, \ i = 1, 2, \cdots, n \qquad\qquad (5 - 8)$$

5.2.3　生产者均衡

5.2.3.1　非农产品厂商生产均衡

我们在 D - S 垄断竞争分析框架下进行讨论，假定非农产品生产只使用一种生产要素即劳动力，且工业企业具有相同的规模报酬递增生产技术，代表性企业生产函数为：

$$L_{il} = (a + b X_i), \ i = 1, 2, \cdots, n \qquad\qquad (5 - 9)$$

其中，L_{il} 为代表性企业生产所使用的劳动量，X_i 为代表性企业的产出。假定城市非农产业不存在范围经济，由于具有规模报酬递增生产技术，故每一种产品只由一个企业生产，且每一个企业也只生产一种产品，企业数等于产品种类数，生产企业具有一定的垄断力量。由式（5 - 9）可知，代表性企业的利润函数为：

$$\pi = P_i X_i - W_1 (a + b X_i) \tag{5-10}$$

再由式（5-5）和式（5-8）可看出，若产品种类数足够多，则代表性城市工人与代表性农民对第 i 种非农产品的需求价格弹性皆为 σ，生产企业的产品最优定价为：

$$P_i = \frac{\sigma b W_1}{\sigma - 1}, \quad i = 1, 2, \cdots, n \tag{5-11}$$

由于企业可以自由进出，故企业利润为零。将式（5-11）代入式（5-10）并令其等于零，得到代表性企业产量为：

$$X_i = \frac{a(\sigma - 1)}{b} \tag{5-12}$$

再将式（5-12）代入式（5-9），得到代表性企业所使用的劳动量为：

$$L_{i1} = a\sigma \tag{5-13}$$

5.2.3.2 农产品厂商生产均衡

考虑到我国人多地少的客观事实，假定在农业中，土地资源固定且是稀缺的，而劳动力资源非常丰富。因此，农业总产量 X_p 只随农业技术水平的变化而变化，与劳动力投入无关，即农业存在大量的剩余劳动力，农业劳动力的转移对农业总产量没有影响，且农民收入根据农业的平均产量来支付，故代表性农民的收入为：

$$W_p = \frac{X_p}{L_p} = \frac{X_p}{L(1-h)} \tag{5-14}$$

其中，L_p 为农业生产中使用的劳动量（农民数量）。

5.2.4 市场均衡

根据非农产业劳动力市场均衡条件，由式（5-1）和式（5-13）可得：$Lh(1-ch/2) = na\sigma$，故产品种类数（即企业数量）为：

$$n = \frac{Lh}{\tau_c a\sigma} \tag{5-15}$$

再根据农业劳动力市场均衡条件，由式（5-4）、式（5-7）和式（5-14）可知：

$$Lh(1-g)W_1/\tau_c + L(1-h)(1-g)W_p = L(1-h)W_p$$

所以，城市工人的名义可支配收入为：

$$W_1/\tau_c = \frac{g(1-h)W_p}{h(1-g)} = kW_p \qquad (5-16)$$

其中，

$$k = \frac{g}{(1-g)} \bigg/ \frac{h}{(1-h)} \qquad (5-17)$$

容易证明，此时非农产品与农产品市场也实现了均衡。

5.3 农业剩余劳动力转移途径选择

农业剩余劳动力转移是农业转型和工业化进程中的一个普遍现象，不失一般性，假定相对于劳动力总量而言，最先有极少数农民（占总劳动力比例为 h_d）具备了从事非农产业生产的能力和动力，可能放弃农业，从事非农产业生产。鉴于我国实际情况，我们假定农业劳动力存在两种转移途径，即异地转移（进城打工）和就地转移（农村工业化）。

5.3.1 异地转移分析（进城打工）

假定农业剩余劳动力进城将具有城市非农产业生产效率，但除城市工人所承担的城市成本外，进程农民还须承担迁移成本，其中，从农村流向城市的迁移成本系数 $\tau_q (\tau_q > 1)$ 也假定采取"冰山"形式。如 h_d 的农民进城打工，那么，可得到区域1的总有效劳动力供给为：

$$S_1 = \int_{-L\frac{h+h_d/\tau_q}{2}}^{L\frac{h+h_d/\tau_q}{2}} s(x) dx = L\left(h + \frac{h_d}{\tau_q}\right)\left(1 - c\frac{h+h_d/\tau_q}{2}\right) \qquad (5-18)$$

假定城市工人工资存在刚性，农民进城打工导致城市劳动力供给增加，但城市工人名义工资不变，那么，城市工人的名义可支配收入为：

$$Y_1 = \left(1 - c\frac{h+h_d/\tau_q}{2}\right)W_1 \qquad (5-19)$$

代表性城市工人效用最大化问题可以表述为：

$$MaxU = C_{m1}^g C_{a1}^{1-g}, \quad s.t. \sum_{i=1}^{n_{11}} P_i C_{i1} + C_{a1} = \left(1 - c\frac{h+h_d/\tau_q}{2}\right)W_1$$

可得城市代表性工人对农产品和城市代表性非农产品的需求分别为：

$$C_{a1} = (1 - g)\left(1 - c\frac{h + h_d/\tau_q}{2}\right)W_1 \qquad (5-20)$$

$$C_{i1} = \frac{g\left(1 - c\dfrac{h + h_d/\tau_q}{2}\right)W_1 P_i^{-\sigma}}{P_{m1}^{1-\sigma}}, \quad i = 1, 2, \cdots, n_{11} \qquad (5-21)$$

其中，P_{m1} 为非农产品价格指数，

$$P_{m1} = \left[\sum_{i=1}^{n_{11}} P_i^{1-\sigma}\right]^{\frac{1}{1-\sigma}} \qquad (5-22)$$

代表性农民的收入为：

$$W_{p1} = \frac{X_p}{L_p} = \frac{X_p}{L(1 - h - h_d)} \qquad (5-23)$$

代表性农民消费均衡和非农产品厂商生产均衡与初始均衡时相同。

根据非农产业劳动力市场均衡条件，由式（5-18）和式（5-13）可得：

$$L\left(h + \frac{h_d}{\tau_q}\right)\left(1 - c\frac{h + h_d/\tau_q}{2}\right) = n_{11}a\sigma_\circ$$ 故产品种类数（即企业数量）为：

$$n_{11} = L\frac{\left(h + \dfrac{h_d}{\tau_q}\right)}{a\sigma}\left(1 - c\frac{h + h_d/\tau_q}{2}\right) \qquad (5-24)$$

城市非农产品价格指数为：

$$P_{m1} = \left[\sum_{i=1}^{n_{11}} P_i^{1-\sigma}\right]^{\frac{1}{1-\sigma}} = \left[L\frac{\left(h + \dfrac{h_d}{\tau_q}\right)}{a\sigma}\left(1 - c\left(\frac{h + \dfrac{h_d}{\tau_q}}{2}\right)\right)\right]^{\frac{1}{1-\sigma}}\frac{\sigma b W_1}{\sigma - 1}$$

根据 Fujita 等（1999）可知，城市和农村生活费用指数皆为：

$$I = P_{m1}^g P_a^{(1-g)} = P_{m1}^g = \left[L\frac{\left(h + \dfrac{h_d}{\tau_q}\right)}{a\sigma}\left(1 - c\left(\frac{h + \dfrac{h_d}{\tau_q}}{2}\right)\right)\right]^{\frac{g}{1-\sigma}}\left(\frac{\sigma b W_1}{\sigma - 1}\right)^g$$

再根据农业劳动力市场均衡条件，由式（5-20）、式（5-7）和式（5-23）可知：

$$L\left(h + \frac{h_d}{\tau_q}\right)(1 - g)\left(1 - c\frac{h + h_d/\tau_q}{2}\right)W_1 + L(1 - h - h_d)W_{p1}(1 - g) = L(1 - h - h_d)W_{p1}$$

所以，城市工人的名义可支配收入为：

$$\left(1 - c\,\frac{h + h_d/\tau_q}{2}\right)W_1 = \frac{g(1 - h - h_d)\,W_{p1}}{(1 - g)\left(h + \dfrac{h_d}{\tau_q}\right)}$$

那么，进城农民的名义可支配收入为：

$$\left(1 - c\,\frac{h + h_d/\tau_q}{2}\right)W_1/\tau_q = \frac{g(1 - h - h_d)\,W_{p1}}{(1 - g)\left(h + \dfrac{h_d}{\tau_q}\right)\tau_q}$$

当 h_d 极小时，进城农民的实际可支配收入为：

$$\frac{g(1 - h - h_d)\,W_{p1}}{(1 - g)\left(h + \dfrac{h_d}{\tau_q}\right)\tau_q P_{m1}^g} \approx \frac{kW_p}{\tau_q P_m^g} \qquad (5-25)$$

5.3.2 就地转移分析（农村工业化）

农业剩余劳动力就地转移，则不必承担城市成本和迁移成本，但考虑到农村设备、管理和交通等方面的劣势，我们假定农村非农产业企业生产函数为：

$$L_{j1} = T(a + bX_j), \quad j = 1,\ 2,\ \cdots,\ n_2 \qquad (5-26)$$

其中，L_{j1} 为农村代表性企业生产所使用的劳动量，X_j 为农村代表性企业的产出，T 代表农村与城市间的非农产业技术差距（$T > 1$），T 越大则两者非农产业技术差距越大。如 h_d 的农民就地转移从事非农产业生产，同理，通过消费者效用最大化，我们可以得到城市代表性工人对城市代表性非农产品 i、农村代表性非农产品 j 以及农产品的需求分别为：

$$C_{i1} = \frac{gW_1 P_i^{-\sigma}}{\tau_c P_{m2}^{1-\sigma}}, \quad i = 1,\ 2,\ \cdots,\ n_1 \qquad (5-27)$$

$$C_{j1} = \frac{gW_1 P_j^{-\sigma}}{\tau_c P_{m2}^{1-\sigma}}, \quad j = 1,\ 2,\ \cdots,\ n_2 \qquad (5-28)$$

$$C_{a1} = (1 - g)W_1/\tau_c \qquad (5-29)$$

其中，P_{m2} 为非农产品价格指数，P_i、P_j 分别为城市和农村代表性生产企业的产品价格。

$$P_{m2} = \left[\sum_{i=1}^{n_1} P_i^{1-\sigma} + \sum_{j=1}^{n_2} P_j^{1-\sigma}\right]^{\frac{1}{1-\sigma}} \qquad (5-30)$$

农村代表性工人对城市代表性非农产品 i、农村代表性非农产品 j 以及农产品的需求分别为：

$$C_{i2} = \frac{gW_2 P_i^{-\sigma}}{P_{m2}^{1-\sigma}}, \quad i = 1,\ 2,\ \cdots,\ n_1 \qquad (5-31)$$

$$C_{j2} = \frac{gW_2 P_j^{-\sigma}}{P_{m2}^{1-\sigma}}, \quad j = 1, 2, \cdots, n_2 \tag{5-32}$$

$$C_{a2} = (1 - g)W_2 \tag{5-33}$$

其中，W_2 为农村生产企业的工资率。农村代表性农民对城市代表性非农产品 i、农村代表性非农产品 j 以及农产品的需求分别为：

$$C_{ip} = \frac{gW_{p1} P_i^{-\sigma}}{P_{m2}^{1-\sigma}}, \quad i = 1, 2, \cdots, n_1 \tag{5-34}$$

$$C_{jp} = \frac{gW_{p1} P_j^{-\sigma}}{P_{m2}^{1-\sigma}}, \quad j = 1, 2, \cdots, n_2 \tag{5-35}$$

$$C_{ap} = (1 - g)W_{p1} \tag{5-36}$$

通过生产者利润最大化，我们同样可以得到城市和农村代表性生产企业的产品最优定价分别为：

$$P_i = \frac{\sigma b W_1}{\sigma - 1}, \quad i = 1, 2, \cdots, n_1 \tag{5-37}$$

$$P_j = \frac{\sigma b T W_2}{\sigma - 1}, \quad j = 1, 2, \cdots, n_2 \tag{5-38}$$

城市和农村代表性企业产量为：

$$X_i = X_j = \frac{a(\sigma - 1)}{b} \tag{5-39}$$

城市和农村代表性企业所使用的劳动量分别为：

$$L_{i1} = a\sigma \tag{5-40}$$

$$L_{j1} = Ta\sigma \tag{5-41}$$

根据产品市场均衡条件，由式（5-27）~式（5-29）、式（5-31）~式（5-36）和式（5-39）可得到：

$$W_2 = \frac{(1 - h - h_d)gW_{p1}}{h(1-g)T/\tau_c + h_d(1-g)} \tag{5-42}$$

$$W_1 = TW_2 = T \frac{(1 - h - h_d)gW_{p1}}{h(1-g)T/\tau_c + h_d(1-g)} \tag{5-43}$$

根据要素市场均衡条件，由式（5-40）和式（5-41）可得到：

$$n_1 = \frac{Lh}{\tau_c a\sigma} \tag{5-44}$$

$$n_2 = \frac{Lh_d}{Ta\sigma} \tag{5-45}$$

再由式（5-30）、式（5-37）、式（5-38）和式（5-43）~式（5-45）可得到：

$$P_{m2} = \Big[\sum_{i=1}^{n_1} P_i^{1-\sigma} + \sum_{j=1}^{n_2} P_j^{1-\sigma}\Big]^{\frac{1}{1-\sigma}} = \Big[\frac{Lh}{\tau_c a\sigma} + \frac{Lh_d}{Ta\sigma}\Big]^{\frac{1}{1-\sigma}} \frac{\sigma b W_1}{\sigma - 1} \tag{5-46}$$

当 h_d 极小时，农村工业化农民的实际可支配收入为：

$$\frac{(1-h-h_d)gW_{p1}}{h(1-g)T/\tau_c + h_d(1-g)P_{m2}^g} \approx \frac{\tau_c k W_p}{TP_m^g} \tag{5-47}$$

5.3.3　转移途径选择

假定农民为理性的"经济人"，他们依据实际可支配收入（或效用）来决定转移途径。比较式（5-25）和式（5-47）可知，如果 $T < \tau_q \tau_c$，则农村工业化农民的实际可支配收入高于进城打工农民 $\Big(\dfrac{\tau_c k W_p}{TP_m^g} > \dfrac{k W_p}{\tau_q P_m^g}\Big)$，农民将就地转移；如果 $T > \tau_q \tau_c$，则农村工业化农民的实际可支配收入低于进城打工农民 $\Big(\dfrac{\tau_c k W_p}{TP_m^g} < \dfrac{k W_p}{\tau_q P_m^g}\Big)$，农民将异地转移。因此，$T$ 越小、τ_q 和 τ_c 越大，则农民越偏向于就地转移；T 越大、τ_q 和 τ_c 越小，则农民越偏向于异地转移。也就是说，农业剩余劳动力就地转移量与 T 呈负相关，与 τ_q、τ_c 呈正相关；农业剩余劳动力异地转移量则与 T 呈正相关，与 τ_q、τ_c 呈负相关。

5.4　小结及政策建议

在农业剩余劳动力转移途径方面，既有理论研究大多只进行了粗略的文字性论述，缺乏严谨的论证，没有深入说明农业劳动力转移途径选择的具体影响因素及作用大小。本部分在前述转移动因理论模型的基础上，考虑中国所存在的"就地转移"和"异地转移"现实，加入"迁移成本""城市成本"和"城乡非农产业技术差距"三个变量，建立内生的农业剩余劳动力转移途径一般均衡模型，并通过比较静态分析，深入解释中国农业剩余劳动力转移途径选择及其影响因素，其主要结论为：农业剩余劳动力转移的途径选择取决于"城乡非农产业技术差距""迁移成本"和"城市成本"三个变量的相对大小，当"城乡非农产业技术差距"大于"迁移成本"系数和"城市成本"系数之积时，农业剩余劳动力倾向于异地转移；而"城乡非农产业技术差距"小于"迁移成本"系数和"城市成本"系数之积时，农业剩余劳动力倾向于就地转移。因此，城乡非农产业技术差距将促进异地转移、抑制就地转移；而劳动力"迁移成本"和"城市成本"则会抑制异地转移、促进就地转移。

有研究发现，尽管就地转移对农业剩余劳动力转移和农村经济发展具有积极作用，但也带来一定的负面性。第一，作为其主要载体的乡镇企业，走的是一条无序的、分散发展的道路，导致了设备落后、资源浪费、集聚程度低、环境污染等一系列社会问题。第二，以中小企业为主体的乡镇企业自身发展不稳定（如高诞生率和高破产率并存）、管理不规范，导致其提供的就业岗位缺乏保障。同时，为保持竞争力，乡镇企业势必向资金密集型和技术密集型转变，这将进一步削弱其劳动力吸纳能力。第三，就地转移农业劳动力虽然退出了农业生产，但其退出不彻底，仍保留了承包的土地作为退路或生活的基本保障，这显然不利于农业生产的专业化和现代化，也不利于农民增收。

同时，城市化率低、大城市人口规模偏小导致城市集聚财富能力偏低，已经严重地制约了中国经济的持续发展。因此，从长期来看，我们认为异地转移才是农业剩余劳动力的最终选择，由此得出以下三点政策建议：

第一，增加基础研究投入，完善科技成果转化环境，健全创新成果保护法律体系，提高城市产业技术水平。城市是国家创新能力和科技水平的主要载体。政府应深刻地认识到基础研究的先导地位与战略意义，增加对研究型大学和研究机构基础研究的投入，把有限的资源用到基础研究的"刀刃"上。同时，应打破各地行政区划界限，完善高新技术成果转化和产业化的市场环境，推动科技成果的产业化及商业化。此外，还应健全创新成果保护法律体系，加大对侵害知识产权和创新成果行为的惩处力度，保障创新者的权益，解除创新主体的后顾之忧，使企业真正成为科技研发投入的主体。从而激发城市的科技创新能力，增强企业间技术溢出，强化金钱外部性和技术外部性，促进城市集聚经济，提高城市产业技术水平。

第二，进一步推动户籍制度改革，降低农业剩余劳动力迁移成本。我国城市福利水平和公共服务与户籍制度挂钩，导致巨大的城乡福利水平差异。尽管近年来我国已有许多省份开始了城乡统一登记的居民户口制度的实施，然而城乡二元福利制度并未得到根本改变，最低生活保障、社会保险等福利水平城乡差别仍然明显。落户条件还很多，特大、大型乃至一些中等城市的户籍改革也基本没有放开。然而就中国经济发展大局来看，进一步推动户籍制度改革，逐步实现农民工市民化，使其享有与城市居民同等的福利待遇，降低农业剩余劳动力的迁移成本，建立城乡统一的劳动力市场，不仅是加快农业剩余劳动力转移的需要，也是适应社会主义市场经济发展、促进人才资源合理配置、确保经济长期稳定发展的客观要求。

第三，采取综合配套措施，适当抑制房价上涨，降低城市成本。落实中共中央、国务院 2014 年 3 月公布的《国家新型城镇化规划（2014 – 2020）》中"探索实行城镇建设用地增加规模与吸纳农业转移人口落户数量挂钩政策""优先安排和增加住宅用地"政策，适当增加农业转移人口流入城镇的建设用地数量，并加大公租房、廉租房与经济适用房等保障性住房建设，增加住房市场供给；同时，通过提高首付比例、按揭贷款利率、二手房交易税等影响房地产流动性的手段，以增加购买多套住房者和炒房者的购房成本，抑制对房地产市场的不合理需求，此外，也要优化财政结构，减少地方政府对"土地财政"的依赖，进而适当抑制房价上涨，降低城市成本。

6 中国农业剩余劳动力转移效应理论模型

本部分首先将在第4章转移动因理论模型基础上，从理论上探讨农业剩余劳动力转移对农民增收与农村减贫、城乡收入差距以及经济增长三个方面的经济效应，然后再考虑中国城市失业现实，引入城市失业率变量，建立农业剩余劳动力转移对城市失业影响的理论模型。

6.1 农业剩余劳动力转移对农民增收与农村减贫、城乡差距以及经济增长的影响

6.1.1 农业剩余劳动力转移对农民增收与农村减贫的影响

由式（4-12）可知，农业剩余劳动力转移前（初始均衡时）的农民人均收入为：

$$W_p = \frac{X_p}{L_p} = \frac{X_p}{L(1-h)} \qquad (6-1)$$

由于稳定均衡时，农民工与农民的收入相等。所以由式（4-16）可知，农业剩余劳动力转移后（稳定均衡时）的农民人均收入为：

$$W'_p = \frac{X_p}{L(1-h-\Delta h)} \qquad (6-2)$$

由于农业总产量 X_p、人口总量 L 都大于零，城市化水平 $h<1$，向非农产业转移的农民在总劳动力中所占比例 $\Delta h>0$。由式（6-1）和式（6-2）可知，$W'_p > W_p$。也就是说，农业剩余劳动力转移导致了农民人均收入增长，对于贫困

家庭来说，则意味着可能脱贫。

6.1.2 农业剩余劳动力转移对城乡收入差距的影响

由式（4-14）可得，农业剩余劳动力转移前（初始均衡时）的城乡收入差距（城市工人与农民的收入之比）为：

$$DOI_1 = \frac{W_1}{W_p} = k = \frac{g(1-h)}{h(1-g)} \tag{6-3}$$

由式（4-18）可得，农业剩余劳动力转移后（稳定均衡时）的城乡收入差距为：

$$DOI_2 = = \frac{W'_1}{W'_p} = \frac{g(1-h-\Delta h)}{(1-g)\left(h+\dfrac{\Delta h}{\tau}\right)} \tag{6-4}$$

当农业剩余劳动力转移时，$\Delta h > 0$。由于城市化水平 $h > 0$、迁移成本系数 $\tau \geqslant 1$、非农产品消费比重 $1 > g > 0$，由式（6-3）和式（6-4）可知，$DOI_2 < DOI_1$。也就是说，农业剩余劳动力转移缩小了城乡收入差距。此外，由式（6-4）可知，τ 越小，则 DOI_2 越小。即城乡收入差距 DOI_2 与迁移成本 τ 正相关。

6.1.3 农业剩余劳动力转移对经济增长的影响

由式（4-4）、式（4-9）和式（4-13）可得，农业剩余劳动力转移前（初始均衡时）的非农产品价格指数为：

$$P_m = \left[\sum_{i=1}^{n} P_i^{1-\sigma}\right]^{\frac{1}{1-\sigma}} = n^{\frac{1}{1-\sigma}}\frac{\sigma b W_1}{\sigma-1} = \left[\frac{Lh}{a\sigma}\right]^{\frac{1}{1-\sigma}}\frac{\sigma b W_1}{\sigma-1} \tag{6-5}$$

根据 Fujita 等（1999）可知，农业剩余劳动力转移前的城市和农村生活费用指数皆为：

$$I = P_m^g P_a^{(1-g)} = P_m^g = \left(\frac{Lh}{a\sigma}\right)^{\frac{g}{1-\sigma}}\left(\frac{\sigma b W_1}{\sigma-1}\right)^g \tag{6-6}$$

将式（4-12）和式（4-14）代入式（6-6），得：

$$I = \left(\frac{Lh}{a\sigma}\right)^{\frac{g}{1-\sigma}}\left(\frac{\sigma b}{\sigma-1}\frac{g X_p}{Lh(1-g)}\right)^g \tag{6-7}$$

由式（4-9）、式（4-10）、式（4-12）~式（4-14）和式（6-7），得农业剩余劳动力转移前的实际总劳动生产率为：

$$Y = \frac{X_p}{L(1-g)I} \tag{6-8}$$

同理，由式（4-4）、式（4-9）和式（4-17）可得，农业剩余劳动力转移后的非农产品价格指数为：

$$P'_m = \left[\sum_{i=1}^{n'} P_i'^{1-\sigma} \right]^{\frac{1}{1-\sigma}} = n'^{\frac{1}{1-\sigma}} \frac{\sigma b W'_1}{\sigma - 1} = \left(L \frac{h + \frac{\Delta h}{\tau}}{a\sigma} \right)^{\frac{1}{1-\sigma}} \frac{\sigma b W'_1}{\sigma - 1} \qquad (6-9)$$

根据 Fujita 等（1999）可知，农业剩余劳动力转移后的城市和农村生活费用指数皆为：

$$I' = P_m'^g P_a'^{(1-g)} = P_m'^g = \left(L \frac{h + \frac{\Delta h}{\tau}}{a\sigma} \right)^{\frac{g}{1-\sigma}} \left(\frac{\sigma b W'_1}{\sigma - 1} \right)^g \qquad (6-10)$$

将式（4-16）和式（4-18）代入式（6-10），得：

$$I' = \left(L \frac{h + \frac{\Delta h}{\tau}}{a\sigma} \right)^{\frac{g}{1-\sigma}} \left(\frac{\sigma b}{\sigma - 1} \frac{g X_p}{L \left(h + \frac{\Delta h}{\tau} \right)(1-g)} \right)^g \qquad (6-11)$$

由式（4-9）、式（4-10）、式（4-16）~式（4-18）和式（6-11），得农业剩余劳动力转移后的实际总劳动生产率为：

$$Y' = \frac{X_p}{L(1-g)I'} \qquad (6-12)$$

那么，农业剩余劳动力转移导致的总劳动生产率的增长率为 $G_Y = \frac{Y' - Y}{Y}$，代入式（6-8）和式（6-12），得到：

$$G_Y = \frac{Y' - Y}{Y} = \left(1 + \frac{\Delta h}{h} \frac{1}{\tau} \right)^{\frac{\sigma g}{\sigma - 1}} - 1 \qquad (6-13)$$

当农业剩余劳动力转移时，$\Delta h > 0$。由于城市化水平 $h > 0$、迁移成本系数 $\tau \geq 1$、非农产品消费比重 $g > 0$、非农产品间的替代弹性 $\sigma > 1$，由式（6-13）可知 $\left(1 + \frac{\Delta h}{h} \frac{1}{\tau} \right)^{\frac{\sigma g}{\sigma - 1}} > 1$，即 $G_Y > 0$。也就是说，农业剩余劳动力转移导致了总劳动生产率的增长，从而促进了经济增长。即，农业剩余劳动力转移存在经济增长效应。此外，由式（6-13）可知，τ 越小，则总劳动生产率的增长 G_Y 越大。即农业剩余劳动力转移的经济增长效应与迁移成本 τ 呈负相关。

6.2 农业剩余劳动力转移对城镇失业的影响

6.2.1 引言

传统二元经济模型都不能内生决定城市工业部门的劳动生产率高于农村农业部门，农业劳动力转移只是外生力量作用的结果。新经济地理模型则较好地解决了传统二元经济模型的上述不足。但大多数新经济地理模型都假定农业总产出与农业劳动力投入成正比，且农业中不存在失业。事实上，在多数发展中国家都存在大量农业剩余劳动力，我国尤为如此。可见，上述新经济地理模型关于农业部门的假设显然与发展中国家的事实不符。

同时，它们也未考虑城镇失业问题。当前，我国正处于由社会主义计划经济向市场经济转型的过渡时期，农业大量剩余劳动力需转移到非农部门，城镇也由于国有企业改革、产业结构升级等问题而面临就业压力。所以，城镇失业是我国的一个普遍现象。当前，我国主要用城镇登记失业率来反映失业状况。由于城镇登记失业率在概念的界定和统计范畴上都存在比较严重的缺陷，因此，学术界普遍认为城镇登记失业率低估了真实的失业水平。有些学者使用不同方法对我国城镇真实失业率进行了估算。但是，无论是参考城镇登记失业率还是参考各位学者所估计的城镇实际失业率，我国的城镇失业率水平都不低，是我们必须要考虑的一个重要因素。

本部分将在农业劳动力转移动因理论模型的基础上，明确考虑城镇失业问题，建立内生的农业剩余劳动力转移对城镇失业影响的一般均衡模型，解释中国农业剩余劳动力转移对城镇失业的影响。本部分结构安排如下：第二部分是模型假设与初始均衡；第三部分是农业剩余劳动力转移与稳定均衡。

6.2.2 模型假设与初始均衡

假设经济体存在两个区域：区域1（城镇）和区域2（农村），其人口总量为L且每人拥有单位同质劳动力。初始时，城镇是工业区，采用规模报酬递增技术生产工业品，其工业工人在劳动力总量中所占比例为 h（0 < h < 1）。假定城镇

就业率为 e，则城镇就业工人数为：

$$L_u = Lhe \qquad (6-14)$$

城镇失业工人数为 $Lh(1-e)$。农村是农业区，农民在劳动力总量中所占比例为 $(1-h)$，则农民数量为 $L(1-h)$。假定以单位农产品价值作为计价标准，即农产品价格为 1，同时，假定工业品和农产品在区域间贸易不存在成本，故城镇和农村的生活费用指数相同。

6.2.2.1 消费者均衡

为简化分析，假定消费者具有相同的偏好，代表性消费者效用函数为 $U = C_m^g C_a^{1-g}$。其中，C_m 为工业品消费量综合指数，C_a 为农产品消费，g 为工业品在消费支出中所占份额（g 为外生变量且 $0 < g < 1$），$(1-g)$ 为农产品在消费支出中所占份额。而工业品消费量综合指数定义为 $C_m = \left[\sum\limits_{i=1}^{n} C_i^{\frac{\sigma-1}{\sigma}}\right]^{\frac{\sigma}{\sigma-1}}$，其中，$n$ 为工业品种类数，σ 为工业品之间的替代弹性（$\sigma > 1$），C_i 为第 i 种工业品的消费量。

（1）代表性城镇工人消费均衡。假定就业城镇工人工资为 W_1，失业城镇工人工资为 0，且城镇雇主在求职者中随机挑选雇员。因此，工人在城镇找到工作的概率等于城镇整体的就业率，故城镇工人（包括就业城镇工人和失业城镇工人）的期望收入为 eW_1。同时假定消费者将期望收入作为预算约束以实现效用最大化，那么，代表性城镇工人效用最大化问题可以表述为：

$$\text{Max}U = C_{m1}^g C_{a1}^{1-g}, \ \text{s.t.} \ \sum_{i=1}^{n} P_i C_{i1} + C_{a1} = eW_1 \qquad (6-15)$$

其中，$C_{m1} = \left[\sum\limits_{i=1}^{n} C_{i1}^{\frac{\sigma-1}{\sigma}}\right]^{\frac{\sigma}{\sigma-1}}$ 为代表性城镇工人对工业品消费量综合指数的需求，C_{a1} 为代表性城镇工人对农产品的需求，P_i 为第 i 种工业品的价格，C_{i1} 为代表性城镇工人对第 i 种工业品的需求。

求解该效用最大化问题（参见书末附录 8），可得：

$$C_{a1} = (1-g)eW_1 \qquad (6-16)$$

$$C_{i1} = \frac{geW_1 P_i^{-\sigma}}{P_m^{1-\sigma}}, \ i = 1, \ 2, \ \cdots, \ n \qquad (6-17)$$

其中，P_m 为工业品价格指数，

$$P_m = \left[\sum_{i=1}^{n} P_i^{1-\sigma}\right]^{\frac{1}{1-\sigma}} \qquad (6-18)$$

（2）代表性农民消费均衡。假定农村农民收入为 W_p，且农村不存在（显性）失业，故代表性农民的期望收入为 W_p，其效用最大化问题可以表述为：

$$MaxU = C_{mp}^g C_{ap}^{1-g}, \ s.t. \ \sum_{i=1}^{n} P_i C_{ip} + C_{ap} = W_p$$

其中，$C_{mp} = \left[\sum_{i=1}^{n} C_{ip}^{\frac{\sigma-1}{\sigma}} \right]^{\frac{\sigma}{\sigma-1}}$ 为代表性农民对工业品消费量综合指数的需求，C_{ap} 为代表性农民对农产品的需求，C_{ip} 为代表性农民对第 i 种工业品的需求。

同理，求解该效用最大化问题，可得：

$$C_{ap} = (1-g)W_p \tag{6-19}$$

$$C_{ip} = \frac{gW_p P_i^{-\sigma}}{P_m^{1-\sigma}}, \ i = 1, \ 2, \ \cdots, \ n \tag{6-20}$$

6.2.2.2　生产者均衡

（1）工业品厂商生产均衡。我们在 D - S（Dixit 和 Stiglitz，1977）垄断竞争分析框架下进行讨论。假定工业品生产只使用一种生产要素即劳动力，且假定工业企业具有相同的规模报酬递增生产技术，代表性企业生产函数为：

$$L_{il} = T(a + bX_i), \ i = 1, \ 2, \ \cdots, \ n \tag{6-21}$$

其中，L_{il} 为代表性企业生产所使用的劳动量，X_i 为代表性企业的产出，T 为工业技术水平（T>0），且 T 越小则工业技术水平越高。假定城镇工业不存在范围经济，由于具有规模报酬递增生产技术，故每一种产品只由一个企业生产，且每一个企业也只生产一种产品，企业数等于产品种类数，工业品生产企业具有一定的垄断力量。由式（6-21）可知，代表性企业的利润函数为：

$$\pi = P_i X_i - W_1 T(a + bX_i) \tag{6-22}$$

再由式（6-17）和式（6-20）可看出，若产品种类数足够多，则代表性城镇工人与代表性农民对第 i 种工业品的需求价格弹性皆为 σ，生产企业的产品最优定价为：

$$P_i = \frac{\sigma Tb W_1}{\sigma - 1}, \ i = 1, \ 2, \ \cdots, \ n \tag{6-23}$$

由于工业企业可以自由进出，故工业企业利润为零。将式（6-23）代入式（6-22）并令其等于零，得到代表性企业产量为：

$$X_i = \frac{a(\sigma - 1)}{b} \tag{6-24}$$

再将式（6-24）代入式（6-21），得到代表性企业所使用的劳动量为：

$$L_{il} = Ta\sigma \tag{6-25}$$

由式（6-24）、式（6-25）和式（6-21）可得，工业企业的劳动平均产

量为 $\dfrac{X_i}{L_{i1}} = \dfrac{\sigma-1}{Tb\sigma}$，劳动边际产量为 $\dfrac{dX_i}{dL_{i1}} = \dfrac{1}{Tb}$。可见，边际产量高于平均产量，且两

者之比为 $\dfrac{\sigma}{\sigma-1}$。因此，σ 反映了工业企业的规模报酬递增程度，且 σ 越小则工业

企业规模报酬递增程度越强。

（2）农产品厂商生产均衡。考虑到我国人多地少的客观事实，假定在农业中，土地资源固定且是稀缺的，而劳动力资源非常丰富。因此，农业总产量 X_p 只随农业技术水平的变化而变化，与劳动力投入无关，即农业存在大量的剩余劳动力，农业劳动力的转移对农业总产量没有影响，且农民收入根据农业的平均产量来支付，故代表性农民的收入为：

$$W_p = \frac{X_p}{L_p} = \frac{X_p}{L(1-h)} \qquad\qquad (6-26)$$

其中，L_p 为农业生产中使用的劳动量（农民数量）。

6.2.2.3 市场均衡

根据工业劳动力市场均衡条件，由式（6-14）和式（6-25）可得：$Lhe = nTa\sigma$。故产品种类数（即企业数量）为：

$$n = \frac{Lhe}{Ta\sigma} \qquad\qquad (6-27)$$

再根据农业劳动力市场均衡条件，由式（6-16）、式（6-19）和式（6-26）可知：

$$LheW_1(1-g) + L(1-h)W_p(1-g) = L(1-h)W_p$$

所以，城镇工人的期望收入为：

$$eW_1 = \frac{g(1-h)W_p}{h(1-g)} = kW_p \qquad\qquad (6-28)$$

其中，

$$k = \frac{\dfrac{g}{(1-g)}}{\dfrac{h}{(1-h)}} \qquad\qquad (6-29)$$

我们称 k 为偏离系数，其反映了居民的消费结构相对于资源禀赋结构的偏离程度。

容易证明，此时工业品与农产品市场也实现了均衡。

6.2.3 农业剩余劳动力转移与稳定均衡

6.2.3.1 农业剩余劳动力转移

为下文表述方便,我们称进城务工农民为农民工。假定除城镇工人所存在的失业风险外,农民工进城还须承担迁移成本。此处,迁移成本不仅包括户籍制度及依附于户籍制度之上的各种福利政策(如养老、医疗、住房和教育等政策)所导致的成本,而且还包括空间迁徙成本、学习成本等。迁移成本系数 τ($\tau \geqslant$ 1)假定为 Samuelson(1954)的"冰山"交易形式,即从农村迁移出的 τ 单位劳动力中只有 1 单位能到达城镇,其余的($\tau - 1$)单位劳动力在迁移过程中损耗掉了。因此,户籍制度控制越宽松,则迁移成本系数 τ 越小,反之则反是。同时,由式(6-28)可得,农民工的期望收入为 $\frac{eW_1}{\tau} = \frac{kW_p}{\tau}$。

按照 Harris - Todaro 模型的核心思想,农业劳动力根据城乡期望收入来决定是否向城镇迁移。初始时,如果 $k > \tau$,那么农民工的期望收入$\left(\frac{kW_p}{\tau}\right)$将大于农民的期望收入(W_p),所以农民向城镇迁移;如果 $k \leqslant \tau$,则农民工的期望收入将小于等于农民的期望收入,故农民不会迁移。而根据恩格尔定律,随着社会经济的发展、人们生活水平的提高,居民消费结构中用于食品的支出比例将不断下降,即($1 - g$)不断下降,相应地,g 将不断上升。于是由式(6-29)可知:k 也将不断上升。如果 τ 值不是太大的话,k 将大于 τ ,使农民工的期望收入大于农民的期望收入,从而导致农民向城镇迁移。

由此可见,不管初始时 k 值如何,随着社会经济的发展,g 值将不断上升,k 值也将不断上升。只要 τ 值不是太大的话,k 将大于 τ ,农民工的期望收入大于农民的期望收入,导致农民向城镇迁移。

6.2.3.2 稳定均衡

现假定向城镇迁移的农民在总劳动力中所占比例为 Δh,那么农民数量为:

$$L'_p = L(1 - h - \Delta h) \tag{6-30}$$

根据式(6-26),农民收入为:

$$W'_p = \frac{X_p}{L(1 - h - \Delta h)} \tag{6-31}$$

工业工人(包括城镇工人和农民工)数量为 $L_1 = L(h + \Delta h)$,城镇劳动力供给为 $L\left(h + \frac{\Delta h}{\tau}\right)$。同理,通过消费者效用最大化、生产者利润最大化以及市场均衡分析，我们可以得到产品种类数（即企业数量）为：

$$n' = \frac{L\left(h + \frac{\Delta h}{\tau}\right)e'}{Ta\sigma} \tag{6-32}$$

其中，e' 为农民迁移后的城镇就业率。因此，城镇就业工人（包括就业城镇工人和就业农民工）数量为：

$$L'_u = L(h + \Delta h)e' \tag{6-33}$$

城镇失业工人（包括失业城镇工人和失业农民工）数量为：

$$L'_{uu} = L(h + \Delta h)(1 - e') \tag{6-34}$$

若就业城镇工人工资具有刚性，则农民工进城不会导致就业城镇工人工资的下降，故就业城镇工人工资不变。所以城镇工人的期望收入为 $e'W_1 = \frac{g(1 - h - \Delta h)W'_p}{(1-g)\left(h + \frac{\Delta h}{\tau}\right)}$，则：

$$e' = \frac{gX_p}{(1-g)L\left(h + \frac{\Delta h}{\tau}\right)W_1} \tag{6-35}$$

农民工的期望收入为 $\frac{e'W_1}{\tau} = \frac{g(1 - h - \Delta h)W'_p}{(1-g)\left(h + \frac{\Delta h}{\tau}\right)\tau}$。当农民工与农民的期望收入

相等 $\left(\frac{g(1 - h - \Delta h)W'_p}{(1-g)\left(h + \frac{\Delta h}{\tau}\right)\tau} = W'_p\right)$ 时，即 $\Delta h = g - h(\tau - 1)(1 - g) - h$ 时，农民

不再迁移，从而实现了稳定均衡。此时，城镇化水平为：

$$Y = \frac{L(h + \Delta h)}{L} = (h + \Delta h) = g - h(\tau - 1)(1 - g) \tag{6-36}$$

城镇工人的期望收入为：

$$e'W_1 = \tau W'_p \tag{6-37}$$

就业农民工收入为：

$$W_{1p} = \frac{W_1}{\tau} = \frac{W'_p}{e'} \tag{6-38}$$

城镇失业工人收入为零。将式（6-35）代入式（6-32），得：

$$n' = \frac{gX_p}{Ta\sigma(1-g)W_1} \tag{6-39}$$

由于就业城镇工人工资不变，故工业企业产品最优定价也不变。由式（6-

18）、式（6-23）和式（6-39）可得，工业品价格指数为：

$$P'_m = \left[\sum_{i=1}^{n'} P_i^{1-\sigma}\right]^{\frac{1}{1-\sigma}} = n'^{\frac{1}{1-\sigma}} \frac{\sigma T b W_1}{\sigma - 1} = \left[\frac{g X_p}{T a \sigma \ (1-g) \ W_1}\right]^{\frac{1}{1-\sigma}} \frac{\sigma T b W_1}{\sigma - 1} \qquad (6-40)$$

根据 Fujita 等（1999）可知，城镇和农村生活费用指数皆为：

$$I = P_m'^{g} P_a^{(1-g)} = P_m'^{g} = \left[\frac{g X_p}{T a \sigma (1-g) W_1}\right]^{\frac{g}{1-\sigma}} \left(\frac{\sigma T b W_1}{\sigma - 1}\right)^{g} \qquad (6-41)$$

故就业城镇工人、就业农民工和农民的实际收入分别为：

$$\omega_1 = \frac{W_1}{I} = W_1 \left[\frac{g X_p}{T a \sigma (1-g) W_1}\right]^{\frac{-g}{1-\sigma}} \left(\frac{\sigma T b W_1}{\sigma - 1}\right)^{-g} \qquad (6-42)$$

$$\omega_{1p} = \frac{W_1}{I} = \frac{W_1}{\tau} \left[\frac{g X_p}{T a \sigma (1-g) W_1}\right]^{\frac{-g}{1-\sigma}} \left(\frac{\sigma T b W_1}{\sigma - 1}\right)^{-g} \qquad (6-43)$$

$$\omega_p = \frac{W'_p}{I} = W'_p \left[\frac{g X_p}{T a \sigma (1-g) W_1}\right]^{\frac{-g}{1-\sigma}} \left(\frac{\sigma T b W_1}{\sigma - 1}\right)^{-g} \qquad (6-44)$$

由式（6-26）、式（6-28）和式（6-35）可知，$eW_1 = \dfrac{g(1-h)W_p}{h(1-g)} = $

$\dfrac{g X_p}{L h(1-g)}$、$e' = \dfrac{g X_p}{(1-g) L \left(h + \dfrac{\Delta h}{\tau}\right) W_1}$。故 $eW_1 L h (1-g) = g X_p = e'(1-g) L$

$\left(h + \dfrac{\Delta h}{\tau}\right) W_1$，得 $eh = e'\left(h + \dfrac{\Delta h}{\tau}\right)$，即：

$$e' = \frac{e}{\left(1 + \dfrac{\Delta h}{h} \dfrac{1}{\tau}\right)} \qquad (6-45)$$

由式（6-45）可知，农业劳动力转移使得城镇就业率下降、城镇失业率上升，且迁移成本 τ 越小，则城镇就业率下降越多。

6.3　小结

本部分首先在第4章转移动因理论模型基础上，从理论探讨农业剩余劳动力转移对农民增收与农村减贫、城乡收入差距以及经济增长三个方面的经济效应，发现：农业剩余劳动力转移导致了农民人均收入增长，对于贫困家庭来说，则意味着可能脱贫；农业剩余劳动力转移能缩小城乡收入差距，且城乡收入差距与迁移成本 τ 正相关；农业剩余劳动力转移还存在经济增长效应，且农业剩余劳动力转移的经济增长效应与迁移成本 τ 呈负相关。

其次，我们考虑了中国城镇失业现实，引入城镇就业率变量，建立农业剩余劳动力转移对城镇失业影响的理论模型发现，农业劳动力转移使得城镇就业率下降、城镇失业率上升，且迁移成本 τ 越小，则城镇就业率下降越多。

7 中国农业剩余劳动力转移动因 经验研究及政策建议

7.1 引言

郭震（2014）基于内生选择性转换模型，采用 2012 年农村居民收入和城镇农民工收入抽样调查数据，研究表明，预期收入差距是农村劳动力城乡转移的主要原因，年轻、未婚、文化水平较高、身体健康的男性城乡转移概率较大，父母教育水平与其子女城乡转移呈正相关，父母收入水平与其子女城乡转移负相关，农村劳动力的生活状况对城乡转移概率存在负向影响。孙友然等（2015）根据已有文献将我国农业转移人口的流动动因分为四类，构建了流动动因对农业转移人口定居意愿的结构方程模型，并使用江苏省 1465 份农业转移人口调查问卷数据研究发现：收入型动因对农业转移人口流动的解释能力下降，而子女教育型动因和发展型动因对农业转移人口流动的解释能力上升；收入型动因、子女教育型动因和发展型动因对农业转移人口的留城意愿具有正向影响，盲目型流动动因对农业转移人口的留城意愿具有负向影响。何微微（2016）基于 2015 年 10~12 月对四川省 9 个地级市所作的农村劳动力转移调查获得的 1109 份问卷调查数据，利用二元 Logistic 回归模型对影响新生代农村劳动力转移决策的因素进行实证分析发现，收入预期因素和非收入预期因素共同促进了新生代农村劳动力城乡转移，包括职业预期、情感预期和城市归属预期在内的非收入预期因素已成为影响新生代农村劳动力转移决策的重要因素。何微微和胡小平（2017）将非经济预期因素纳入 Todaro 模型，基于"经济预期"和"非经济预期"两个维度构建劳动力转移理论框架，并利用 2015 年 10 月至 2016 年 5 月对四川省、重庆市和贵州省的调研数据，研究发现：收入预期、择偶意愿、子女教育意愿、技能获取意愿、职业多样化选择意愿、职业晋升意愿及城市融入意愿对农村劳动力转移意愿均存在显著的促进作用。

本部分将基于上述理论模型以及其他相关文献，使用 1978～2017 年中国省级面板数据，对农业劳动力转移动因进行经验分析。本章余下部分结构安排如下：第二部分是变量选取与数据描述；第三部分是基准回归及结果；第四部分是稳健性检验；第五部分是小结及政策建议。

7.2 变量选取与数据描述

7.2.1 变量选取

本部分被解释变量为农业劳动力转移 lnlt，使用非农产业就业人数占全社会就业人数百分数的自然对数进行度量。解释变量为非农消费比重、有效灌溉面积、农业机械总动力、技术创新、第二产业劳动生产率、第三产业劳动生产率。由于非农产品消费比重数据难以获得，同时本书理论模型假设为封闭经济且不存在储蓄，故本部分用非农产业比重的自然对数 lnfnczb 来度量非农产品消费比重；有效灌溉面积、农业机械总动力也都采用了取自然对数的形式 lnyxggmj、lnnyjxzdl；技术创新 lnzlsql 使用各地区国内专利申请授权量取自然对数进行度量；第二产业劳动生产率 lneldscl、第三产业劳动生产率 lnsldscl 分别使用各地区第二产业劳动生产率、第三产业劳动生产率再取自然对数进行度量，且都调整为以 1978 年为基期的实际值。本部分研究采用了 1978～2017 年中国 31 个省份（不含港澳台）相关数据作为研究样本，所有变量原始数据均来自中经网统计数据库和国家统计局网站。

7.2.2 数据描述

7.2.2.1 变量统计特征

各变量基本统计特征见表 7－1。

表7-1　变量基本统计特征

变量	平均值	中位数	标准差	最小值	最大值	样本容量
lnlt	3.818	3.873	0.419	2.632	4.574	1217
lnfnczb	4.347	4.377	0.169	3.674	4.628	1217
lnyxggmj	7.045	7.249	1.023	4.401	8.705	1204
lnnyjxzdl	6.845	6.924	1.171	2.858	9.499	1204
lnzlsql	7.630	7.532	2.044	0	12.72	942
lneldscl	9.257	9.179	1.092	7.434	11.78	1217
lnsldscl	8.520	8.464	0.831	6.918	10.59	1217

7.2.2.2　描述性证据

在进行回归分析之前，作为描述性证据，我们给出了各变量之间的相关系数矩阵。由表7-2可以看出，和理论预期相一致，农业劳动力转移与非农消费比重存在正相关关系，且在1%水平上显著。

表7-2　各变量之间的相关系数矩阵

	lnlt	lnfnczb	lnyxggmj	lnnyjxzdl	lnzlsql	lneldscl	lnsldscl
lnlt	1						
lnfnczb	0.859 ***	1					
lnyxggmj	-0.057 **	0.0390	1				
lnnyjxzdl	0.293 ***	0.417 ***	0.839 ***	1			
lnzlsql	0.663 ***	0.698 ***	0.392 ***	0.576 ***	1		
lneldscl	0.674 ***	0.733 ***	0.0140	0.396 ***	0.718 ***	1	
lnsldscl	0.678 ***	0.718 ***	-0.0270	0.338 ***	0.617 ***	0.938 ***	1

注：***、**和*分别表示在1%、5%和10%的显示性水平下显著。

为直观反映劳动力转移与非农消费比重之间的关系，图7-1描绘了非农消费百分比对数与劳动力转移对数的散点图。可见，非农消费百分比对数与劳动力转移对数之间存在较显著的正相关关系。

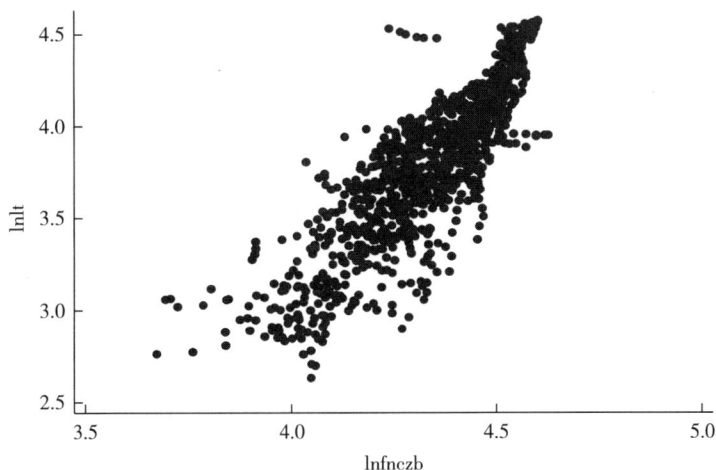

图 7 - 1　非农消费百分比对数与劳动力转移对数的散点图

7.3　基准回归及结果

7.3.1　面板数据估计策略的选择

面板数据估计策略的选择检验见表 7 - 3。

表 7 - 3　面板数据估计策略的选择

估计策略选择	检验	统计量	统计值	概率	结论
混合回归，还是 FE	F 检验	F	140. 60	0. 0000	拒绝混合回归
	LR 检验	χ^2	1631. 27	0. 0000	拒绝混合回归
混合回归，还是 RE	LM 检验	χ^2	5559. 25	0. 0000	拒绝混合回归
	LR 检验	χ^2	1418. 81	0. 000	拒绝混合回归
RE，还是 FE	Hausman 检验	χ^2	50. 203	0. 0000	拒绝 RE

根据表 7 - 3 的检验结果可知，无论是 F 检验还是 LR 检验，在 1% 的显著性

水平下，都拒绝使用混合回归；同时，通过 LSDV 法考察，绝大部分省份虚拟变量在1%水平上显著。[①] 因此，可放心地拒绝"所有个体虚拟变量都为0"的原假设，认为存在个体固定效应，不应使用混合回归。

此外，无论是 LM 检验还是 LR 检验，在1%的显著性水平下，都拒绝使用混合回归，认为存在个体随机效应。最后，稳健的豪斯曼检验结果显示：卡方统计值为50.203，相应 p 值为 0.0000，强烈拒绝随机效应原假设，应该使用个体固定效应模型。

7.3.2 个体固定效应模型估计结果及分析

表7-4汇报了面板数据个体固定效应模型的回归结果。其中，第（1）列为只加入核心解释变量非农消费比重的对数 lnfnczb 和常数项的个体固定效应模型回归结果，第（2）列、第（3）列、第（4）列、第（5）列、第（6）列分别为在前一列基础上再加入控制有效灌溉面积 lnyxggmj、农业机械总动力 lnnyjxzdl、技术创新 lnzlsql、第二产业劳动生产率 lneldscl、第三产业劳动生产率 lnsldscl 的回归结果。对比该6列回归结果可以看出，各解释变量系数的符号和显著性都是比较稳健的。

表7-4　非农消费比重对农村劳动力转移影响的个体固定效应回归结果

解释变量 \ 被解释变量	(1)	(2)	(3)	(4)	(5)	(6)
lnfnczb	1.876 ***	1.911 ***	0.844 ***	0.384 **	0.391 ***	0.372 ***
	(18.61)	(17.29)	(6.727)	(2.696)	(3.333)	(3.184)
lnyxggmj		-0.0601	-0.349 ***	-0.247 ***	-0.249 ***	-0.244 ***
		(-1.551)	(-8.087)	(-4.753)	(-6.355)	(-5.871)
lnnyjxzdl			0.304 ***	0.213 ***	0.254 ***	0.258 ***
			(11.07)	(5.998)	(7.973)	(7.649)
lnzlsql				0.0483 ***	0.0884 ***	0.0974 ***
				(6.468)	(8.301)	(10.42)

---

①　由于篇幅关系，没有将 LSDV 法的回归结果列出。LSDV 法的回归系数与组内估计量完全相同，但聚类稳健的标准误和 p 值略有差别。

解释变量 ＼ 被解释变量	(1)	(2)	(3)	(4)	(5)	(6)
lneldscl					− 0.0917 *** (− 5.097)	− 0.0453 (− 1.316)
lnsldscl						− 0.0935 * (− 1.859)
Constant	− 4.337 *** (− 9.898)	− 4.066 *** (− 9.847)	0.531 (1.118)	2.120 *** (3.023)	2.381 *** (4.534)	2.708 *** (5.096)
个体固定效应	控制	控制	控制	控制	控制	控制
Observations	1217	1204	1204	940	940	940
R^2	0.789	0.791	0.877	0.824	0.846	0.850

注：小括号里为相应回归系数的 t 值，＊＊＊、＊＊和＊分别表示在 1%、5% 和 10% 的显示性水平下显著。

下面我们主要根据第（6）列的回归结果来解释各变量对农业劳动力转移的影响。首先，lnfnczb 的估计系数为 0.372，且系数估计值的 t 统计值为 3.184。意味着在 1% 的显著性水平下，我们可以认为非农消费百分比对农业劳动力转移有显著的正向影响，在其他条件不变的情况下，非农消费百分比每增加 1%，农业劳动力转移百分比将增加约 0.372%。其次，有效灌溉面积 lnyxggmj、第二产业劳动生产率 lneldscl、第三产业劳动生产率 lnsldscl 都对农业劳动力转移有阻碍作用；而农业机械总动力 lnnyjxzdl、技术创新 lnzlsql 对农业劳动力转移有显著的促进作用。

7.3.3　双向固定效应模型估计结果及分析

进一步考虑时间效应，加入年度虚拟变量后的双向固定效应估计结果显示，大部分年度虚拟变量在 1% 水平上显著，① 且进行所有年度虚拟变量的联合显著性 F 检验，F 值为 1175.73，相应 p 值为 0.0000，在 1% 显著性水平上拒绝"无

———————————

① 由于篇幅关系，没有将加入年度虚拟变量后的双向固定效应估计的回归结果列出。

时间固定效应"的原假设，应该使用双向固定效应模型。①

表7-5汇报了面板数据双向固定效应模型的回归结果。其中，第（1）列为只加入核心解释变量非农消费比重的对数 lnfnczb 和常数项的双向固定效应模型回归结果，第（2）列、第（3）列、第（4）列、第（5）列、第（6）列分别为在前一列基础上再加入控制有效灌溉面积 lnyxggmj、农业机械总动力 lnnyjxzdl、技术创新 lnzlsql、第二产业劳动生产率 lneldscl、第三产业劳动生产率 lnsldscl 的回归结果。对比该6列回归结果可以看出，各解释变量系数的符号和显著性都非常稳健。

表7-5　非农消费比重对农村劳动力转移影响的双向固定效应回归结果

被解释变量 解释变量	(1)	(2)	(3)	(4)	(5)	(6)
lnfnczb	1.162*** (8.681)	1.181*** (8.874)	0.751*** (6.108)	0.361** (2.629)	0.391*** (3.688)	0.363*** (3.225)
lnyxggmj		-0.138* (-2.035)	-0.309*** (-7.499)	-0.253*** (-5.417)	-0.213*** (-5.638)	-0.201*** (-4.465)
lnnyjxzdl			0.219*** (6.143)	0.240*** (6.421)	0.208*** (6.740)	0.209*** (6.028)
lnzlsql				0.0836*** (5.438)	0.0708*** (6.176)	0.0810*** (7.759)
lneldscl					-0.255*** (-6.200)	-0.196*** (-4.106)
lnsldscl						-0.150*** (-3.164)
Constant	-1.566*** (-2.806)	-0.687 (-0.942)	1.075** (2.060)	1.977*** (3.168)	3.923*** (6.911)	4.601*** (7.297)
个体固定效应	控制	控制	控制	控制	控制	控制
时间固定效应	控制	控制	控制	控制	控制	控制
Observations	1217	1204	1204	940	940	940
R^2	0.865	0.877	0.902	0.849	0.898	0.907

注：小括号里为相应回归系数的 t 值，***、**和*分别表示在1%、5%和10%的显著性水平下显著。

———————

① 由于篇幅关系，也没有将年度虚拟变量的联合显著性 F 检验的详细结果列出。

下面我们主要根据第（6）列的回归结果来解释各变量对农业劳动力转移的影响。首先，lnfnczb 的系数估计为 0.363，且系数估计值的 t 统计值为 3.225。意味着在 1% 的显著性水平下，我们可以认为非农消费百分比对农业劳动力转移有显著的正向影响，在其他条件不变的情况下，非农消费百分比每增加 1%，农业劳动力转移百分比将增加约 0.363%。其次，有效灌溉面积 lnyxggmj、第二产业劳动生产率 lneldscl、第三产业劳动生产率 lnsldscl 都对农业劳动力转移有显著的阻碍作用；而农业机械总动力 lnnyjxzdl、技术创新 lnzlsql 对农业劳动力转移有显著的促进作用。这些计量结果与表 7 – 5 中的结果基本一致。

7.4 稳健性检验

考虑到非农消费比重对劳动力转移的影响可能存在一定的滞后性，我们进一步使用核心解释变量的滞后一阶 lnfnczb_lag 作为替代变量进行稳健性检验。

7.4.1 面板数据估计策略的选择

面板数据估计策略的选择检验见表 7 – 6。

表 7 – 6 面板数据估计策略的选择

估计策略选择	检验	统计量	统计值	概率	结论
混合回归， 还是 FE	F 检验	F	139.17	0.0000	拒绝混合回归
	LR 检验	χ^2	1623.36	0.0000	拒绝混合回归
混合回归， 还是 RE	LM 检验	χ^2	5660.49	0.0000	拒绝混合回归
	LR 检验	χ^2	1411.94	0.000	拒绝混合回归
RE，还是 FE	Hausman 检验	χ^2	46.930	0.0000	拒绝 RE

根据表 7 – 6 的检验结果可知，无论是 F 检验还是 LR 检验，在 1% 的显著性水平下，都拒绝使用混合回归；同时，通过 LSDV 法考察，绝大部分省份虚拟变

量在1%水平上显著。[①] 因此，可放心地拒绝"所有个体虚拟变量都为0"的原假设，认为存在个体固定效应，不应使用混合回归。

此外，无论是 LM 检验还是 LR 检验，在1%的显著性水平下，都拒绝使用混合回归，认为存在个体随机效应。最后，稳健的豪斯曼检验结果显示：卡方统计值为46.930，相应 p 值为0.0000，在1%的显著性水平下拒绝随机效应原假设，应该使用个体固定效应模型。

7.4.2 个体固定效应模型估计结果及分析

表 7-7 汇报了面板数据个体固定效应模型的回归结果。其中，第（1）列为只加入核心变量非农消费比重对数的一阶滞后项 lnfnczb_lag 和常数项的个体固定效应模型回归结果，第（2）列、第（3）列、第（4）列、第（5）列、第（6）列分别为在前一列基础上再加入控制有效灌溉面积 lnyxggmj、农业机械总动力 lnnyjxzdl、技术创新 lnzlsql、第二产业劳动生产率 lneldscl、第三产业劳动生产率 lnsldscl 的回归结果。对比该6列回归结果可以看出，各解释变量系数的符号和显著性都是比较稳健的。

表 7-7   非农消费比重对农村劳动力转移影响的个体固定效应回归结果

解释变量 \ 被解释变量	(1)	(2)	(3)	(4)	(5)	(6)
lnfnczb_ lag	1.823 ***	1.860 ***	0.814 ***	0.437 ***	0.424 ***	0.401 ***
	(18.73)	(17.33)	(6.459)	(3.181)	(3.701)	(3.561)
lnyxggmj		-0.0625	-0.354 ***	-0.244 ***	-0.247 ***	-0.243 ***
		(-1.602)	(-8.378)	(-4.937)	(-6.529)	(-6.015)
lnnyjxzdl			0.309 ***	0.205 ***	0.248 ***	0.253 ***
			(10.56)	(5.819)	(7.805)	(7.466)
lnzlsql				0.0463 ***	0.0858 ***	0.0945 ***
				(6.451)	(8.183)	(10.17)
lneldscl					-0.0889 ***	-0.0450
					(-5.045)	(-1.320)

---

① 由于篇幅关系，没有将 LSDV 法的回归结果列出。LSDV 法的回归系数与组内估计量完全相同，但聚类稳健的标准误和 p 值略有差别。

续表

被解释变量 解释变量	(1)	(2)	(3)	(4)	(5)	(6)
lnsldscl						−0.0890* (−1.787)
Constant	−4.086*** (−9.666)	−3.807*** (−9.477)	0.671 (1.402)	1.934*** (2.936)	2.267*** (4.530)	2.594*** (5.014)
个体固定效应	控制	控制	控制	控制	控制	控制
Observations	1189	1176	1176	940	940	940
R^2	0.779	0.781	0.870	0.827	0.848	0.851

注：小括号里为相应回归系数的 t 值，＊＊＊、＊＊和＊分别表示在 1%、5% 和 10% 的显示性水平下显著。

下面我们主要根据第（6）列的回归结果来解释各变量对农业劳动力转移的影响。首先，lnfnczb_lag 的系数估计为 0.401，且系数估计值的 t 统计值为 3.561。意味着在 1% 的显著性水平下，我们可以认为非农消费百分比对农业劳动力转移有显著的正向影响，在其他条件不变的情况下，非农消费百分比每增加 1%，滞后一期的农业劳动力转移百分比将增加约 0.401%。其次，有效灌溉面积 lnyxggmj、第二产业劳动生产率 lneldscl、第三产业劳动生产率 lnsldscl 都对农业劳动力转移有阻碍作用；而农业机械总动力 lnnyjxzdl、技术创新 lnzlsql 对农业劳动力转移有显著的促进作用。这些计量结果与表 7 - 4、表 7 - 5 中的结果基本一致。

7.4.3 双向固定效应模型估计结果及分析

进一步考虑时间效应，加入年度虚拟变量后的双向固定效应估计结果显示，大部分年度虚拟变量在 1% 水平上显著，[1] 且进行所有年度虚拟变量的联合显著性 F 检验，F 值为 758.94，相应 p 值为 0.0000，在 1% 显著性水平上拒绝"无时间固定效应"的原假设，应该使用双向固定效应模型。[2]

---

① 由于篇幅关系，没有将加入年度虚拟变量后的双向固定效应估计的回归结果列出。
② 由于篇幅关系，也没有将年度虚拟变量的联合显著性 F 检验的详细结果列出。

表7-8汇报了面板数据双向固定效应模型的回归结果。第（1）列为只加入核心变量非农消费比重对数的一阶滞后项 lnfnczb_lag 和常数项的双向固定效应模型回归结果，第（2）列、第（3）列、第（4）列、第（5）列、第（6）列分别为在前一列基础上再加入控制有效灌溉面积 lnyxggmj、农业机械总动力 lnnyjxzdl、技术创新 lnzlsql、第二产业劳动生产率 lneldscl、第三产业劳动生产率 lnsldscl 的回归结果。对比该6列回归结果可以看出，各解释变量系数的符号和显著性都非常稳健。

表7-8 非农消费比重对农村劳动力转移影响的双向固定效应回归结果

解释变量＼被解释变量	(1)	(2)	(3)	(4)	(5)	(6)
lnfnczb_lag	1.144***	1.169***	0.750***	0.390***	0.395***	0.364***
	(8.289)	(8.358)	(5.911)	(3.028)	(3.962)	(3.588)
lnyxggmj		−0.140**	−0.310***	−0.251***	−0.213***	−0.202***
		(−2.085)	(−7.789)	(−5.539)	(−5.610)	(−4.419)
lnnyjxzdl			0.218***	0.234***	0.205***	0.207***
			(6.096)	(6.390)	(6.714)	(6.039)
lnzlsql				0.0803***	0.0684***	0.0788***
				(5.257)	(5.998)	(7.545)
lneldscl					−0.252***	−0.194***
					(−6.122)	(−4.057)
lnsldscl						−0.149***
						(−3.178)
Constant	−1.469**	−0.610	1.068*	1.899***	3.911***	4.593***
	(−2.555)	(−0.827)	(2.019)	(3.272)	(6.970)	(7.317)
个体固定效应	控制	控制	控制	控制	控制	控制
时间固定效应	控制	控制	控制	控制	控制	控制
Observations	1189	1176	1176	940	940	940
R^2	0.861	0.873	0.900	0.851	0.898	0.907

注：小括号里为相应回归系数的 t 值，***、**和*分别表示在1%、5%和10%的显示性水平下显著。

下面我们主要根据第（6）列的回归结果来解释各变量对农业劳动力转移的影响。首先，lnfnczb_lag 的系数估计为 0.364，且系数估计值的 t 统计值为 3.588。意味着在 1% 的显著性水平下，我们可以认为非农消费百分比对农业劳动力转移有显著的正向影响，在其他条件不变的情况下，非农消费百分比每增加 1%，滞后一期的农业劳动力转移百分比将增加约 0.364%。其次，有效灌溉面积 lnyxggmj、第二产业劳动生产率 lneldscl、第三产业劳动生产率 lnsldscl 都对农业劳动力转移有显著的阻碍作用；而农业机械总动力 lnnyjxzdl、技术创新 lnzlsql 对农业劳动力转移有显著的促进作用。这些计量结果与表 7-4、表 7-5、表 7-7 中的结果基本一致。这进一步说明了本部分计量分析结果的稳健性。

7.5 小结及政策建议

本部分基于上述劳动力转移动因理论模型，同时参考其他相关文献，利用 1978~2017 年中国 31 个省份面板数据，使用个体固定效应模型和双向固定效应模型，研究了农业劳动力转移动因，得出了以下主要结论。首先，非农消费比重对农业劳动力转移有显著的正向影响。其次，有效灌溉面积、第二产业劳动生产率、第三产业劳动生产率都对农业劳动力转移有显著的阻碍作用；而农业机械总动力、技术创新对农业劳动力转移有显著的促进作用。由此得出以下两点政策建议：

第一，深化收入分配制度改革，提高非农消费比重。根据恩格尔定律，随着社会经济的发展、国民收入的提高，居民消费中用于食品的支出比例不断下降，非农消费比重相应提高。当前，在中国人均收入较低且收入分配差距扩大的情况下，应进一步深化收入分配制度改革，建立企业职工工资正常增长机制和支付保障机制，提高扶贫标准和最低工资标准，逐步增加居民显性收入；同时，要加快建立覆盖城乡居民的社会保障体系，逐步提高保障水平，增加居民隐性收入，扭转收入分配差距扩大趋势，提高非农消费比重。

第二，调整与完善农机购置补贴政策，提高农业机械总动力、农业机械化发展水平，促进劳动力转移。本书计量分析及相关研究表明，农机购置补贴政策，能提高农业机械总动力、农业机械化发展水平，进而促进农业劳动力转移。但相关研究也发现，农机购置补贴对农业机械化发展水平的年度边际贡献持续下降，且购机补贴的存量增加效应降低了农业机械使用效率。因此，应动态调整农机产品的补贴范围、补贴结构，提高农业机械总动力、农业机械化发展水平，促进劳动力转移；同时提高补贴和农机利用效率。

8 中国农业剩余劳动力转移效应经验研究及政策建议

8.1 农业剩余劳动力转移与农民增收、农村减贫

8.1.1 引言

贫困是人类无法回避的客观现实，人类社会发展的历史就是一部反贫困的历史，贫困和反贫困是全球面临的共同难题。中国是世界上最大的发展中国家，中国的贫困人口曾经占世界贫困人口总数的20%。改革开放以来，经过40多年国民经济的持续发展和大规模的扶贫运动，我国农村贫困人口减少7.1亿人，贫困发生率下降近92个百分点。但是据《2016中国农村贫困监测报告》，按照农村贫困标准每人每年2300元（2010年不变价）测算，2015年全国农村贫困人口仍然有5575万，贫困发生率5.7%，农村相对贫困、非收入贫困现象依然严重。全面建成小康社会是"十三五"规划纲要的首要目标，而实现这一目标最艰巨的任务在于农村贫困人口脱贫。《中共中央关于制定国民经济和社会发展第十三个五年规划的建议》明确指出："十三五"时期我国"消除贫困任务艰巨"，要"实施脱贫攻坚工程"。

党的十八大以来，习近平总书记在中央多次重要会议和深入各地调研考察中，就"三农"问题发表一系列重要讲话，系统全面地阐述了"三农"工作全局性、战略性的重大问题。解决"三农"问题的核心在于解决好农民问题，农民问题的关键又在于农民增收。

同时，随着工业化的快速发展，中国也出现了大规模的农村劳动力转移。从

20 世纪 80 年代农村劳动力开始少量出现"离土不离乡"的非农转移，再到后来的大规模的"离土又离乡"非农转移。2011 年，我国农民工总量已经达到了 2.5 亿多人，其中外出务工农民工占 62.75%。2014 年农民工总数约为 2.74 亿人，其中外出农民工数量达到了 1.68 亿人。到 2016 年，我国农民工数量则超过了 2.8 亿，占非农部门就业总量的 50% 以上。

关于农业剩余劳动力转移与农民增收、农村减贫问题，国内外学者认为中国农业劳动力过剩是长期以来制约农村经济增长、影响农民收入提高的重要原因，解决农民增收问题的出路在于转移农业剩余劳动力。只有以农业劳动力转移为发展的主要目标，留在农村的劳动力才有可能增产增收，传统的以提高农业生产率为着眼点的农村发展战略才能真正解决农村贫困问题。

一些学者使用微观调查数据证实了农业剩余劳动力转移对农民增收的积极作用。李实（1999）使用中国社会科学院经济研究所 1995 年居民收入抽样调查农户调查数据估计得出：外出劳动力的边际劳动报酬率要高于非外出劳动力，且其流动还会对家庭其他劳动力劳动报酬率的提高产生积极影响，因而具有收入增长效应。张鹏和王婷（2010）对重庆市开县 38 个乡镇的农村劳动力转移情况进行调查表明，实现农村剩余劳动力的转移和非农就业是提高农民收入水平的重要途径。Howell（2017）基于中国家庭民族调查项目数据研究发现，迁移可显著提高各民族农村家庭的收入水平（尽管对于少数民族农村家庭的作用要小于汉族农村家庭），尽管迁移减少了空间不平等，却加剧了少数民族之间的不平等，且民族不平等在总不平等中的贡献百分比大于空间不平等，因此种族维度是中国不平等的一个重要但常常被忽视的部分。

另外一些学者使用宏观数据计量验证了农业剩余劳动力转移对农民增收的促进作用。杨渝红和欧名豪（2009）采用 1998～2005 年全国 30 个省份面板数据，利用固定效应模型，进行广义最小二乘法（GLS）估计得到：农民纯收入和非农收入随非农劳动力比重的提高而增加。彭岚等（2009）利用江西省 1995～2007 年时间序列数据计量发现：农村劳动力转移能显著促进农民增收，农村劳动力转移量每增加 1%，将导致农民收入增加 1.214831%。

由上可知，农业劳动力转移对农民增收和农村减贫并没有得出一致结论。同时，中国农村贫困也存在很大的区域差异性。据《2016 中国农村贫困监测报告》，2015 年，按国家农村贫困标准测算，一半以上的农村贫困人口仍集中在西部地区。2015 年，东部地区农村贫困人口 653 万，贫困发生率为 1.8%，贫困人口占全国农村贫困人口的比重为 11.7%；中部地区农村贫困人口 2007 万，贫困发生率为 6.2%，贫困人口占全国农村贫困人口的比重为 36.0%；西部地区农村贫困人口 2914 万，贫困发生率为 10%，贫困人口占全国农村贫困人口的比重为 52.3%。在国家《中国农村扶贫开发纲要 (2011－2020)》中新确定的 14 个集中连片贫困地区中，西部地区就有 9 个。因此，本部分将基于上述理论模型，同时参考其他相关文献，使用中国家庭追踪调查（China Family Panel Studies，CFPS）2014 年、2016 年两期数据，就农业劳动力转移对农民增收、农村减贫进行经验分析。本部分余下结构安排如下：第二部分是数据说明、变量与描述性统计；第三部分是研究方法与计量模型设定；第四部分是估计结果及分析；第五部分是小结及政策建议。

8.1.2 数据说明、变量与描述性统计

8.1.2.1 数据说明

中国家庭追踪调查（China Family Panel Studies，CFPS）旨在通过跟踪收集个体、家庭、社区三个层次的数据，反映中国社会、经济、人口、教育和健康的变迁，且重点关注中国居民的经济与非经济福利，以及包括经济活动、教育成果、家庭关系与家庭动态、人口迁移、健康等在内的诸多研究主题，是一项全国性、大规模、多学科的社会跟踪调查项目。其调查对象为全国 25 个省份[1]中满足项目访问条件的家户和样本家户中满足项目访问条件的家庭成员。本书仅使用了CFPS2014 年、2016 年两期数据[2]，其中，2014 年的全国代表性样本涵盖了 25 个省份、621 个社区、13946 户家庭、45763 个家庭成员；2016 年涵盖了 25 个省份、621 个社区、14019 户家庭，45319 个家庭成员。

鉴于本书的特定研究目的，我们对 CFPS2014 年、2016 年两期数据进行了如下处理：首先，由于本书研究对象是农村家庭，故只保留社区类型为村委会的个体；其次，剔除 2016 年家庭号与 2014 年不同的个体，同时剔除户主是未成年人的个体（因为本书户主特征中包含是否为党员变量，而未成年人没有这一变量的

---

[1] 调查对象所涉及的全国 25 个省份分别为北京、天津、河北、辽宁、上海、江苏、浙江、福建、山东、广东、山西、吉林、黑龙江、安徽、江西、河南、湖北、湖南、广西、重庆、四川、贵州、云南、陕西、甘肃。

[2] CFPS 项目每两年进行一次跟踪调查，目前仅有 2010 年、2012 年、2014 年、2016 年四期数据。由于仅 2014 年、2016 年两期数据中关于本书核心解释变量的问题口径一致，故选取了 2014 年、2016 年两期数据。

数据），并对两期数据进行平衡处理，从而得到本书的分析样本。其中，2014 年没有外出打工、但 2016 年有外出打工的家庭（被称为处理组）1173 户，2014年、2016 两年都没有外出打工的家庭（被称为对照组）2431 户。

8.1.2.2 变量与描述性统计

本书关键被解释变量包括两个：农户家庭收入和农户家庭是否贫困。其中，农户家庭收入使用农户家庭人均纯收入 INC 的对数（记为 lnINC）进行度量[①]，农户家庭是否贫困（记为 POV）为虚拟变量（以 2013 年为例，如家庭人均纯收入 INC < 2736 元，则为贫困家庭，POV = 1，如果家庭人均纯收入 INC > = 2736元，则为非贫困家庭，POV = 0）。

本书的核心解释变量 MIG 为"过去一年，您家有人外出打工吗？"（有 = 1，没有 = 0），但在 2014 年、2016 年 CFPS 问卷中并没有这一问题。我们通过调查问卷中对"过去一年，您家有人做农活或外出打工吗？"这一问题的回答来生成核心解释变量 MIG。具体来说就是，先将原有问卷中这一问题回答为"有"并且另一问题"外出打工收入是多少？"回答数字大于 0 的个体归类为"过去一年有外出打工的家庭"，进而生成"过去一年，您家有人外出打工吗？"这一核心解释变量。借鉴相关研究，本书的控制变量分为以下两类：第一类为户主特征变量，包括户主年龄 AGE、户主性别 GEN（男 = 1，女 = 0）、户主正规受教育年限EDU、户主自评健康状况 HEA（健康 = 1，一般 = 2，不太健康 = 3，不健康 = 4，非常不健康 = 5）、户主是否已婚 MARRY（是 = 1，否 = 0）；第二类为家庭特征变量，包括家庭总人数 POP、家庭儿童（16 岁以下）占比 CHI、家庭老年人（65 岁以上）占比 OLD、家庭是否参与个体私营 NAG（是 = 1，否 = 0）、家庭是否有参军经历人员 ARMY（是 = 1，否 = 0）、过去一年，家庭是否有人住院 HOS（是 = 1，否 = 0）、家庭是否有人从事农业生产 AGR（是 = 1，否 = 0）、家庭所在村庄是否为少数民族聚居区 MIN（是 = 1，否 = 0）。

各变量基本统计特征如表 8 - 1 所示，在剔除价格变化影响后，农村家庭人均纯收入两年间呈增长趋势，反映农村居民生活水平不断提高；贫困家庭比例大幅下降，2014 年均值为 0.19，2016 年则是 0.11；除此之外，有劳动力转移的农村家庭比例小幅上升，2014 年均值为 0.49，2016 年升高为 0.50。

[①] 农户家庭人均纯收入使用国家统计局公布的农村消费者价格指数（CPI）调整为以 2013 年为基期的实际值。

表8－1 各主要变量的描述性统计

Year2014	样本容量	平均值	标准差	最小值	最大值
lnINC	6268	8.78	1.22	-0.18	13.69
POV	6268	0.19	0.39	0	1
MIG	6347	0.49	0.50	0	1
AGE	6696	51.13	12.94	17	92
GEN	6696	0.56	0.50	0	1
EDU	6696	6.13	4.14	0	19
HEA	6695	3.18	1.29	1	5
MARRY	6696	0.95	0.22	0	1
POP	6696	3.75	1.80	1	17
CHI	6696	0.15	0.18	0	0.8
OLD	6696	0.14	0.28	0	1
NAG	6696	0.08	0.27	0	1
ARMY	6696	0.01	0.09	0	1
HOS	6696	0.29	0.45	0	1
AGR	6696	0.75	0.43	0	1
MIN	6696	0.11	0.31	0	1
Year2016	样本容量	平均值	标准差	最小值	最大值
lnINC	6675	9.09	0.98	3.31	15.21
POV	6675	0.11	0.32	0	1
MIG	6521	0.50	0.50	0	1
AGE	6696	52.65	13.42	17	95
GEN	6696	0.54	0.50	0	1
EDU	6401	6.16	4.19	0	19
HEA	6695	3.25	1.25	1	5
MARRY	6696	0.95	0.23	0	1
POP	6696	3.65	1.85	1	16
CHI	6696	0.14	0.18	0	0.83
OLD	6696	0.17	0.30	0	1
NAG	6696	0.09	0.29	0	1
ARMY	6696	0.00	0.03	0	1
HOS	6696	0.30	0.46	0	1

续表

Year2016	样本容量	平均值	标准差	最小值	最大值
AGR	6696	0.74	0.44	0	1
MIN	6696	0.11	0.31	0	1

8.1.3　研究方法与计量模型设定

8.1.3.1　固定效应模型（FE）

为了考察劳动力转移对收入、贫困的影响及其区域差异性，本书采用固定效应方法作为基准模型。其中，劳动力转移对收入的影响及其区域差异性模型设定如式（8-1）所示。

$$\ln INC_{it} = \alpha_0 + \alpha_1 MIG_{it} + \Theta X_{it} + \mu_i + \varepsilon_{it} \tag{8-1}$$

其中，被解释变量 $\ln INC_{it}$ 为家庭人均纯收入 INC 的对数，下标 i、t 分别表示第 i 个家庭、第 t 年；MIG_{it} 表示家庭个体 i 在第 t 年是否有人外出打工；X_{it} 为随家庭和时间都变化的相关控制变量，如前所述，根据相关研究，分为以下两类控制变量：第一类为户主特征变量，包括户主年龄 AGE、户主性别 GEN、户主正规受教育年限 EDU、户主自评健康状况 HEA、户主是否已婚 MARRY；第二类为家庭特征变量，包括家庭总人数 POP、家庭儿童占比 CHI、家庭老年人占比 OLD、家庭是否参与个体私营 NAG、家庭是否有参军经历人员 ARMY、过去一年家庭是否有人住院 HOS、家庭是否有人从事农业生产 AGR、家庭所在村庄是否为少数民族聚居区 MIN；μ_i 为家庭个体固定效应，控制随家庭个体变化但不随时间变化的影响因素；ε_{it} 为扰动项。

劳动力转移对贫困的影响及其区域差异性将使用面板 Logit 固定效应作为基准模型[①]，其模型设定如式（8-2）所示。

$$\Pr(POV_{it} = 1 \mid X_{it}', \beta, u_i) = \Lambda(u_i + X_{it}'\beta) = \frac{e^{u_i + X_{it}'\beta}}{1 + e^{u_i + X_{it}'\beta}} \tag{8-2}$$

其中，被解释变量 POV_{it} 为家庭是否贫困的虚拟变量，以 2013 年为例，如家庭人均纯收入 INC < 2736 元，则为贫困家庭，$POV_{it} = 1$，如果家庭人均纯收入

---

① 关于被解释变量为虚拟变量的面板数据，通常可考虑面板 Logit 模型或面板 Probit 模型，但面板 Probit 模型无法估计固定效应模型（因为尚无法解决伴生参数问题，找不到充分统计量），故本书选择面板 Logit 固定效应模型。

INC≥2736 元，则为非贫困家庭，$POV_{it} = 0$；Λ（·）为逻辑分布的累积分布函数，X_{it}、μ_i 与式（8-1）相同。

8.1.3.2 双重差分倾向得分匹配模型（PSM-DID）

农村家庭是否劳动力转移是自我选择的结果，如果存在劳动力转移的农村家庭与没有劳动力转移的农村家庭在不可观测因素方面存在显著差异，且这种差异随着时间变化的趋势不同，那么固定效应方法将存在"选择偏差"。为了处理这种"选择难题"，本书将进一步运用双重差分倾向得分匹配方法估计劳动力转移的收入及减贫效应。

处理组的平均处理效应如式（8-3）所示。

$$ATT^{DID} = \frac{1}{N_1} \sum_{i \in I_1 \cap S_p} \left[\left(Y_{1,i}^{post} - Y_{0,i}^{pre} \right) - \sum_{j \in I_0 \cap S_p} \omega_{ij} \left(Y_{0,j}^{post} - Y_{0,j}^{pre} \right) \right] \qquad (8-3)$$

其中，I_1 为处理组个体的集合，I_0 为对照组个体的集合，S_p 为共同取值范围的集合，N_1 为集合 $I_1 \cap S_p$ 所包含的处理组个体的数量；下标 1、0 分别表示处理组和对照组，上标 pre 和 post 分别表示劳动力转移前、后；ω_{ij} 为与 i 匹配的各对照组个体 j 的权重，通过核匹配方法确定。

匹配时的倾向得分，则利用 2014 年的数据、使用式（8-4）所示的 Logit 模型进行估计。

$$Pr(MIG_{it} = 1 \mid X_{it}) = \Lambda(X'_{it}\beta) \qquad (8-4)$$

其中，X_{it} 与式（8-1）相同，为影响家庭劳动力转移参与概率且随家庭、时间而变化的协变量。

8.1.4 估计结果及分析

本部分将分别使用前文所介绍的固定效应和双重差分倾向得分匹配模型来估计劳动力转移对农户收入、减贫的影响，并进行分析。

8.1.4.1 固定效应模型的回归结果及分析

（1）劳动力转移的收入效应。表8-2汇报了劳动力转移对农村家庭人均纯收入影响的固定效应模型回归结果。其中，模型（1）为只加入核心变量劳动力转移的回归结果，模型（2）、模型（3）、模型（4）分别为在前一列基础上加入户主特征变量、家庭特征变量、年度虚拟变量 year2（2014 年时，year2 = 0；2016 年时，year2 = 1）的回归结果，模型（5）则为在模型（4）基础上进一步加入核心变量劳动力转移分别与东部、中部交互项（分别记为 MD、MZ，以西部为参考区域）的回归结果。①

对比该 5 列回归结果可以看出，核心变量系数的大小和显著性都比较稳定。下面我们主要根据模型（5）的回归结果来解释农村家庭收入的影响因素。首先，核心变量劳动力转移 MIG 的系数估计为 0.550，且在 1% 的水平下显著。这意味着，西部地区劳动力转移对农村家庭人均纯收入有显著的正向影响，在其他条件不变的情况下，西部地区参与劳动力转移的家庭比没有参与劳动力转移的家庭，其人均纯收入将平均增加约 55.0%。同时，MD 的系数估计为 −0.130，且在 10% 的水平下显著。这意味着，相对于西部而言，东部地区劳动力转移对农村家庭人均纯收入有显著的负向影响，在其他条件不变的情况下，存在劳动力转移的东部地区家庭比西部地区家庭其人均纯收入将平均减少约 13.0%。而 MZ 的系数估计为 0.0288，且不显著。这意味着，在中部地区，劳动力转移对家庭人均纯收入的影响与西部地区没有显著差异。

其次，GEN、POP、NAG、AGR 系数估计显著为正，说明户主为男性、家庭人口数、从事个体私营、从事农业生产都能显著提高其家庭人均纯收入；而 CHI、OLD、MIN 系数估计显著为负，说明家庭儿童占比、家庭老年人占比以及所在村庄为少数民族聚居区都会显著降低其家庭人均纯收入。这些都与经济理论相符。此外，年度虚拟变量 year2 的系数估计为 0.327，且在 1% 的水平下显著，这意味着，相对于 2014 年而言，2016 年农村家庭人均纯收入平均增加约 32.7%。

表 8-2　劳动力转移对农村家庭人均纯收入影响的固定效应模型回归结果

变量	模型（1）	模型（2）	模型（3）	模型（4）	模型（5）
MIG	0.518***	0.524***	0.526***	0.509***	0.550***
	(0.0297)	(0.0304)	(0.0299)	(0.0290)	(0.0549)
MD					−0.130*
					(0.0701)
MZ					0.0288
					(0.0768)

① 其中，东部地区包括北京、天津、河北、辽宁、上海、江苏、浙江、福建、山东、广东共 10 个省市；中部地区包括山西、吉林、黑龙江、安徽、江西、河南、湖北和湖南共 8 个省份；而西部地区则包括广西、重庆、四川、贵州、云南、陕西、甘肃共 7 个省市。

续表

变量	模型（1）	模型（2）	模型（3）	模型（4）	模型（5）
AGE		-6.58e-05	-0.000155	0.0165	0.0166
		(0.0130)	(0.0127)	(0.0121)	(0.0121)
AGE2		4.09e-05	4.07e-05	-0.000232*	-0.000232*
		(0.000139)	(0.000136)	(0.000130)	(0.000130)
GEN		0.0565	0.0482	0.120***	0.121***
		(0.0378)	(0.0371)	(0.0365)	(0.0365)
EDU		0.00624	0.00535	-0.00698	-0.00682
		(0.00691)	(0.00680)	(0.00661)	(0.00661)
HEA		-0.00725	-0.00870	-0.0124	-0.0123
		(0.0120)	(0.0119)	(0.0115)	(0.0116)
MARRY		-0.169*	-0.163*	-0.0971	-0.0943
		(0.0927)	(0.0920)	(0.0883)	(0.0883)
POP			0.0272*	0.0413***	0.0414***
			(0.0143)	(0.0137)	(0.0137)
CHI			-0.687***	-0.601***	-0.599***
			(0.126)	(0.126)	(0.126)
OLD			0.0550	-0.221**	-0.213**
			(0.107)	(0.105)	(0.105)
NAG			0.718***	0.661***	0.663***
			(0.0787)	(0.0753)	(0.0752)
ARMY			-0.0213	0.205	0.203
			(0.182)	(0.171)	(0.172)
HOS			0.00596	-0.00820	-0.00736
			(0.0279)	(0.0267)	(0.0267)
AGR			0.144***	0.162***	0.161***
			(0.0484)	(0.0468)	(0.0468)
MIN			-1.163***	-1.403***	-1.330***
			(0.0625)	(0.0607)	(0.0748)
year2				0.329***	0.327***
				(0.0172)	(0.0172)

变量	模型（1）	模型（2）	模型（3）	模型（4）	模型（5）
常数项	8.692***	8.687***	8.648***	8.393***	8.375***
	(0.0148)	(0.299)	(0.297)	(0.286)	(0.286)
伪 R^2	0.053	0.056	0.086	0.147	0.148
观测值	12530	12240	12240	12240	12240

注：1. 括号内为稳健标准误；2. ***、**和*分别表示在1%、5%和10%的显著性水平下显著。

（2）劳动力转移的减贫效应。表8-3则汇报了劳动力转移对农户减贫影响的面板LOGIT固定效应模型的回归结果。其中，模型（1）为只加入核心变量劳动力转移的回归结果，模型（2）、模型（3）、模型（4）分别为在前一列基础上加入户主特征变量、家庭特征变量、年度虚拟变量 year2（2014年时，year2 = 0；2016年时，year2 = 1）的回归结果，模型（5）则为在模型（4）基础上进一步加入核心变量劳动力转移分别与东部、中部交互项（分别记为MIGD、MIGZ，以西部为参考区域）的回归结果。

对比该5列回归结果可以看出，核心变量系数的大小和显著性都比较稳定。下面我们主要根据模型（5）的回归结果来解释农户是否贫困的影响因素。首先，核心变量劳动力转移MIG的系数估计为 - 1.945，且在1%的水平下显著。这意味着，西部地区劳动力转移对农户是否贫困有显著的负向影响，同时，MIGD的系数估计为0.405，但不显著。这意味着，相对于西部而言，东部地区劳动力转移对降低农村家庭陷入贫困概率的效应可能更小，但不显著。MIGZ的系数估计为 - 0.338，也不显著。这意味着，相对于西部而言，中部地区劳动力转移对降低农村家庭陷入贫困概率的效应可能更大，但也不显著。

其次，POP、NAG、AGR系数估计显著为负，说明家庭人口数、从事个体私营以及从事农业生产都能显著降低其家庭陷入贫困的概率。此外，年度虚拟变量year2的系数估计为 - 1.136，且在1%的水平下显著，这意味着，相对于2014年而言，2016年农村家庭陷入贫困的概率显著下降。这些结果与前文关于劳动力转移对农户增收的估计结果基本一致。

表 8 – 3　劳动力转移对农村家庭贫困影响的面板 Logit 固定效应模型回归结果

变量	模型（1）	模型（2）	模型（3）	模型（4）	模型（5）
MIG	– 1.757 ***	– 1.759 ***	– 1.767 ***	– 1.961 ***	– 1.945 ***
	(0.131)	(0.135)	(0.140)	(0.155)	(0.162)
MIGD					0.405
					(0.341)
MIGZ					– 0.338
					(0.400)
AGE		0.0117	0.00394	– 0.0954 *	– 0.0951 *
		(0.0440)	(0.0464)	(0.0559)	(0.0559)
AGE2		– 0.000149	– 5.89e – 05	0.00129 **	0.00129 **
		(0.000434)	(0.000460)	(0.000572)	(0.000573)
GEN		– 0.0339	– 0.0490	– 0.233	– 0.265
		(0.146)	(0.151)	(0.168)	(0.169)
EDU		– 0.0110	3.53e – 05	0.0409	0.0436
		(0.0284)	(0.0293)	(0.0328)	(0.0328)
HEA		0.0125	0.0214	0.0260	0.0226
		(0.0477)	(0.0495)	(0.0543)	(0.0546)
MARRY		– 0.0261	0.0637	0.00966	– 0.0220
		(0.438)	(0.450)	(0.509)	(0.516)
POP			– 0.153 ***	– 0.201 ***	– 0.203 ***
			(0.0577)	(0.0661)	(0.0664)
CHI			1.455 **	0.893	0.933
			(0.591)	(0.658)	(0.662)
OLD			– 0.586 *	0.321	0.304
			(0.356)	(0.386)	(0.387)
NAG			– 2.066 ***	– 1.859 ***	– 1.907 ***
			(0.371)	(0.408)	(0.410)
ARMY			– 0.323	– 0.928	– 0.975
			(0.823)	(0.906)	(0.913)
HOS			0.0803	0.133	0.114
			(0.118)	(0.130)	(0.131)

变量	模型 (1)	模型 (2)	模型 (3)	模型 (4)	模型 (5)
AGR			-0.522***	-0.705***	-0.710***
			(0.187)	(0.212)	(0.212)
MIN			11.30	10.77	10.40
			(816.3)	(479.5)	(482.9)
year2				-1.136***	-1.136***
				(0.0884)	(0.0889)
伪 R^2	0.154	0.155	0.196	0.324	0.327
观测值	2376	2276	2276	2276	2276

注：1. 括号内为稳健标准误；2. ***、**和*分别表示在1%、5%和10%的显著性水平下显著。

8.1.4.2 PSM – DID 估计结果及分析

为解决农村家庭自我选择是否参与劳动力转移所导致的"选择偏差"，我们采用双重差分倾向得分匹配进一步估计劳动力转移的效应。首先，我们基于2014年数据，使用 Logit 模型估计农户家庭劳动力转移决策方程；其次，使用农户家庭劳动力转移决策方程计算每个家庭参与劳动力转移的可能性（即倾向得分），从而为每个参与劳动力转移家庭找到其未参与劳动力转移的反事实个体，并使用双重差分计算参与劳动力转移家庭的平均处理效应；最后，进行了平衡性检验，以提高 PSM – DID 估计结果的可信性。

（1）农户家庭劳动力转移决策方程的估计。基于 Logit 模型的农户家庭劳动力转移决策方程估计结果如表8-4所示，其中，模型（1）～（4）分别为全部地区、东部地区、中部地区、西部地区的估计结果。由于各地区估计结果基本类似，为节省篇幅，我们仅就全部地区进行简略分析。

在户主特征变量方面，户主为女性，其家庭参与劳动力转移的概率也越高，故系数显著为正；在家庭特征变量方面，家庭人口数越多，越容易腾出人手，其参与劳动力转移的概率越大。有人从事农业生产的家庭，其参与劳动力转移的概率越大。除此之外，家庭老年人占比越高，其参与劳动力转移的概率越低。从事个体私营对技能的要求更高，且其从业人员见识更广，故其参与劳动力转移的概率也越低，生活在少数民族聚居区的家庭参与劳动力转移的概率也越低。

表 8 - 4　基于 logit 模型的农户家庭劳动力转移决策方程估计结果

变量	模型（1）全部地区	模型（2）东部地区	模型（3）中部地区	模型（4）西部地区
AGE	0.039 (0.024)	0.042 (0.039)	-0.001 (0.050)	0.051 (0.043)
AGE2	-0.001 (0.000)	-0.001* (0.000)	-0.000 (0.001)	-0.000 (0.000)
GEN	-0.267*** (0.083)	-0.339** (0.137)	0.048 (0.162)	-0.441*** (0.152)
EDU	0.073 (0.014)	-0.025 (0.019)	-0.029 (0.020)	0.005 (0.017)
HEA	-0.035 (0.032)	-0.061** (0.054)	-0.042 (0.060)	-0.012 (0.059)
MARRY	0.090 (0.191)	-0.106 (0.317)	0.800* (0.423)	-0.029 (0.312)
POP	0.139*** (0.027)	0.150*** (0.045)	0.206*** (0.051)	0.098** (0.049)
CHI	-0.382 (0.269)	-0.254 (0.481)	-1.547** (0.523)	-0.327 (0.438)
OLD	-0.899*** (0.203)	-0.510 (0.319)	-0.823** (0.400)	-1.391*** (0.368)
NAG	-0.728*** (0.147)	-0.660*** (0.233)	-1.014*** (0.266)	1.082*** (0.348)
ARMY	-0.243 (0.445)	-0.327 (0.820)	-0.127 (0.768)	0.682 (0.853)
HOS	0.002 (0.090)	-0.339** (0.165)	0.158 (0.166)	0.114 (0.151)
AGR	0.831*** (0.101)	1.138*** (0.151)	0.220 (0.197)	0.417* (0.220)
MIN	-0.270** (0.130)	-0.208 (0.332)	-0.504 (0.360)	-0.263 (0.165)
常数项	-1.688*** (0.597)	-1.727* (0.947)	0.018 (1.182)	-1.913* (1.098)

变量	模型（1）	模型（2）	模型（3）	模型（4）
	全部地区	东部地区	中部地区	西部地区
准 R^2	0.093	0.115	0.131	0.055
观测值	3291	1428	907	956

注：1. 括号内为稳健标准误；2. ***、**和*分别表示在1%、5%和10%的显著性水平下显著。

（2）PSM – DID 估计结果及分析。

1）劳动力转移的收入效应。

表8 – 5 中的模型（1）～（4）分别是全部地区、东部地区、中部地区、西部地区劳动力转移收入效应的 PSM – DID 估计结果。由表8 – 5 可知，全部地区处理组的平均处理效应系数估计值为0.198，且在1%水平上显著，这意味着参与劳动力转移的家庭比没有参与劳动力转移时，其人均纯收入将平均增加约19.8%。其中，西部地区处理组的平均处理效应系数估计值为0.251（且在5%水平上显著），东部地区处理组的平均处理效应系数估计值为0.174（且在5%水平上显著），而中部地区处理组的平均处理效应系数估计值为0.101（但不显著）。

表8 – 5　劳动力转移收入效应的 PSM – DID 估计结果

估计结果	模型（1）	模型（2）	模型（3）	模型（4）
	全部地区	东部地区	中部地区	西部地区
2014（T – C）	0.026	– 0.076	0.139 *	0.159 *
	(0.043)	(0.062)	(0.078)	(0.083)
2016（T – C）	0.225 ***	0.098	0.240 ***	0.409 ***
	(0.043)	(0.062)	(0.078)	(0.083)
PSM – DID	0.198 ***	0.174 **	0.101	0.251 **
	(0.061)	(0.087)	(0.110)	(0.118)
R^2	0.073	0.057	0.095	0.092
观测值	6399	2735	1770	1864

注：1. 括号内为稳健标准误；2. ***、**和*分别表示在1%、5%和10%的显著性水平下显著；3. T 代表处理组，C 代表对照组；4. 观测值代表匹配后参与差分计算的样本数。

2）劳动力转移的减贫效应。

表8 – 6 中的模型（1）～（4）分别是全部地区、东部地区、中部地区、西部地区劳动力转移减贫效应的 PSM – DID 估计结果。由表8 – 6 可知，全部地区

处理组的平均处理效应系数估计值为 −0.089，且在 1% 水平上显著，这意味着参与劳动力转移的家庭比没有参与劳动力转移时，其陷入贫困概率平均下降约 8.9%。其中，西部地区处理组的平均处理效应系数估计值为 −0.123（且在 1% 水平上显著），东部地区处理组的平均处理效应系数估计值为 −0.066（且在 5% 水平上显著），最后中部地区处理组的平均处理效应系数估计值为 −0.073（且在 5% 水平上显著）。

表 8−6　劳动力转移减贫效应的 PSM−DID 估计结果

估计结果	模型（1） 全部地区	模型（2） 东部地区	模型（3） 中部地区	模型（4） 西部地区
2014（T−C）	−0.034 **	−0.001	−0.057 **	−0.062 **
	(0.014)	(0.018)	(0.026)	(0.027)
2016（T−C）	−0.123 ***	−0.065 ***	−0.131 ***	−0.185 ***
	(0.014)	(0.018)	(0.026)	(0.0273)
PSM−DID	−0.089 ***	−0.066 **	−0.073 **	−0.123 ***
	(0.019)	(0.026)	(0.037)	(0.039)
R^2	0.072	0.044	0.079	0.104
观测值	6399	2735	1770	1864

注：同表 8−5。

（3）平衡性检验。为了提高 PSM−DID 估计结果的可信性，我们检验了模型（1）~（4）匹配后各变量在处理组和对照组的分布是否变得更加平衡，以及协变量的均值在处理组和对照组之间是否依然存在显著差异。检验结果如表 8−7 所示，模型（1）~（4）匹配后没有协变量的均值在处理组和对照组之间存在差异。各变量在倾向得分匹配后的处理组和对照组间分布更加平衡，没有协变量的均值存在显著差异，说明适合使用 PSM−DID 方法。

8.1.5　小结及政策建议

本节利用 CFPS 面板数据，使用个体固定效应、面板 Logit 固定效应和 PSM−DID 模型，估计农业劳动力转移对农户增收与减贫的影响及其区域差异性，得出了以下几点主要结论：

表 8 - 7　平衡性检验结果

变量	模型 (1)			模型 (2)			模型 (3)			模型 (4)		
	DiD值	|t|值	Pr(|T|>|t|)	DiD值	|t|值	Pr(|T|>|t|)	DiD值	|t|值	Pr(|T|>|t|)	DiD值	|t|值	Pr(|T|>|t|)
lnINC	0.026	0.53	0.596	-0.076	1.08	0.281	0.139	1.49	0.1354	0.159	1.6	0.1106
POV	-0.034	2.12	0.0345**	0.001	0.04	0.9646	-0.057	1.85	0.0644*	-0.062	1.94	0.0526*
AGE	0.113	0.26	0.792	0.025	0.04	0.9706	-0.22	0.29	0.7756	0.113	0.14	0.8875
AGE2	10.486	0.25	0.8052	-0.691	0.01	0.9918	-14.071	0.19	0.853	11.502	0.14	0.8865
GEN	-0.009	0.54	0.5902	-0.002	0.07	0.9437	0.011	0.32	0.7503	-0.016	0.5	0.6157
EDU	0.05	0.34	0.7363	0.066	0.31	0.7589	0.017	0.06	0.9495	-0.019	0.06	0.9482
HEA	-0.003	0.07	0.9473	0.006	0.09	0.9318	0.009	0.1	0.918	-0.014	0.17	0.8669
MARRY	-0.002	0.23	0.8198	-0.004	0.39	0.6942	-0.009	0.75	0.4548	0.004	0.29	0.7722
POP	0.033	0.53	0.5944	-0.015	0.15	0.8776	-0.004	0.03	0.9743	-0.037	0.34	0.7353
CHI	-0.003	0.48	0.6302	-0.004	0.44	0.6581	-0.009	0.72	0.4709	-0.002	0.14	0.8871
OLD	0	0.06	0.9506	-0.005	0.39	0.6938	0.003	0.21	0.8329	0.003	0.19	0.8479
NAG	-0.001	0.07	0.9477	0.001	0.1	0.9238	-0.005	0.29	0.7684	-0.006	0.42	0.6774
ARMY	0	0.11	0.9147	0	0.02	0.9821	-0.001	0.15	0.8784	0	0.05	0.9607
HOS	0.005	0.33	0.763	0	0.01	0.989	0.002	0.06	0.9531	-0.003	0.09	0.9266
AGR	0.004	0.3		0.015	0.66	0.507	-0.009	0.35	0.7277	0.002	0.09	0.93
MIN	-0.011	1.01	0.3141	0.004	0.33	0.7413	-0.003	0.24	0.8075	-0.013	0.47	0.6391

注：***、 ** 和 * 分别表示在 1%、 5% 和 10% 的显著性水平下显著。

在农业劳动力转移对农民收入的影响方面，农业劳动力转移对家庭人均收入产生显著的正向影响，且东部地区效应低于西部地区。同时也进一步支持了许多相关论文所得出的结论：户主为男性、家庭人口数、从事个体私营、从事农业生产等都对家庭人均收入产生显著的正向作用，而家庭儿童占比、家庭老年人占比以及所在村庄为少数民族聚居区则存在显著的负向影响。

在农业劳动力转移对家庭是否贫困的影响方面，农业劳动力转移能显著降低家庭贫困概率；也得出了与上面收入效应相一致的结论，即家庭人口数、从事个体私营以及从事农业生产等能显著降低家庭贫困概率。

此外，基于 Logit 模型的农户家庭劳动力转移决策方程估计结果发现：家庭总人口数 POP、女性户主、从事农业生产能显著增加农户参与劳动力转移的概率，而家庭老人数占比 OLD、从事个体私营、生活在少数民族聚居区的家庭则会显著降低农户参与劳动力转移的概率，家庭儿童数占比 CHI 降低农户参与劳动力转移的概率（但不显著）。由此得出以下两大政策建议：

第一，大力转移农业剩余劳动力。上述计量分析发现，农业劳动力转移能显著增加农民收入、降低农村家庭贫困发生率。中国第一产业从业人员数由 1978 年的 28318 万下降到 2019 年的 19445.2 万，第一产业就业人员占总就业人员的比重则由 1978 年的 70.53% 大幅下降到 2019 年的 25.10%；乡村人口由 1978 年的 79014 万下降到 2019 年的 55162 万，乡村人口占总人口的比重则由 1978 年的 82.08% 大幅下降到 2019 年的 39.40%。[①] 可见，我国的第一产业就业人数和农村人口无论是总量还是比重上都实现了大幅下降。但当前中国农业仍然存在大量剩余劳动力，著名经济学家万广华在"清华三农论坛 2014"上预计，2030 年中国的农村人口为 1.2 亿，占那时全国人口的 9% 以下。这意味着未来 10 年，仍将有数亿农村人口将转移到城市就业。因此，农业剩余劳动力转移仍然任重道远。鉴于农业剩余劳动力转移获得的工资性收入已成为当前农民增收的重要来源，我们应加大农业剩余劳动力转移力度，进一步增加农民收入、降低农村家庭贫困发生率。

第二，实施家庭生育鼓励政策。本部分计量分析发现，家庭总人口数能显著提高家庭人均收入、降低贫困发生率，而家庭儿童数占比却显著降低家庭人均收入、但对贫困发生率没有显著影响。由于以往计划生育政策的影响，我国人口年龄结构呈现出"少子化"与"老龄化"并存局面。尽管 2016 年实施了全面"二

---

① 根据国家统计局网站相关数据计算得出。

孩"政策，但是预计难以从根本上改变未来老年抚养比不断增加的变化趋势，成为我国社会矛盾的一个重要根源。为应对这一挑战，我国政府应积极实施生育补贴、子女补贴、儿童看护和教育、税收减免等家庭生育鼓励政策。

8.2 农业剩余劳动力转移与城乡差距

8.2.1 引言

图 8-1 为中国 31 个省份的城乡收入差距时间趋势图，由图可见，不同省市区的城乡差距变化的幅度和时机不尽相同。

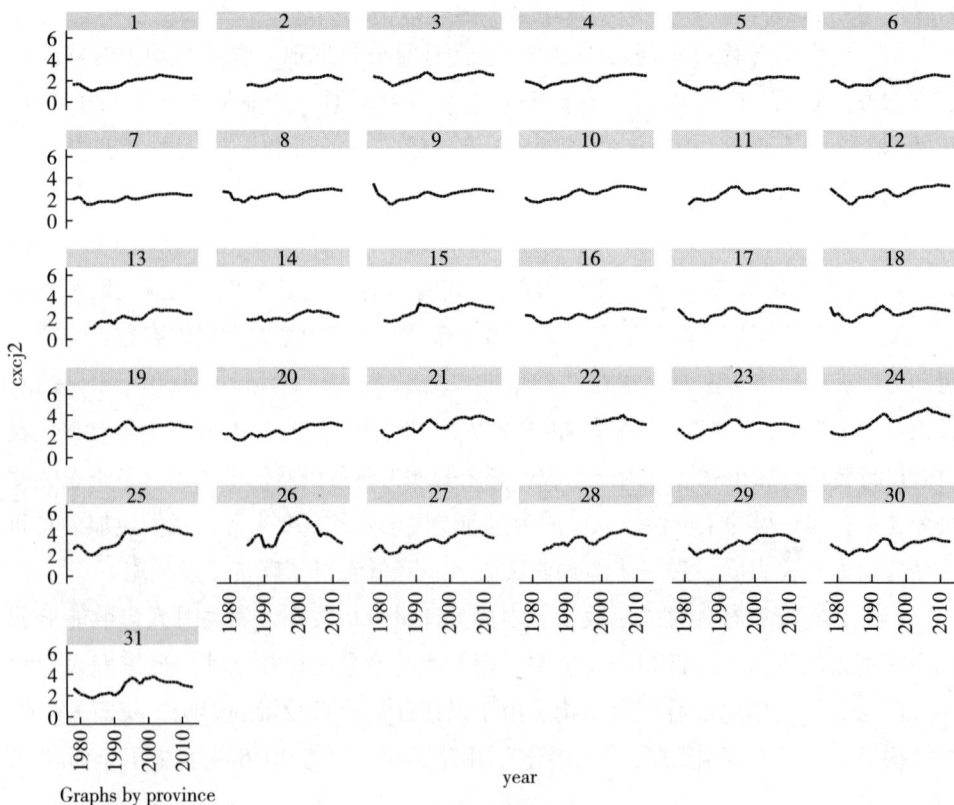

图 8-1 各省份城乡差距时间趋势

本部分将基于上述理论模型以及其他相关文献，使用 1978～2013 年中国 31 个省市区面板数据，对农业劳动力转移与城乡差距关系进行经验分析。本部分余下结构安排如下：第二部分是模型设定、数据描述与估计方法；第三部分是计量分析；第四部分是小结及政策建议。

8.2.2　模型设定、数据描述与估计方法

VAR 模型不以严格的经济理论为依据，且能方便地反映变量之间的动态关系。面板 VAR 则兼具 VAR 模型和面板数据模型的优点，最先由 Holtz–Eakin 等（1988）提出，后经 Arellano 和 Bond（1991）、Arellano 和 Bover（1995）、Blundell 和 Bond（1998）等学者发展，进而被广泛应用于众多经济学分支研究领域。本部分拟采用面板 VAR 模型，以分析农业劳动力转移与城乡差距之间的动态关系，由于农业机械化水平也是决定农业劳动力转移和城乡差距的重要因素，因此，建立如下具体形式的面板 VAR 模型：

$$Y_{i,t} = \Gamma_0 + \sum_{j=1}^{p} \Gamma_1 Y_{i,t-j} + f_i + d_{c,t} + e_{i,t}$$

其中，$Y_{i,t}$ 为内生变量列向量；$Y_{i,t-j}$ 为滞后 j 期的内生变量列向量；p 为自回归阶数；Γ_0 为常数项列向量；Γ_1 为待估计的系数矩阵；f_i 为反映省份异质性的个体效应列向量；$d_{c,t}$ 为各省时间效应列变量；$e_{i,t}$ 为随机干扰列向量。

而 $Y_{i,t}$ 是包括三个变量（lt，lncxcj2，lnnyjxzdl）的列向量，其中，lt 为农业劳动力转移指标，使用第二、第三产业就业人数占总就业人数百分比进行度量；lncxcj2 为城乡差距，使用城镇居民家庭平均每人全年可支配收入除以农村居民家庭平均每人全年纯收入进行度量；lnnyjxzdl 为农业机械化水平指标，使用农业机械总动力的对数进行度量。由于国家统计局官网仅有 2002～2012 年城镇居民人均可支配收入数据，而国泰安数据库也仅有 1978～2013 年城镇居民家庭平均每人全年可支配收入数据（其可能原因为统计口径发生变动）。故本部分研究使用了 1978～2013 年中国 31 个省份（不包含港澳台）相关数据作为研究样本，所有变量均通过中国国家统计局网站和国泰安数据库获取。

各变量基本统计特征见表 8–8。

表8-8　变量基本统计特征

变量	平均值	中位数	标准差	最小值	最大值	样本容量
lt	48.52	46.67	18.61	13.90	96.62	1038
lncxcj2	0.915	0.920	0.282	-0.0240	1.724	1038
lnnyjxzdl	6.823	6.910	1.089	3.488	9.452	1038

在进行计量分析之前，作为描述性证据，我们给出了各变量之间的相关系数矩阵。由表8-9可以看出，农业劳动力转移与城乡差距存在负相关关系，且在1%水平上显著。

表8-9　各变量之间的相关系数矩阵

	lt	lncxcj2	lnnyjxzdl
lt	1		
lncxcj2	-0.207***	1	
lnnyjxzdl	0.121***	0.169***	1

注：***、**和*分别表示在1%、5%和10%的显著性水平下显著。

为直观反映农业劳动力转移与城乡差距之间的关系，图8-2描绘了农业劳动力转移与城乡差距对数的散点图。可见，农业劳动力转移与城乡差距之间存在较显著的负相关关系。

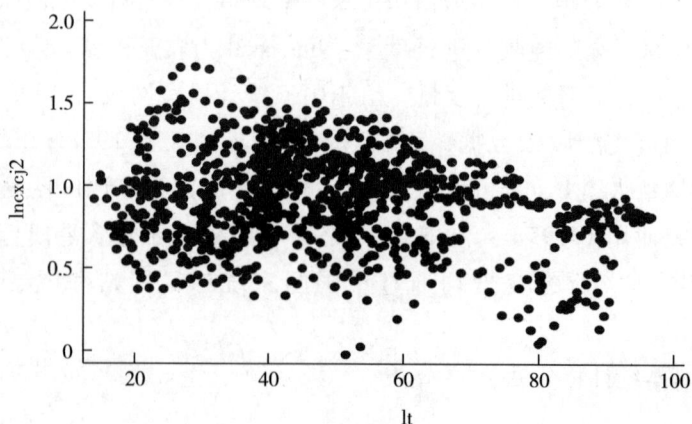

图8-2　农业劳动力转移与城乡差距对数的散点图

由于面板 VAR 模型中存在不随时间变化的个体效应，且解释变量中又包含有滞后的被解释变量，因此是包含固定效应的动态面板数据模型。所以，我们首先应采用"减去组内均值法"去除时间效应。其次，由于在面板 VAR 模型中滞后因变量的存在，使得固定效应与自变量相关，消除固定效应所常用的"均值差分法"将会导致系数的估计出现偏误。为了避免这一问题，参考 Arellano 和 Bover（1995），我们使用"前向均值差分法"（即"Helmert 过程"）以消除固定效应，进而使用滞后变量作为工具变量，采用系统 GMM 法得到待估计系数的一致估计量。

由于 VAR 模型的待估参数较多，可能会导致参数估计量误差较大，且 VAR 模型不以严格的经济理论为依据，使得模型的参数估计值的经济意义较难解释，通常还需借助脉冲响应函数来分析一个内生变量冲击对其自身以及其他内生变量的动态影响。此外，由于 VAR 模型的解释变量中不包含当期变量，使得其预测效果较好，常被用于预测。因此，我们还可进行预测误差的反差分解。最后，为了进一步确定各变量变化之间的先后关系，我们还应进行格兰杰因果检验。这就是本部分将进行的相关计量分析。[①]

8.2.3 计量分析

8.2.3.1 面板 VAR 模型的 GMM 估计

面板 VAR 模型的 GMM 估计之前，需确定变量的滞后阶数，我们使用 AIC、BIC 和 HQIC 三个准则来判断，表 8 - 10 报告了面板 VAR 模型各滞后阶数的三个准则数值。

表 8 - 10　面板 **VAR** 模型滞后阶数的选择

滞后阶数	AIC	BIC	HQIC
滞后一阶	0. 293585	0. 810269	0. 49034
滞后二阶	- 0. 350524	0. 227565	- 0. 130015
滞后三阶	- 1. 033530	- 0. 390947	- 0. 788005
滞后四阶	- 1. 32164 *	- 0. 610706 *	- 1. 04952 *
滞后五阶	- 1. 17597	- 0. 392447	- 0. 875532

注：*为根据 AIC、BIC、HQIC 准则所应该选取的滞后阶数。

---

① 本部分计量分析使用了连玉君老师《stata 学术论文专题》中的相关程序，在此表示感谢！

由表 8 - 10 可知，根据 AIC、BIC、HQIC 准则，都应该选取滞后四阶。表 8 - 11 则汇报了面板 VAR 模型的 GMM 估计结果。

表 8 - 11　面板 VAR 模型的 GMM 估计结果

解释变量 ＼ 被解释变量	lt（t）	lncxcj2（t）	lnnyjxzdl（t）
lt（t-1）	0.727（5.45）***	-0.001（-0.17）	-0.005（-1.45）
lncxcj2（t-1）	3.110（1.46）	0.986（14.00）***	0.080（1.55）
lnnyjxzdl（t-1）	7.776（1.90）*	-0.086（-0.64）	1.420（14.18）***
lt（t-2）	0.065（0.64）	-0.003（-2.43）**	0.0001（0.13）
lncxcj2（t-2）	-0.072（-0.05）	-0.007（-0.11）	-0.028（-0.77）
lnnyjxzdl（t-2）	-3.556（-0.83）	0.097（0.77）	-0.241（-2.48）**
lt（t-3）	-0.173（-2.39）**	-0.002（-1.11）	0.0002（0.20）
lncxcj2（t-3）	-0.090（-0.06）	-0.132（-2.35）**	0.035（1.03）
lnnyjxzdl（t-3）	-4.230（-1.09）	-0.095（-0.89）	-0.087（-1.28）
lt（t-4）	0.132（1.98）**	0.005（4.84）***	-0.0004（-0.58）
lncxcj2（t-4）	0.730（0.76）	0.024（0.64）	0.017（0.74）
lnnyjxzdl（t-4）	2.453（1.33）	0.084（1.32）	-0.060（-1.23）

注：括号内为系统 GMM 估计系数的 z 统计量值，***、**和*分别表示在 1%、5% 和 10% 的显著性水平下显著。

由表 8 - 11 可知，在城乡差距方面，滞后二期的农业劳动力转移存在显著的负向作用，而滞后一期的城乡差距则存在显著的正向作用，系数达 0.986，表明城乡差距的惯性很大；在农业劳动力转移方面，滞后一期的农业劳动力转移存在显著的正向作用，系数达 0.727，表明农业劳动力转移的惯性也较大，滞后一期的农业机械化水平也存在显著的正向作用；在农业机械化水平方面，滞后一期的农业机械化水平存在显著的正向作用，而滞后二期的农业机械化水平则存在显著的负向作用。

8.2.3.2　脉冲响应分析

为了分析内生变量冲击对其自身以及其他内生变量的动态影响，我们通过 500

次的蒙特卡罗模拟，分别得出了各内生变量间的脉冲响应函数图（见图 8 - 3，并给出了 95% 的置信区间）。

从图 8 - 3 我们可以看出，来自农业劳动力转移的一个标准差大小的冲击对于农业劳动力转移自身能产生持续两期多的显著正向影响，对城乡差距产生约六期的负向影响；来自城乡差距的一个标准差大小的冲击对于城乡差距自身能产生持续约六期的显著正向影响；来自农业机械化水平的一个标准差大小的冲击对于农业机械化水平自身能产生持续十余期的显著正向影响，对于农业劳动力转移产生持续约三期的显著正向影响。

Impulse-responses for 4 lag VAR of lt lncxcj2 lnnyjxzdl

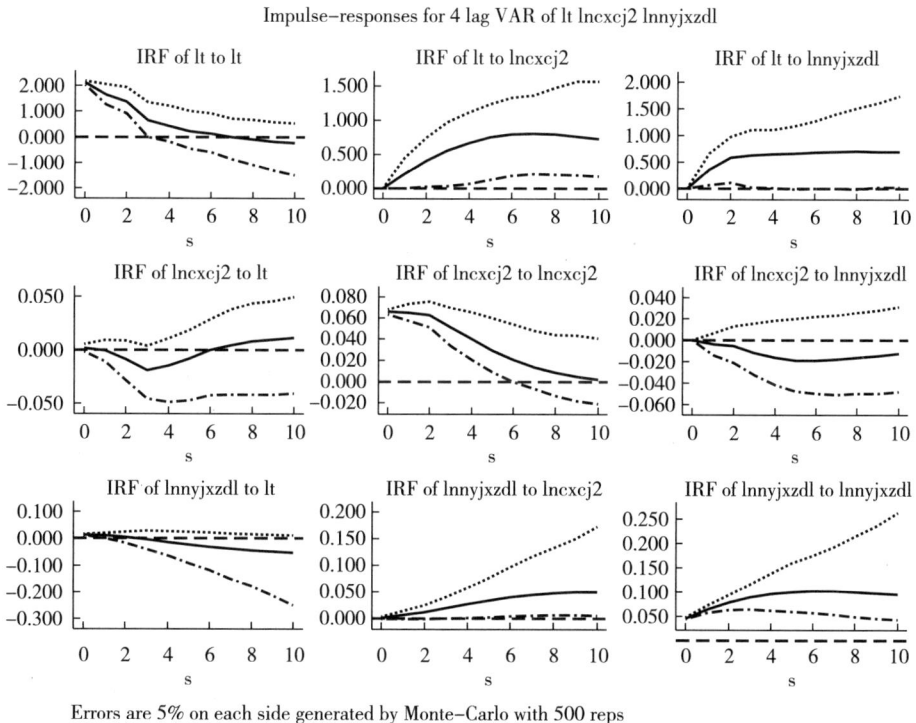

Errors are 5% on each side generated by Monte-Carlo with 500 reps

图 8 - 3 各变量之间的脉冲响应函数

8.2.3.3 预测误差的方差分解

由于 VAR 模型的解释变量中不包含当期变量，使得其预测效果较好，因此，常被用于预测。预测误差的方差分解则可以度量各变量对预测误差的贡献度。表 8 - 12 给出了 lt 和 lncxcj2 前 30 个预测期的误差方差分解结果。

表 8 - 12　lt、lncxcj2 预测误差的方差分解

	预测期	lt	lncxcj2	lnnyjxzdl
	1	1.000	0.000	0.000
	2	0.976	0.006	0.017
	3	0.930	0.022	0.048
	4	0.872	0.048	0.080
	5	0.810	0.082	0.108
	6	0.748	0.119	0.133
	7	0.689	0.155	0.156
	8	0.637	0.187	0.176
	9	0.594	0.212	0.194
	10	0.558	0.233	0.209
	11	0.529	0.248	0.223
	12	0.505	0.259	0.236
	13	0.485	0.267	0.247
	14	0.469	0.272	0.258
lt	15	0.456	0.276	0.269
	16	0.444	0.278	0.278
	17	0.434	0.279	0.287
	18	0.426	0.279	0.295
	19	0.419	0.278	0.303
	20	0.412	0.277	0.310
	21	0.407	0.276	0.317
	22	0.402	0.275	0.323
	23	0.398	0.273	0.328
	24	0.395	0.272	0.333
	25	0.392	0.270	0.338
	26	0.390	0.268	0.342
	27	0.387	0.267	0.346
	28	0.386	0.265	0.349
	29	0.384	0.264	0.352
	30	0.383	0.262	0.355

	预测期	lt	lncxcj2	lnnyjxzdl
lncxcj2	1	0.001	0.999	0.000
	2	0.000	0.998	0.002
	3	0.006	0.990	0.003
	4	0.029	0.960	0.011
	5	0.038	0.937	0.025
	6	0.039	0.919	0.041
	7	0.038	0.905	0.057
	8	0.038	0.891	0.071
	9	0.040	0.878	0.083
	10	0.044	0.865	0.091
	11	0.049	0.854	0.097
	12	0.054	0.844	0.101
	13	0.060	0.836	0.104
	14	0.064	0.830	0.106
	15	0.068	0.825	0.106
	16	0.072	0.821	0.107
	17	0.074	0.819	0.107
	18	0.076	0.817	0.107
	19	0.078	0.815	0.107
	20	0.079	0.814	0.107
	21	0.079	0.814	0.107
	22	0.080	0.813	0.107
	23	0.080	0.813	0.107
	24	0.080	0.813	0.107
	25	0.080	0.813	0.107
	26	0.080	0.813	0.107
	27	0.080	0.813	0.107
	28	0.080	0.813	0.107
	29	0.080	0.813	0.107
	30	0.080	0.813	0.107

由表 8 – 12 可知，经过 26 期后，lt 和 lncxcj2 预测误差的方差分解已基本稳定，故可以用于分析研究。可看出：第一，对于城乡差距，其自身的解释力最强（约为 81.3%），农业劳动力转移、农业机械化水平的解释力较弱，分别为 8%、10.7%；第二，对于农业劳动力转移，其自身的解释力最强（约为 39%），农业机械化水平的解释力次之（约为 34.2%），城乡差距的解释力最弱（约为 26.8%）。

8.2.3.4 格兰杰因果检验

为了进一步确定各变量变化之间的先后关系，我们可以进行各变量之间的格兰杰因果检验，其格兰杰因果检验结果如表 8 – 13 所示。

表 8 – 13 格兰杰因果检验

方程	零假设	χ^2 统计量	P 值
lt 方程	城乡差距不是农业劳动力转移的格兰杰因	3.9872	0.408
	农业机械化水平不是农业劳动力转移的格兰杰因	9.9091	0.042**
lncxcj2 方程	农业劳动力转移不是城乡差距的格兰杰因	31.583	0.000***
	农业机械化水平不是城乡差距的格兰杰因	4.0928	0.394
lnnyjxzdl 方程	农业劳动力转移不是农业机械化水平的格兰杰因	7.1318	0.129
	城乡差距不是农业机械化水平的格兰杰因	7.5371	0.110

注：***、**和*分别表示在 1%、5% 和 10% 的显著性水平下显著。

由表 8 – 13 可知，农业劳动力转移是城乡差距的格兰杰因，而城乡差距不是农业劳动力转移的格兰杰因；同时，农业机械化水平是农业劳动力转移的格兰杰因，而农业劳动力转移不是农业机械化水平的格兰杰因。

8.2.4 小结及政策建议

农业劳动力转移对城乡差距的影响研究具有重要意义。本部分研究使用了 1978～2013 年中国 31 个省份面板数据，通过面板 VAR 模型计量分析发现。

在农业劳动力转移与城乡差距关系方面，农业劳动力转移是城乡差距的格兰杰因，而城乡差距不是农业劳动力转移的格兰杰因；来自农业劳动力转移的一个标准差大小的冲击对于城乡差距产生约 6 期的负向影响，城乡差距的惯性很大，农业劳动力转移的惯性也较大；26 期后，在城乡差距预测误差的方差分解中，农业劳动力转移的解释力为 8%，而在农业劳动力转移预测误差的方差分解中，农业机械化水平的解释力为34.2%。

在农业劳动力转移与农业机械化水平关系方面，农业机械化水平是农业劳动力转移的格兰杰因，而农业劳动力转移不是农业机械化水平的格兰杰因；来自农业机械化水平的一个标准差大小的冲击对于农业劳动力转移产生持续约3期的显著正向影响。

由此得出以下政策建议：提升农业机械化水平、实施有效的农村土地管理制度，促进农业剩余劳动力转移。农业机械化水平提升的两个关键环节是机播和机收，而机播与机收的关键在于农机和农艺的结合。当前我国农机和农艺结合不够紧密，导致许多农作物的机播、机收水平还很低。因此，应在农业机械技术上进行攻关，推进农机与农艺技术一体化，解决机播、机收上的技术难题，提升农业机械化水平。来自世界农业普查的国际可比数据显示，全球最贫穷和最富裕的20%国家农场平均规模分别为1.6、54.1公顷，最贫穷国家中小于2公顷的小农场数量超过70%，最富裕国家中小于2公顷的小农场数量仅15%，最富裕国家中超过20公顷的大农场数量占40%。2003年、2009年中国农户平均土地经营规模分别为7.41亩、7.14亩，农户户均拥有地块分别为5.7块、4.1块，平均每块面积分别为1.3亩、1.741亩。而据国家新型城镇化规划（2014～2020年），中国人均耕地仅0.1公顷，农户户均土地经营规模约0.6公顷。中国户均经营耕地面积仅相当于欧盟的1/40，美国的1/400，不到日本和韩国的一半。可见，土地细碎化是当今中国农业生产中的一个重要特征，土地细碎化会制约农业机械化的提升。因此，应辅以实施更为有效的农村土地管理制度，激励有条件的农户愿意并能够依法采取转包、出租、互换、转让及入股等方式流转承包地，进而促进农业剩余劳动力转移。

8.3 农业剩余劳动力转移与经济增长

8.3.1 农业劳动力转移增长效应的测算

8.3.1.1 引言

改革开放40多年来，中国经济取得了举世瞩目的成就：实际GDP由1978年的 3678.7 亿元增加到 2019 年的 144039 亿元①，年均增长高达 9.39%；人均实际 GDP 由 1978 年的 382 元增加到 2019 年的 10288 元，年均增长达 8.39%。同期，劳动力也由生产率较低的农业部门向生产率较高的非农业部门大规模转移，产业就业结构和产值结构发生了巨大变化。农业劳动力由生产率较低的农业部门转移到生产率较高的非农业部门，可以提高总量劳动生产率，从而促进经济增长。多数研究表明，农业劳动力转移所引起的增长效应是改革开放以来中国经济持续增长的重要因素。

本部分将在 Chenery 等（1986）模型的基础上，发展出一个分产业测算模型，对中国 1979 年以来三大区域（东部、中部、西部）各产业间的劳动力转移增长效应进行测算和分析，进而提出充分发掘劳动力转移增长效应的政策建议。余下部分结构安排如下：第一部分是劳动力转移增长效应的分产业测算模型；第二部分是中国劳动力转移增长效应的测算及分析。

8.3.1.2 劳动力转移增长效应的分产业测算模型

假定国民经济由第一产业部门、第二产业部门和第三产业部门构成，也就是说 GDP 总量（V）是第一产业 GDP 总量（V_1）、第二产业 GDP 总量（V_2）与第三产业 GDP 总量（V_3）之和，社会总劳动力（L）是第一产业部门劳动力（L_1）、第二产业部门劳动力（L_2）与第三产业部门劳动力（L_3）之和。即：

$$V = V_1 + V_2 + V_3$$
$$L = L_1 + L_2 + L_3 \tag{8-5}$$

用 y 表示总量劳动生产率（即劳动力人均产出水平），则 GDP 总量 V 为总劳动生产率 y 与社会总劳动力 L 之积，即：

$$V = y \times L$$

假定 0 与 t 分别代表考察初期与末期两个时点，y_0、L_0、V_0 分别为考察初期的总量劳动生产率、社会总劳动力和 GDP 总量，y_t、L_t、V_t 分别为考察末期的总量劳动生产率、社会总劳动力和 GDP 总量，Δy、ΔL、ΔV 分别为总量劳动生产率、社会总劳动力、GDP 总量的增加量，则：

$$\Delta y = y_t - y_0$$
$$\Delta L = L_t - L_0$$

---

① 本部分数据根据国家统计局官网相关数据计算得到，且所有涉及到价格的数据都已按 1978 年不变价格计算。

$$\Delta V = V_t - V_0 = y_t L_t - y_0 L_0 = (\Delta y + y_0)(\Delta L + L_0) - y_0 L_0 = y_0 \Delta L + \Delta y L_0 + \Delta L \Delta y$$

$$(8-6)$$

式 (8-2) 两端同时除以 V_0 得：

$$\Delta V/V_0 = y_0 \Delta L/y_0 L_0 + \Delta y L_0/y_0 L_0 + \Delta L \Delta y/y_0 L_0 = \Delta L/L_0 + \Delta y/y_0 + \Delta L \Delta y/y_0 L_0$$

即 $G_v = G_L + G_y + G_y G_L$ $(8-7)$

其中，$G_v = \Delta V/V_0$，为 GDP 总量的增长率；$G_L = \Delta L/L_0$，为社会总劳动力的增长率；$G_y = \Delta y/y_0$，为总量劳动生产率的增长率。

式 (8-7) 表明，GDP 总量的增长率可以分解为社会总劳动力的增长率、总量劳动生产率的增长率以及它们两者的乘积三个部分。[①]

对式 (8-5) 两边同时除以 L，并进行相应变换，可得：

$$V/L = (V_1/L_1)(L_1/L) + (V_2/L_2)(L_2/L) + (V_3/L_3)(L_3/L) \qquad (8-8)$$

假定 y_1、y_2、y_3 分别为第一产业、第二产业、第三产业部门的劳动生产率。γ_1、γ_2、γ_3 分别表示第一产业、第二产业、第三产业部门的劳动力在总劳动力中所占的比重。则式 (8-8) 可改写为：

$$y = y_1 \gamma_1 + y_2 \gamma_2 + y_3 \gamma_3 \qquad (8-9)$$

式 (8-5) 表明，总量劳动生产率等于三次产业部门劳动生产率的加权平均值，其中权数分别为各产业的劳动力在总劳动力中所占的比重。

式 (8-9) 两边同时对时间求微分并除以 y，可得：

$$dy/y = \frac{dy_1 V_1}{y_1 V} + \frac{dy_2 V_2}{y_2 V} + \frac{dy_3 V_3}{y_3 V} + \frac{d\gamma_1 V_1}{\gamma_1 V} + \frac{d\gamma_2 V_2}{\gamma_2 V} + \frac{d\gamma_3 V_3}{\gamma_3 V}$$

$$= \frac{dy_1 y_1 \gamma_1}{y_1 \quad y} + \frac{dy_2 y_2 \gamma_2}{y_2 \quad y} + \frac{dy_3 y_3 \gamma_3}{y_3 \quad y} + \frac{d\gamma_1 y_1 \gamma_1}{\gamma_1 \quad y} + \frac{d\gamma_2 y_2 \gamma_2}{\gamma_2 \quad y} + \frac{d\gamma_3 y_3 \gamma_3}{\gamma_3 \quad y}$$

即 $G_y = G_{y1} \dfrac{y_1 \gamma_1}{y} + G_{y2} \dfrac{y_2 \gamma_2}{y} + G_{y3} \dfrac{y_3 \gamma_3}{y} + G_{\gamma 1} \dfrac{y_1 \gamma_1}{y} + G_{\gamma 2} \dfrac{y_2 \gamma_2}{y} + G_{\gamma 3} \dfrac{y_3 \gamma_3}{y}$ $(8-10)$

其中，dy 为总量劳动生产率的变化量；$G_y = dy/y$，为总量劳动生产率的增长率；dy_1、dy_2、dy_3 分别为第一产业、第二产业、第三产业部门劳动生产率的变化量；$G_{y1} = \dfrac{dy_1}{y_1}$、$G_{y2} = \dfrac{dy_2}{y_2}$、$G_{y3} = \dfrac{dy_3}{y_3}$ 分别为第一产业、第二产业、第三产业部门劳动生产率的增长率；$d\gamma_1$、$d\gamma_2$、$d\gamma_3$ 分别为第一产业、第二产业、第三产业部

---

① 资本要素对于经济增长的作用包含在总量劳动生产率的变化中。

门劳动力在总劳动力中所占比重的变化量；$G_{\gamma1} = \dfrac{d\gamma_1}{\gamma_1}$、$G_{\gamma2} = \dfrac{d\gamma_2}{\gamma_2}$、$G_{\gamma3} = \dfrac{d\gamma_3}{\gamma_3}$分别为第一产业、第二产业、第三产业部门劳动力在总劳动力中所占比重的变化率。式（8－10）说明，总量劳动生产率的增长率是由两部分构成的，等式右边前三项是三次产业部门劳动生产率增长率的加权平均值；后三项是由于劳动力转移所导致的总量劳动生产率的增长率，即劳动力转移增长效应，记为 A（y），即：

$$A(y) = G_{\gamma1}\frac{y_1\gamma_1}{y} + G_{\gamma2}\frac{y_2\gamma_2}{y} + G_{\gamma3}\frac{y_3\gamma_3}{y} \qquad (8-11)$$

因为 $L = L_1 + L_2 + L_3$，等式两边同时除以 L，可得：

$$\gamma_1 + \gamma_2 + \gamma_3 = 1 \qquad (8-12)$$

将式（8－8）两边同时对时间求导，可得：$\gamma_1 G_{\gamma1} + \gamma_2 G_{\gamma2} + \gamma_3 G_{\gamma3} = 0$。即：

$$G_{\gamma1} = \frac{\gamma_2 G_{\gamma2} + \gamma_3 G_{\gamma3}}{-\gamma_1} \qquad (8-13)$$

将式（8－9）代入式（8－7）可得：

$$A(y) = G_{\gamma2}\gamma_2\frac{y_2 - y_1}{y} + G_{\gamma3}\gamma_3\frac{y_3 - y_1}{y} = d\gamma_2\frac{y_2 - y_1}{y} + d\gamma_3\frac{y_3 - y_1}{y} = A_2(y) + A_3(y)$$

$$(8-14)$$

其中，$\dfrac{y_2 - y_1}{y}$为第一产业、第二产业间劳动生产率差距；A_2（y）= $d\gamma_2$ $\dfrac{y_2 - y_1}{y}$，为第一产业、第二产业间劳动力比重变化所引起的总量劳动生产率的增长率，称之为第一产业、第二产业间劳动力转移增长效应，由该式可知，当第二产业劳动生产率高于第一产业劳动生产率且第二产业的就业比重提高时，就会存在第一、第二产业间劳动力转移增长效应，且第一产业、第二产业间劳动生产率差距越大，第二产业就业比重提高越多，则第一产业、第二产业间劳动力转移增长效应也越大；$\dfrac{y_3 - y_1}{y}$为第一产业、第三产业间劳动生产率差距；A_3（y）= $d\gamma_3$ $\dfrac{y_3 - y_1}{y}$，为第一产业、第三产业间劳动力比重变化所引起的总量劳动生产率的增长率，称之为第一产业、第三产业间劳动力转移增长效应，由该式可知，当第三产业劳动生产率高于第一产业劳动生产率且第三产业的就业比重提高时，就会存在第一产业、第三产业间劳动力转移增长效应，且第一产业、第三产业间劳动生产率差距越大，第三产业就业比重提高越多，则第一产业、第三产业间劳动力转移增长效应也越大。式（8 - 14）就是劳动力转移增长效应的分产业测算模型，表明：劳动力转移增长效应由第一产业、第二产业间劳动力转移增长效应和第一产业、第三产业间劳动力转移增长效应两部分组成，当第二产业或第三产业的劳动生产率高于第一产业的劳动生产率且第二产业或第三产业的就业比重提高时，就存在劳动力转移增长效应。

于是，第一产业、第二产业间劳动力转移增长效应对总量劳动生产率和经济增长的贡献率可分别表示为：

$$E_{Ay2} = A_2(y)/G_y \qquad\qquad (8-15)$$
$$E_{Av2} = A_2(y)/G_V \qquad\qquad (8-16)$$

第一产业、第三产业间劳动力转移增长效应对总量劳动生产率和经济增长的贡献率可分别表示为：

$$E_{Ay3} = A_3(y)/G_y \qquad\qquad (8-17)$$
$$E_{AV3} = A_3(y)/G_v \qquad\qquad (8-18)$$

劳动力转移增长效应对总量劳动生产率和经济增长的贡献率则可分别表示为：

$$E_{Ay} = A(y)/G_y \qquad\qquad (8-19)$$
$$E_{A}v = A(y)/G_v \qquad\qquad (8-20)$$

8.3.1.3　中国农业劳动力转移增长效应的测算及分析

改革开放以来，中国劳动生产率迅速提高，但劳动生产率在各次产业的增长并不平衡。如图 8 - 4 所示，总量劳动生产率 ZLDSCL 由 1978 年的 867 元/人，增加到 2017 年的 25333 元/人，年均劳动生产率 7405 元/人。其中，第一产业劳动生产率 LDSCL1 由 1978 年的 350 元/人，增加到 2017 年的 2665 元/人，年均劳动生产率 1098 元/人，远低于总量劳动生产率水平；而第二产业劳动生产率 LD-SCL2 由 1978 年的 2870 元/人，增加到 2017 年的 58513 元/人，年均劳动生产率 17938 元/人，远高于总量劳动生产率水平；第三产业劳动生产率 LDSCL3 则由 1978 年的 1517 元/人，增加到 2017 年的 18651 元/人，年均劳动生产率 6781 元/人，与总量劳动生产率水平大致相当。[①]

---

① 本段数据根据中国统计年鉴相关数据计算得到，且所有涉及价格的数据都已按 1978 年不变价格调整。

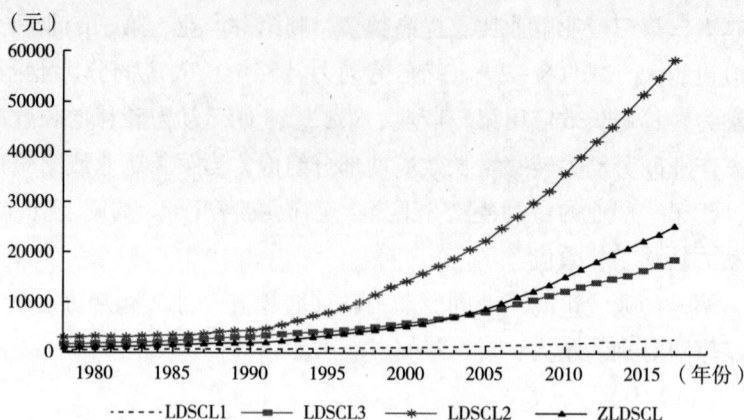

图 8-4 1978~2017 年中国三次产业劳动生产率变动情况

同期，也出现了大规模的农业劳动力由第一产业向第二产业、第三产业的转移，使得各产业的就业比重发生了显著变化。如图 8-5 所示，第一产业就业比重 JYBGDP1 由 1978 年的 70.5% 下降到 2019 年的 25.1%，年均下降约 1.11 个百分点；而第二产业就业比重 JYBGDP2 由 1978 年的 17.3% 上升到 2019 年的 27.5%，年均上升约 0.25 个百分点；第三产业就业比重 JYBGDP3 则由 1978 年的 12.2% 上升到 2019 年的 47.4%，年均上升约 0.86 个百分点。[①]

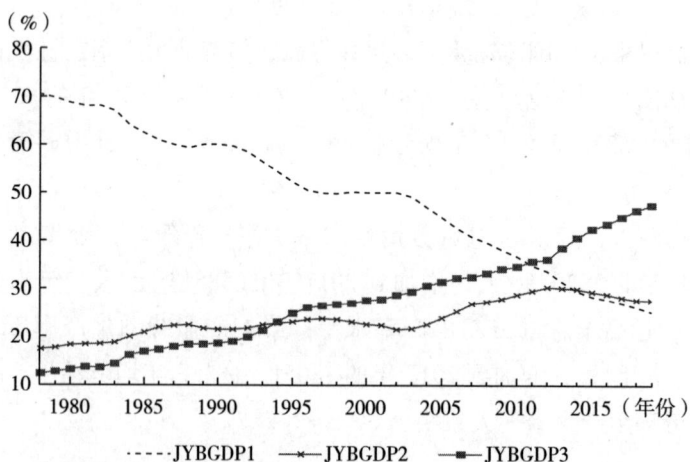

图 8-5 1978~2019 年中国三次产业就业比重变动情况

---

① 本段数据根据国家统计局官网相关数据计算得到。

（1）中国农业劳动力转移增长效应的测算。显然，劳动力由低生产率的第
一产业转移到高生产率的第二产业、第三产业，会产生劳动力转移增长效应，我
们将利用前文的式（8－14）进行测算。本部分所使用的数据主要来自中经网统
计数据库和各省市区相应年份的统计年鉴。由于相关年份劳动力数据的缺失，我
们将天津、重庆、陕西、甘肃4省市排除在本部分研究样本之外，因此，本部分
的研究样本仅包括了全国27个省份。同时，考虑到中国区域经济发展的不平衡
性，我们还将分区域（东部、中部、西部地区）测算劳动力转移增长效应。[①] 此
外，考虑到结果的可比性，在测算全国劳动力转移增长效应时，我们也仅使用了
上述27个省市区的累加数据，和实际的全国数据会存在一定的差别。表8－14
计算了1979~2017年中国相关各次产业的劳动生产率与就业比重。由表8－14
可以看出，在每个时间段，无论是全国，还是东部、中部、西部地区，第二产
业、第三产业的劳动生产率都远远高于第一产业，且随着时间的推移，第二产
业、第三产业的就业比重都在明显提高，说明出现了劳动力由第一产业向第二产
业、第三产业的大规模转移，这必定会产生劳动力转移增长效应。

表8－14　1979~2017年中国相关各次产业的劳动生产率与就业比重

单位：元/人·年

时间段	地区	总量劳动生产率	第一产业劳动生产率	第二产业劳动生产率	第三产业劳动生产率	第二产业就业比重（%）	第三产业就业比重（%）
1979~1988	东部	1606	534	3651	2385	24.8231	15.2776
	中部	1122	498	2916	1804	18.0569	13.7542
	西部	848	389	2815	1903	11.5592	11.3646
	全国	1261	482	3294	2091	19.3881	13.8398
1989~2002	东部	5298	951	11643	5701	29.6349	23.9540
	中部	2635	752	6681	3545	21.4839	21.6162
	西部	2057	662	6732	3466	13.7145	19.1669
	全国	3607	796	9326	4500	23.0863	22.0253

[①] 其中，东部地区包括北京、河北、辽宁、上海、江苏、浙江、福建、山东、广东和海南共10个省份；中部地区包括山西、吉林、黑龙江、安徽、江西、河南、湖北和湖南共8个省份；而西部地区则包括内蒙古、广西、四川、贵州、云南、西藏、青海、宁夏和新疆共9个省份。

续表

时间段	地区	总量劳动生产率	第一产业劳动生产率	第二产业劳动生产率	第三产业劳动生产率	第二产业就业比重（%）	第三产业就业比重（%）
2003 ~ 2017	东部	21713	2361	42108	15506	36.0243	36.0595
	中部	11312	1683	29413	9356	24.5998	32.9695
	西部	9540	1502	31050	10194	17.2145	30.0765
	全国	15481	1842	36743	12387	27.9871	33.6966
1979 ~ 2017	东部	10665	1387	21311	8622	30.8586	26.3852
	中部	5584	1045	14459	5333	21.8036	23.9670
	西部	4625	915	15081	5653	14.508	21.3623
	全国	7572	1118	18324	6916	24.0230	24.4154

资料来源：本表数据根据中经网统计数据库和各省市区相应年份的统计年鉴相关数据计算得到。

根据表8-14和式（8-14），我们可测算出1979~2017年中国相关产业间劳动生产率差距、就业比重变化量及劳动力转移增长效应，得到表8-15。

表8-15　1979~2017年中国相关产业间劳动生产率差距、就业比重变化量与劳动力转移增长效应

时间段	地区	第一、第二产业间劳动生产率差距	第二产业就业比重变化量（百分点）	第一、第二产业间劳动力转移增长效应（百分点）	第一、第三产业间劳动生产率差距	第三产业就业比重变化量（百分点）	第一、第三产业间劳动力转移增长效应（百分点）	劳动力转移增长效应（百分点）
1979 ~ 1988	东部	2.0228	1.1646	2.3558	1.1720	0.6809	0.7979	3.1537
	中部	2.2114	0.6489	1.4350	1.1701	0.6618	0.7744	2.2094
	西部	2.9225	0.3093	0.9040	1.7864	0.4318	0.7714	1.6753
	全国	2.3020	0.7818	1.7996	1.2879	0.6154	0.7926	2.5922
1989 ~ 2002	东部	1.9531	-0.0623	-0.1216	0.9670	0.8321	0.8046	0.6830
	中部	2.1713	-0.0975	-0.2117	1.1044	0.6457	0.7131	0.5014
	西部	2.8976	-0.0416	-0.1207	1.4237	0.7898	1.1244	1.0038
	全国	2.2870	-0.0677	-0.1548	1.0917	0.7570	0.8264	0.6716

续表

时间段	地区	第一、第二产业间劳动生产率差距	第二产业就业比重变化量（百分点）	第一、第二产业间劳动力转移增长效应（百分点）	第一、第三产业间劳动生产率差距	第三产业就业比重变化量（百分点）	第一、第三产业间劳动力转移增长效应（百分点）	劳动力转移增长效应（百分点）
2003~2017	东部	1.8495	0.4575	0.8461	0.6203	0.7524	0.4667	1.3129
	中部	2.4733	0.4308	1.0655	0.7148	0.8201	0.5863	1.6518
	西部	3.1469	0.4210	1.3248	0.9704	0.7595	0.7370	2.0618
	全国	2.2888	0.4624	1.0585	0.7064	0.7860	0.5552	1.6137
1979~2017	东部	1.9312	0.4522	0.8733	0.8862	0.7627	0.6759	1.5492
	中部	2.2977	0.2971	0.6826	0.9714	0.7169	0.6964	1.3791
	西部	2.9998	0.2263	0.6788	1.3424	0.6863	0.9213	1.6001
	全国	2.2916	0.3540	0.8113	0.9938	0.7318	0.7273	1.5386

根据表 8 - 15、式（8 - 15）~式（8 - 20），我们可进一步计算出 1979 ~ 2017 年中国各劳动力转移增长效应对总量劳动生产率和经济增长的贡献率，得到表 8 - 16。

表 8 - 16　1979 ~ 2017 年中国各劳动力转移增长效应对总量劳动生产率和经济增长的贡献率

单位:%

时间段	地区	第一、第二产业间劳动力转移增长效应对总量劳动生产率增长的贡献	第一、第三产业间劳动力转移增长效应对总量劳动生产率增长的贡献	劳动力转移增长效应对总量劳动生产率增长的贡献	第一、第二产业间劳动力转移增长效应对经济增长的贡献	第一、第三产业间劳动力转移增长效应对经济增长的贡献	劳动力转移增长效应对经济增长的贡献
1979~1988	东部	28.7803	9.7484	38.5287	20.9268	7.0883	28.0151
	中部	21.9964	11.8706	33.8670	14.4742	7.8111	22.2854
	西部	14.2545	12.1633	26.4178	9.4087	8.0284	17.4371
	全国	24.4983	10.7900	35.2884	17.0043	7.4893	24.4936
1989~2002	东部	-1.1519	7.6195	6.4676	-0.9780	6.4691	5.4911
	中部	-2.6213	8.8293	6.2080	-2.1146	7.1226	5.0080
	西部	-1.4682	13.6807	12.2125	-1.2173	11.3427	10.1255
	全国	-1.6199	8.6488	7.0289	-1.3553	7.2361	5.8808

时间段	地区	第一、第二产业间劳动力转移增长效应对总量劳动生产率增长的贡献	第一、第三产业间劳动力转移增长效应对总量劳动生产率增长的贡献	劳动力转移增长效应对总量劳动生产率增长的贡献	第一、第二产业间劳动力转移增长效应对经济增长的贡献	第一、第三产业间劳动力转移增长效应对经济增长的贡献	劳动力转移增长效应对经济增长的贡献
2003~2017	东部	9.3835	5.1762	14.5596	7.6988	4.2469	11.9456
	中部	10.1737	5.5975	15.7712	9.0621	4.9859	14.0481
	西部	11.7367	6.5298	18.2665	10.7058	5.9563	16.6620
	全国	10.7705	5.6495	16.4200	9.3139	4.8855	14.1994
1979~2017	东部	9.3321	7.2228	16.5549	7.5423	5.8375	13.3798
	中部	7.9371	8.0977	16.0348	6.4044	6.5341	12.9385
	西部	7.6116	10.3314	17.9431	6.2959	8.5456	14.8415
	全国	8.9215	7.9983	16.9198	7.2536	6.5030	13.7567

（2）中国农业劳动力转移增长效应的分析。从表8-15和表8-16可以看出，劳动力由第一产业向第二产业、第三产业的转移，确实产生了较大的转移增长效应，但又表现出明显的产业和区域特征。

1）对全国情况的整体分析。从全国范围来看，1979~2017年，第二产业就业比重总体上来说是增加的，年均增加约0.3540个百分点，但第二产业就业比重变化波动较大，1979~1988年年均增加约0.7818个百分点，2003~2017年年均增加约0.4624个百分点，而1989~2002年却年均下降约0.0677个百分点。究其原因，主要是中国经济的出口导向政策，外贸依存度高，受国外经济影响较大使然。因1979~2017年，第二产业就业比重总体上来说是增加的，也就是说，总体上来说，劳动力是由第一产业转移到了第二产业。根据经济学原理，这将缩小第一产业、第二产业间劳动生产率差距。在此期间，中国第一产业、第二产业间劳动生产率差距确实表现为缩小趋势：1979~1988年年均为2.3020，1989~2002年、2003~2017年年均分别减少到2.2870、2.2888。由于第二产业就业比重变化波动较大，因此，第一产业、第二产业间劳动力转移增长效应也随之波动：1979~1988年年均约1.7996个百分点，2003~2017年年均约1.0585个百分点，而1989~2002年年均约为-0.1548个百分点。第一产业、第二产业间劳动力转移增长效应在1979~2017年年均约为0.8113个百分点，对总量劳动生产率增长贡献约8.9215%，对经济增长贡献约7.2536%。

而第三产业就业比重基本上一直都是增加的，年均增加约0.7318个百分点，且变化波动较小：1979~1988年、1989~2002年、2003~2017年分别年均增加约0.6154、0.7570、0.7860个百分点。第一产业、第三产业间劳动生产率差距也表现为不断下降：1979~1988年年均约1.2879，1989~2002年年均下降到约1.0917，2003~2017年年均进一步下降为约0.7064。因此，第一产业、第三产业间劳动力转移增长效应也随之波动：1979~1988年年均约0.7926个百分点，1989~2002年年均上升到0.8264个百分点，2003~2017年则年均下降到0.5552百分点。第一产业、第三产业间劳动力转移效应在1979~2017年年均为0.7273个百分点，对总量劳动生产率增长贡献约7.9983%，对经济增长贡献约6.5030%。1979~2017年劳动力转移增长效应年均约1.5386个百分点，对总量劳动生产率增长贡献约16.9198%，对经济增长贡献约13.7567%。

将上述两者进行比较，我们可以发现：尽管1979~2017年第三产业就业比重年均增加量（0.7318个百分点）远大于第二产业就业比重年均增加量（0.3540个百分点），但第一产业、第三产业间劳动力转移增长效应（0.7273个百分点）却小于第一产业、第二产业间劳动力转移增长效应（0.8113个百分点）。原因在于第一产业、第三产业间劳动生产率差距远低于第一产业、第二产业间劳动生产率差距：1979~2017年，第一产业、第三产业间劳动生产率差距年均仅约0.9938，而第一产业、第二产业间劳动生产率差距则年均高达约2.2916，且所有年份的第一产业、第三产业间劳动生产率差距都远低于第一产业、第二产业间劳动生产率差距。这意味着：改革开放以来，中国第三产业的劳动生产率远低于第二产业的劳动生产率。事实上，1978~2017年，中国第三产业劳动生产率从1517元/人，增加到18651元/人，年均劳动生产率仅6781元/人，而第二产业劳动生产率从2870元/人，增加到58513元/人，年均劳动生产率达17938元/人。根据发达国家经验，良性高速发展的产业经济应该是相对劳动生产率平衡的经济，特别是工业化之后，第三产业应该表现出较高的效率，即第三产业的劳动生产率应该大于或至少等于其他产业。可见，中国第三产业劳动生产率过低。而第三产业劳动生产率过低的可能原因之一是：第三产业吸纳了大量没有经过工业化产业培训的农业剩余劳动力。

同时，据世界银行统计，2006年全球第一产业、第二产业、第三产业的平均构成约为4%、28%、68%，其中，高收入国家的平均构成为2%、26%、

72%，中上等收入国家的平均构成为 6%、31%、63%，中等收入国家的平均构成为 9%、36%、55%，低收入国家的平均构成为 20%、28%、51%。而据中国社科院《产业竞争力蓝皮书》，按照 2011 年世界银行的标准，中国已经成为中上等收入国家，但 2019 年中国第三产业产值比重仍然仅为 53.9%，[①] 远低于中等收入国家和世界平均水平。此外，据中国社会科学院《宏观经济蓝皮书》，目前，发达国家第三产业的就业比重已高达 70% 左右，中等收入国家在 50% 至 60% 之间。而中国 2019 年第三产业的就业比重仅为 47.40%，[②] 远低于中等收入国家平均水平。可见，无论是从产值比重，还是从就业比重的角度来看，中国第三产业的发展都是严重滞后的。

因此，如果大力发展第三产业，提高第三产业就业比重，同时，加强农业剩余劳动力的教育和技能培训，提高其劳动生产率，那么，第一产业、第三产业间劳动力转移增长效应仍有很大的发挥潜力。

2）分区域的分析。分区域来看，1979～1988 年，东部地区第二产业就业比重年均增加 1.1646 个百分点，第一产业、第二产业间劳动力转移增长效应年均高达 2.3558 个百分点，而中、西部地区第二产业就业比重年均增加分别仅 0.6489 个、0.3093 个百分点，第一产业、第二产业间劳动力转移增长效应年均分别仅 1.4350 个、0.9040 个百分点。可见，改革开放之初的这十年间，由于在地理位置、经济政策等方面的优势，东部地区第二产业取得了更大发展，无论是第二产业就业比重的增加量，还是第一产业、第二产业间劳动力转移增长效应都远远高于中、西部地区。而 2003～2017 年（1989～2002 年，由于受国内和国际政治经济形势的影响过大，使得此间的劳动力转移出现了异常，因此我们的分析将此时间段排除在外），东部地区第二产业就业比重年均增加 0.4575 个百分点，第一产业、第二产业间劳动力转移增长效应年均达 0.8461 个百分点，较 1979～1988 年水平，都大幅下降。而中、西部地区第二产业就业比重年均增加分别为 0.4308 个、0.4210 个百分点，第一产业、第二产业间劳动力转移增长效应年均分别达 1.0655 个、1.3248 个百分点，都高于东部地区。可见，近十年来，随着改革开放的不断推进，西部大开发战略、中部崛起计划的实施，中、西部地区第二产业也开始了加速发展，第二产业劳动生产率大幅提高，第一产业、第二产业间劳动力转移增长效应也大幅增加，都超过了东部地区。

①② 根据国家统计局官网数据计算得到。

1979～2017年，东部、中部、西部地区第二产业就业比重都增加了，但增加幅度大不相同：东部地区年均增加达0.4522（远高于全国年均水平0.3540）个百分点，而中、西部地区年均增加分别仅0.2971、0.2263（低于全国年均水平）个百分点。这意味着东部地区第二产业可能得到了较快发展，第二产业就业比重迅速提高，而中部和西部地区第二产业发展却相对较慢。同期，东部、中部、西部地区第一产业、第二产业间劳动生产率差距依次增大，分别为1.9312、2.2977、2.9998，这应该是由于向东部第二产业转移的农业劳动力最多，导致第二产业劳动生产率下降最快使然，中部次之，西部最慢。相应地，在此期间，东部地区第一产业、第二产业间劳动力转移效应年均达0.8733（高于全国年均水平0.8113）个百分点，而中部、西部地区第一、第二产业间劳动力转移增长效应年均则仅为0.6826个和0.6788（低于全国年均水平）个百分点。这意味着，尽管就全国来说，第一产业、第二产业间劳动力转移增长效应对总量劳动生产率和经济增长贡献较大，但这主要归功于东部地区，对于中部和西部地区而言，第一产业、第二产业间劳动力转移增长效应较小，可能并未得到充分发挥。即便是按照世界银行统计的2006年中等收入国家第一产业、第二产业、第三产业的平均构成9%、36%、55%标准，若相对劳动生产率发展平衡的话，则第二产业就业比重约为36%，而2017年中国东部地区第二产业就业比重为36.28%，基本达到中等收入国家水平，说明东部地区第二产业发展比较充分，就业比重已没有很大的上升空间。但2017年中部和西部地区第二产业就业比重分别仅26.61%、19.37%，离中等收入国家水平仍有较大差距，说明中、西部地区第二产业发展尚不充分，第一产业、第二产业间劳动力转移增长效应还有较大的发挥潜力。

因此，随着东部地区的产业升级，中、西部地区应充分利用各自有利条件，顺利承接东部地区的产业转移，进一步发掘第一产业、第二产业间劳动力转移增长效应，促进总量劳动生产率和经济增长。

1979～1988年，东部地区第三产业就业比重年均增加0.6809个百分点，第一产业、第三产业间劳动力转移增长效应年均达0.7979个百分点，而中、西部地区第三产业就业比重年均增加分别为0.6618个、0.4318个百分点，第一产业、第三产业间劳动力转移增长效应年均分别为0.7744个、0.7714个百分点。可见，改革开放之初的这十年间，尽管东部地区第三产业取得了更大发展，无论是第三产业就业比重的增加量，还是第一产业、第三产业间劳动力转移增长效应都略高于中、西部地区，但与同期的第二产业相比，东部、中、西部地区第三产业劳动力转移增长效应都要少得多。而 2003～2017 年，东部、中部、西部地区第三产业就业比重分别年均增加 0.7524、0.8201、0.7595 个百分点，与 1979～1988 年相比，都有所增加；但此期间的第一产业、第三产业间劳动力生产率差距也出现了大幅下降，分别为 0.6203、0.7148、0.9704；导致其第一产业、第三产业间劳动力转移增长效应也都下降，分别为年均 0.4667、0.5863、0.7370 个百分点，都远低于同期的第一产业、第二产业间劳动力转移增长效应。

1979～2017 年，东部、中部、西部地区第三产业就业比重也都是增加的，且增加幅度相差不大：分别为 0.7626、0.7169、0.6863 个百分点。东部、中部、西部地区第一产业、第三产业间劳动生产率差距也依次增大，分别为 0.8862、0.9714、1.3424，相应地，东部地区第一产业、第三产业间劳动力转移增长效应年均约 0.6759 个百分点，远低于东部地区第一产业、第二产业间年均劳动力转移增长效应（0.8733 个百分点），且 2017 年东部地区第三产业产值和就业比重分别为 28.13% 和 41.69%，都远低于中等收入国家平均水平，说明无论是产值比重还是就业比重，即便是东部地区的第三产业也是非常滞后的。中、西部地区第一产业、第三产业间劳动力转移增长效应年均则分别为 0.6964 个和 0.9213 个百分点，2017 年中部地区第三产业产值和就业比重分别为 28.77% 和 38.42%，西部地区第三产业产值和就业比重分别为 32.86% 和 35.94%，同样远低于中等收入国家平均水平，说明中部、西部地区第三产业发展也非常滞后。可见，东部、中部、西部地区第一产业、第三产业间劳动力转移增长效应都还存在较大的发挥潜力。

8.3.2　农业劳动力转移增长效应的计量分析

8.3.2.1　模型设定与估计方法

图 8-6 为我国 1979～2017 年各省市区劳动力转移增长效应时间趋势图[①]。可见，不同省市区的劳动力转移增长效应变化的幅度和时机不尽相同。我们可以使用 VAR 模型来研究其与农业劳动力转移之间的关系。VAR 模型不以严格的经济理论为依据，且能方便地反映变量之间的动态关系。面板 VAR 则兼具 VAR 模型和面板数据模型的优点，最先由 Holtz – Eakin 等（1988）提出，后经 Arellano

---

① 各省市区各年份的劳动力转移增长效应根据本书前面公式分省分年测算得到，测算结果见书末附录 9。

和 Bond（1991）、Arellano 和 Bover（1995）、Blundell 和 Bond（1998）等学者发展，进而被广泛应用于众多经济学分支研究领域。本部分拟采用面板 VAR 模型，以分析农业劳动力转移与劳动力转移增长效应之间的动态关系，由于总量劳动生产率也是决定劳动力转移增长效应的重要因素，因此，建立如下具体形式的面板 VAR 模型：

$$Y_{i,t} = \Gamma_0 + \sum_{j=1}^{p} \Gamma_1 Y_{i,t-j} + f_i + d_{c,t} + e_{i,t}$$

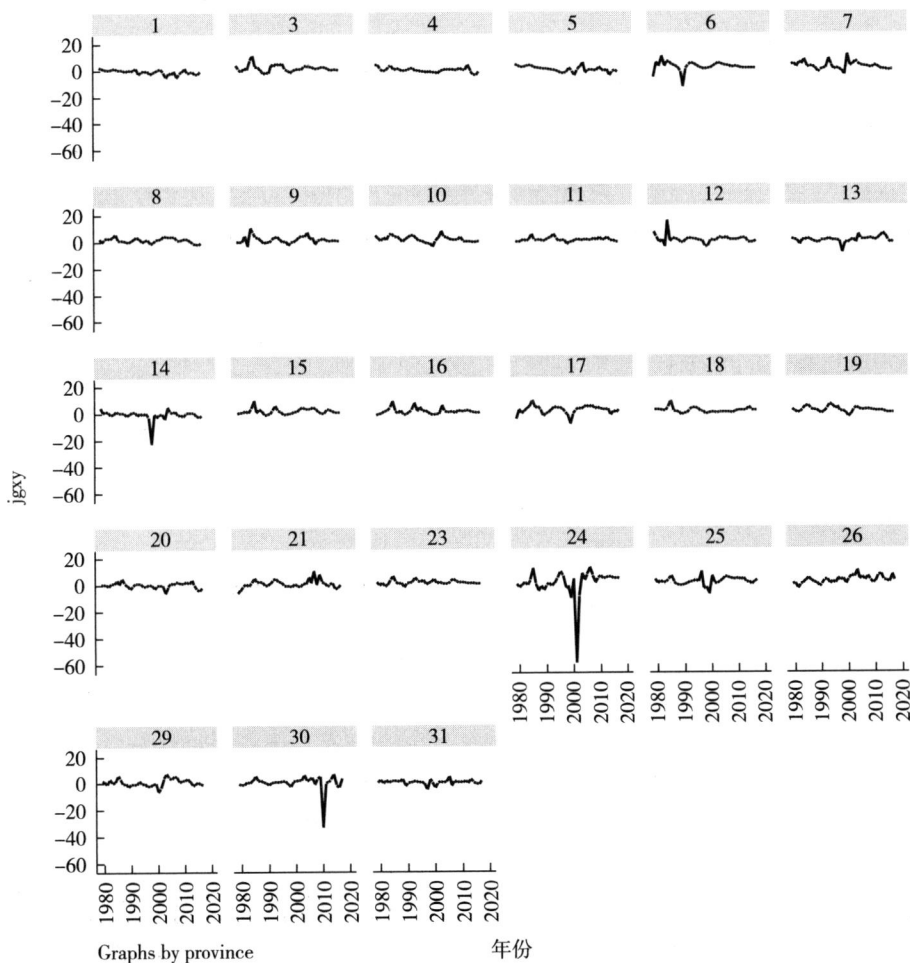

图 8-6　各省市区劳动力转移增长效应时间趋势

其中，$Y_{i,t}$为内生变量列向量；$Y_{i,t-j}$为滞后 j 期的内生变量列向量；p 为自回归阶数；Γ_0 为常数项列向量；Γ_1 为待估计的系数矩阵；f_i 为反映省份异质性的个体效应列向量；$d_{c,t}$ 为各省时间效应列变量；$e_{i,t}$ 为随机干扰列向量。

而 $Y_{i,t}$ 是包括三个变量（lnlt，lnzldscl，jgxy）的列向量，其中，lnlt 为农业劳动力转移指标，使用非农产业就业人数占全社会就业人数百分比的自然对数进行度量；lnzldscl 为总量劳动生产率，使用各省市区实际 GDP 除以其总就业人数后的自然对数进行度量；jgxy 为劳动力转移增长效应，根据本研究前面公式分省分年测算得到。由于相关数据的缺失，本部分研究仅使用了 1979 ~ 2017 年中国 27 个省份（不包含天津、重庆、陕西、甘肃和港澳台）相关数据作为研究样本。所有变量通过中经网统计数据库和各省市区相应年份的统计年鉴计算得出。

各变量基本统计特征见表 8 – 17。

表 8 – 17　变量基本统计特征

变量	平均值	中位数	标准差	最小值	最大值	样本容量
lnlt	3.823	3.900	0.413	2.698	4.574	1053
lnzldscl	8.343	8.276	1.125	6.178	11.107	1053
jgxy	1.103	0.980	3.500	−59.310	15.335	1053

由于面板 VAR 模型中存在不随时间变化的个体效应，且解释变量中又包含有滞后的被解释变量，因此是包含固定效应的动态面板数据模型。所以，我们首先应采用"减去组内均值法"去除时间效应。其次，由于在面板 VAR 模型中滞后因变量的存在，使得固定效应与自变量相关，消除固定效应所常用的"均值差分法"将会导致系数的估计出现偏误。为了避免这一问题，参考 Arellano 和 Bover（1995），我们使用"前向均值差分法"（即"Helmert 过程"）以消除固定效应，进而使用滞后变量作为工具变量，采用系统 GMM 法得到待估计系数的一致估计量。

由于 VAR 模型的待估参数较多，可能会导致参数估计量误差较大，且 VAR 模型不以严格的经济理论为依据，使得模型的参数估计值的经济意义较难解释，通常还需借助脉冲响应函数来分析一个内生变量冲击对其自身以及其他内生变量的动态影响。此外，由于 VAR 模型的解释变量中不包含当期变量，使得其预测效果较好，常被用于预测。因此，我们还可进行预测误差的反差分解。最后，为了进一步确定各变量变化之间的先后关系，我们还应进行格兰杰因果检验。这就是本部分将进行的相关计量分析。[①]

8.3.2.2 计量分析

（1）面板 VAR 模型的 GMM 估计。面板 VAR 模型的 GMM 估计之前，需确定变量的滞后阶数，我们使用 AIC、BIC 和 HQIC 三个准则来判断，表 8 - 18 报告了面板 VAR 模型各滞后阶数的三个准则数值。

表 8 - 18 面板 VAR 模型滞后阶数的选择

滞后阶数	AIC	BIC	HQIC
滞后一阶	- 1.6319	- 1.18985	- 1.46389
滞后二阶	- 2.18037	- 1.6834	- 1.99122
滞后三阶	- 2.25856	- 1.70414	- 2.04727
滞后四阶	- 2.47486	- 1.86026	- 2.2403
滞后五阶	- 2.81196 *	- 2.13426 *	- 2.55295 *
滞后六阶	- 2.77483	- 2.03083	- 2.49006

注：* 为根据 AIC、BIC、HQIC 准则所应该选取的滞后阶数。

由表 8 - 18 可知，根据 AIC、BIC 和 HQIC 准则，我们选择滞后五阶。
表 8 - 19 则汇报了面板 VAR 模型的 GMM 估计结果。

表 8 - 19 面板 VAR 模型的 GMM 估计结果

被解释变量 解释变量	lnlt（t）	lnzldscl（t）	jgxy（t）
lnlt（t - 1）	0.887（7.75）***	- 0.759（- 4.88）***	- 10.835（- 1.11）
lnzldscl（t - 1）	0.146（3.93）***	1.340（22.78）***	11.367（3.41）***
jgxy（t - 1）	0.000（0.30）	0.004（3.88）***	0.185（1.73）*
lnlt（t - 2）	- 0.133（- 0.90）	0.050（0.39）	- 10.514（- 0.63）
lnzldscl（t - 2）	- 0.210（- 3.27）***	- 0.336（- 3.19）***	- 18.460（- 3.07）***
jgxy（t - 2）	0.002（1.05）	0.004（3.86）***	0.245（1.28）

---

① 本部分计量分析也使用了连玉君老师《stata 学术论文专题》中的相关程序，在此表示感谢！

续表

被解释变量 解释变量	lnlt（t）	lnzldscl（t）	jgxy（t）
lnlt（t－3）	－0.042（－0.37）	0.077（0.62）	4.118（0.33）
lnzldscl（t－3）	0.084（1.38）	0.091（0.95）	8.674（1.86）*
jgxy（t－3）	0.002（2.43）**	0.003（2.89）***	0.136（2.15）**
lnlt（t－4）	－0.133（－1.50）	－0.095（－0.76）	－5.561（－0.72）
lnzldscl（t－4）	－0.100（－2.00）**	0.048（0.65）	－6.963（－1.98）**
jgxy（t－4）	0.002（2.92）***	0.004（3.46）***	0.100（1.27）
lnlt（t－5）	0.261（4.08）***	0.459（4.91）***	15.733（2.91）***
lnzldscl（t－5）	0.091（3.10）***	－0.137（－3.36）***	5.888（2.84）***
jgxy（t－5）	－0.001（－2.66）***	－0.001（－2.79）***	－0.097（－1.88）*

注：括号内为系统 GMM 估计系数的 z 统计量值，***、**和*分别表示在1%、5%和10%的显著性水平下显著。

由表8－19可看出，在劳动力转移增长效应方面，存在着一定的惯性，且滞后5期的劳动力转移对其存在显著的正向作用。在农业劳动力转移方面，存在着较强的惯性，且滞后3期的劳动力转移增长效应对其存在显著的正向作用。在总量劳动生产率方面，则存在着很较强的惯性，且滞后1期的劳动力转移增长效应对其存在显著的正向作用。

（2）脉冲响应分析。为了分析内生变量冲击对其自身以及其他内生变量的动态影响，我们通过500次的蒙特卡罗模拟，分别得出了各内生变量间的脉冲响应函数图（见图8－7，并给出了95%的置信区间）。

从图8－7我们可以看出，来自农业劳动力转移的一个标准差大小的冲击对其自身存在十余期的持续显著正向影响；对劳动力转移增长效应产生持续约1期的显著正向影响；对总量劳动生产率产生先正后负的显著影响。来自劳动力转移增长效应的一个标准差大小的冲击对其自身存在约4期的持续显著正向影响；对农业劳动力转移在第2期开始产生显著的正向影响，并于第4期达到最大值之后逐渐衰退；对总量劳动生产率产生十余期的持续显著正向影响。来自总量劳动生产率的一个标准差大小的冲击对其自身存在十余期的持续显著正向影响；对农业劳动力转移存在约3期的持续显著正向影响；对劳动力转移增长效应存在约1期的持续显著正向影响。

Impulse-responses for 5 lag VAR of lnlt lnzldscl jgxy

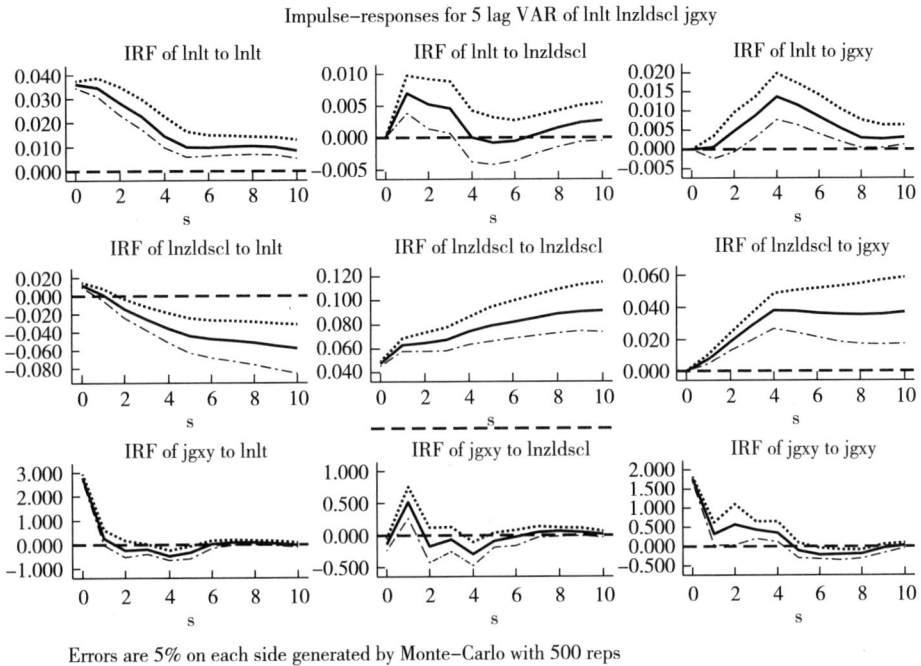

Errors are 5% on each side generated by Monte-Carlo with 500 reps

图 8 - 7　各变量之间的脉冲响应函数

（3）预测误差的方差分解。由于 VAR 模型的解释变量中不包含当期变量，使得其预测效果较好，因此，常被用于预测。预测误差的方差分解则可以度量各变量对预测误差的贡献度。表 8 - 20 给出了 lnlt、lnzcscl 和 jgxy 前 10 个预测期的误差方差分解结果。

表 8 - 20　lnlt、lnzcscl 和 jgxy 预测误差的方差分解

	预测期	lnlt	lnzcscl	jgxy
lnlt	1	1. 000	0. 000	0. 000
	2	0. 981	0. 019	0. 000
	3	0. 971	0. 022	0. 007
	4	0. 951	0. 024	0. 025
	5	0. 914	0. 022	0. 065

续表

	预测期	lnlt	lnzcscl	jgxy
lnlt	6	0.889	0.021	0.090
	7	0.878	0.020	0.102
	8	0.875	0.020	0.105
	9	0.876	0.020	0.105
	10	0.876	0.020	0.104
lnzcscl	1	0.061	0.939	0.000
	2	0.023	0.968	0.009
	3	0.031	0.933	0.036
	4	0.059	0.871	0.070
	5	0.092	0.804	0.104
	6	0.123	0.762	0.116
	7	0.145	0.737	0.119
	8	0.160	0.722	0.118
	9	0.171	0.713	0.116
	10	0.182	0.704	0.114
jgxy	1	0.716	0.002	0.282
	2	0.695	0.025	0.280
	3	0.675	0.026	0.298
	4	0.665	0.026	0.309
	5	0.660	0.032	0.307
	6	0.662	0.032	0.305
	7	0.660	0.032	0.308
	8	0.658	0.032	0.310
	9	0.656	0.033	0.311
	10	0.656	0.033	0.311

由于经过10期后，lnlt、lnzcscl 和 jgxy 预测误差的方差分解已基本稳定，故可以用于分析研究。由表8-20可看出：第一，对于农业劳动力转移，其自身的解释力最强（约为87.6%），劳动力转移增长效应的解释力次之（约为10.4%），总量劳动生产率解释力最弱（约为2%）；第二，对于总量劳动生产率，其自身的解释力很强（约为70.4%），农业劳动力转移的解释力次之（约为18.2%），

劳动力转移增长效应的解释力很弱（约为11.4%）；第三，对于劳动力转移增长效应，农业劳动力转移的解释力最强（约为65.6%），其自身的解释力次之（约为31.1%），总量劳动生产率的解释力最弱（约为3.3%）。

（4）格兰杰因果检验。为了进一步确定各变量变化之间的先后关系，我们可以进行各变量之间的格兰杰因果检验，其格兰杰因果检验结果如表8-21所示。

表8-21　格兰杰因果检验

方程	零假设	χ^2 统计量	P 值
lnlt 方程	总量劳动生产率不是农业劳动力转移的格兰杰因	28.545	0.000 ***
	劳动力转移增长效应不是农业劳动力转移的格兰杰因	19.503	0.002 ***
lnzldscl 方程	农业劳动力转移不是总量劳动生产率的格兰杰因	51.273	0.000 ***
	劳动力转移增长效应不是总量劳动生产率的格兰杰因	40.21	0.000 ***
jgxy 方程	农业劳动力转移不是劳动力转移增长效应的格兰杰因	16.918	0.005 ***
	总量劳动生产率不是劳动力转移增长效应的格兰杰因	19.009	0.002 ***

注：***、**和*分别表示在1%、5%和10%的显著性水平下显著。

由表8-21可知，农业劳动力转移、总量劳动生产率与劳动力转移增长效应三者之间都两两互为格兰杰因。

8.3.3　小结及政策建议

农业劳动力转移所引起的增长效应是改革开放来中国经济持续增长的重要因素。既有研究没有深入考虑产业结构问题，只是笼统地测算了劳动力从农业转移到非农业所产生的增长效应。本部分考虑到中国特有的产业和区域发展特征，在Chenery等（1986）模型的基础上，发展出一个分产业测算模型，对中国三大区域（东部、中部、西部地区）各产业间劳动力转移增长效应进行测算和分析发现：1979~2017年，全国农业劳动力转移增长效应达1.5386个百分点，对总量劳动生产率增长贡献约16.9198%，对经济增长贡献约13.7567%；其中，第一产业、第二产业间劳动力转移增长效应（达0.8113个百分点）较大，但主要归功于东部地区，而中、西部地区第一产业、第二产业间劳动力转移增长效应尚未得到充分发挥；同时，无论是东部地区，还是中、西部地区，第一产业、第三产业间劳动力转移增长效应都较小，原因之一为第三产业发展严重滞后，原因之二为第三产业劳动生产率过低，而第三产业劳动生产率过低的一个可能原因则是第三产业吸纳了大量没有经过工业化产业培训的农业剩余劳动力。

此外，我们利用1979~2017年中国27个省市区面板数据，使用面板VAR模型计量分析发现：第一，来自农业劳动力转移的一个标准差大小的冲击对劳动力转移增长效应产生持续约1期的显著正向影响，对总量劳动生产率产生先正后负的显著影响；来自劳动力转移增长效应的一个标准差大小的冲击对农业劳动力转移在第2期开始产生显著的正向影响，并于第4期达到最大值之后逐渐衰退，对总量劳动生产率产生十余期的持续显著正向影响；来自总量劳动生产率的一个标准差大小的冲击对农业劳动力转移存在约3期的持续显著正向影响，对劳动力转移增长效应存在约1期的持续显著正向影响。第二，对于农业劳动力转移，其自身的解释力最强，劳动力转移增长效应的解释力次之，总量劳动生产率解释力最弱；对于总量劳动生产率，其自身的解释力很强，农业劳动力转移次之，劳动力转移增长效应最弱；对于劳动力转移增长效应，农业劳动力转移的解释力最强，其自身的解释力次之，总量劳动生产率的解释力最弱。同时，农业劳动力转移、总量劳动生产率与劳动力转移增长效应三者之间都两两互为格兰杰因。

亚洲开发银行主任经济学家万广华在"清华三农论坛2014"上预计，2030年中国的农村人口为1.2亿，占那时全国人口的9%以下，意味着90%以上的人应该在城市工作生活。这意味着，未来10年，仍将有大量农业劳动力将转移到非农就业，将对中国的总量劳动生产率和经济增长做出重要贡献。为了充分发掘劳动力转移增长效应，各级政府可以考虑在以下四个方面做出努力：

（1）中西部地区应利用自身比较优势，顺利承接东部地区产业转移，充分发掘第一产业、第二产业间劳动力转移增长效应。改革开放四十多年来，由于在文化传统、地理位置、经济政策等方面的优势，东部地区经济实现了快速发展，但随之也出现了土地资源、劳动力、原材料等生产要素价格上涨、成本提高、环境恶化等问题，传统的粗放型经济发展方式不可持续，东部地区必须加快经济转型升级。而中西部地区资源丰富、要素成本低廉、市场潜力大，具有承接东部地区部分产业转移的有利条件。同时，为了推进全国产业结构升级、加快经济发展方式转变，国务院及各职能部门也出台了许多政策以支持和引导中西部地区顺利承接产业转移。

因此，中西部地区应利用自身在生产资源、要素等方面的价格和成本优势，国家财税、金融、产业与投资、土地、商贸和科教文化等方面的政策优势，以及潜在的市场优势，完善承接产业转移体制机制，改善交通基础设施和投资环境，有效降低交易成本，引导具有比较优势的劳动密集型产业、特色产业向产业园区集中，形成各具特色的产业集聚，提升产业配套能力，以顺利承接东部地区产业转移，充分发掘第一产业、第二产业间劳动力转移增长效应。

当然，在承接产业转移过程中，中、西部地区必须吸取东部地区的教训，应充分考虑资源承载能力和生态环境容量，严把产业准入门槛，全面落实环境影响评价制度，禁止高污染、高能耗的淘汰产业和落后技术项目的转入，同时，加大污染防治和环境保护力度，严格执行污染物排放总量控制制度，实现经济与资源、环境的协调发展。

（2）大力发展第三产业，提高第三产业就业比重，发掘第一产业、第三产业间劳动力转移增长效应。随着一国经济的发展，其农业部门耕地减少、农业现代化水平提高，农业剩余劳动力越来越多；同时，随着工业资本有机构成的提高和一些产业的衰落，工业部门劳动力也出现相对过剩，于是，第三产业就成为了吸纳第一产业和第二产业过剩劳动力最重要的经济空间。此外，第三产业的发展也是经济增长和发展的重要推动因素，其发展程度则标志着一国经济的发展水平。

改革开放以来，中国第三产业快速发展，第三产业增加值由1978年的905.1亿元增加到2019年的51464.1亿元，翻了约56.9倍；第三产业增加值占GDP的比重由1978年的24.6%增加到2019年的53.9%，提高了约29.3个百分点；第三产业就业人员数则由1978年的4890万增加到2019年的36721.3万，翻了约7.51倍；第三产业就业人员数占总就业人员数的比重由1978年的12.18%增加到2019年的47.40%，提高了约35.22个百分点。但与当今世界其他国家相比，无论是从产值比重，还是从就业比重的角度来看，中国第三产业的发展都是严重滞后的，远低于中等收入国家和世界平均水平。

因此，在当前国际经济形势不景气、外需下滑的背景下，加快发展第三产业成为了中国有效吸纳就业、优化产业结构、调整经济结构、保持经济持续快速增长的关键所在。所以，各级政府应加强第三产业的总体规划，放宽垄断性服务行业的市场准入，鼓励和引导各类资本投向服务业，形成有效竞争的市场格局。同时，减少服务业生产资料价格政府定价和指导价，取消和制止不合理收费项目，大力发展第三产业，提高第三产业就业比重。

（3）加强农业劳动力职业技能培训，提高其劳动生产率。改革开放以来，随着经济的快速增长，农民收入也大幅提高。农村居民家庭人均纯收入由 1978 年的 133.57 元增加到 2012 年的 672.65 元，翻了 5.04 倍，年均增长约 5.05%；同期，城镇居民家庭人均可支配收入由 1978 年的 343.4 元增加到 2012 年的 2142.21 元，翻了 6.24 倍，年均增长约 5.72%；人均 GDP 由 1978 年的 378.69 元增加到 2012 年的 6522.16 元，翻了 17.22 倍，年均增长约 8.77%；城镇居民家庭人均可支配收入与农村居民家庭人均纯收入之比则由 1978 年的 2.57 增加到 2012 年的 3.18。[①] 可见，尽管农村居民家庭人均纯收入不断提高，但其增长率低于城镇居民家庭，更远低于人均 GDP，城乡收入差距不断扩大，农村居民家庭人均纯收入与城镇居民家庭人均可支配收入的绝对值差距进一步扩大，农民的相对贫困问题更加严重。同时，职业技能培训的费用通常不低，经费补贴较少，而培训后所能获得的收益也不确定。因此，大部分农民都没有进行职业技能培训的动力，而通常是采用跟随亲友"干中学"这种传统的技能获得方式，最终导致农民工职业技能缺乏，劳动生产率低下。

因此，各级政府部门要做好规划工作，增加农业劳动力职业技能培训投入，加强农业劳动力职业技能培训的制度环境建设、劳务机构建设，增强对劳动力市场信息的分析、预测和发布，并充分利用各种社会教育资源，通过兴办或委托具备一定资质的培训机构来为农民工提供各类有针对性和实用性的职业技能培训，提高其劳动生产率，以实现培训与就业的良性互动。

（4）加大农业剩余劳动力转移力度，进一步促进经济增长。从整体来看，尽管产业结构变迁对经济增长的贡献呈现不断下降趋势，且逐渐让位于技术进步，但第三产业劳动生产率的增长还是主要依赖于结构变迁效应导致的资源配置效率的提高。也就是说，农业剩余劳动力从劳动生产率较低的农业部门流向城市第三产业，极大地解放了生产力，提升和优化了我国资源配置效率，引起了经济总体劳动生产率的提升。同时，我国还存在大量尚待转移的农业剩余劳动力，因此，我们要加大农业剩余劳动力转移力度，进一步促进经济增长。

---

① 从 2013 年起，国家统计局开展了城乡一体化住户收支与生活状况调查，与 2013 年前的分城镇和农村住户调查的调查范围、调查方法、指标口径有所不同，故我们此处仅使用了 2012 年之前的数据。

8.4 农业劳动力转移对城镇失业的影响

8.4.1 引言

由前文可知，农业劳动力转移对城镇失业的影响并没有得出一致结论。同时，由于失业率与当地经济发展、劳动力结构密切相关，而中国区域发展不平衡则使得失业率可能存在显著的区域差异性。本部分将基于上述理论模型以及其他相关文献，使用 2002～2017 年中国 30 个省份面板数据，就农业劳动力转移对城镇失业进行经验分析。本部分余下结构安排如下：第二部分是模型设定与数据描述；第三部分是基准回归及结果；第四部分是稳健性检验；第五部分是小结及政策建议。

8.4.2 模型设定与数据描述

8.4.2.1 模型设定与变量选择

本部分被解释变量城镇登记失业率 lnczsyl，使用城镇登记失业率百分数的自然对数进行度量；核心解释变量劳动力转移仍然采用前述方法，使用非农产业就业人数占全社会就业人数百分数的自然对数进行度量；由于城镇固定资产投资对城市失业率的影响存在一定滞后，故本部分使用城镇固定资产投资实际值（使用各省市区城镇固定投资名义值通过其固定资产投资价格指数，调整为以 2002 年为基期的城镇固定资产投资实际值）对数的滞后一期 lnczgdtz_lag 进行度量；第二产业发展水平使用第二产业实际值（使用相应省份第二产业 GDP 指数，调整为以 1978 年为基期的实际值）取自然对数 lnegdp 进行度量；第三产业发展水平使用第三产业实际值（使用相应省份第三产业 GDP 指数，调整为以 1978 年为基期的实际值）取自然对数 lnfgdp 进行度量。由于城镇固定资产投资只有 2002 年以来的分省数据，且西藏地区没有固定资产投资价格指数数据，故本研究采用了 2002～2017 年中国 30 个省份（不含港澳台和西藏）相关数据作为研究样本，所有变量数据均来自中经网统计数据库、各省市区相关年份的统计年鉴和国家统计局官网。

8.4.2.2　数据描述

各变量基本统计特征见表 8 - 22。

表 8 - 22　变量基本统计特征

变量	平均值	中位数	标准差	最小值	最大值	样本容量
lnczsyl	1.250	1.281	0.233	0.182	1.872	446
lnlt	4.083	4.087	0.264	3.095	4.574	446
lnczgdtz_lag	8.188	8.287	1.099	5.212	10.55	446
lnegdp	7.344	7.459	1.185	4.109	9.764	446
lnfgdp	6.636	6.719	0.968	3.656	8.897	446

8.4.3　基准回归及结果

8.4.3.1　个体固定效应模型估计结果及分析

表 8 - 23 汇报了面板数据个体固定效应模型的回归结果。其中，第（1）、第（2）、第（3）列分别为东部、中部、西部个体固定效应模型的回归结果。[①]

由表 8 - 23 可以看出，在东部、中部地区，农业劳动力转移对城市失业率没有显著的影响；但在西部地区，lnlt 的系数估计为 0.276，且系数估计值的 t 统计值为 1.954。意味着在 10% 的显著性水平下，我们可以认为农村劳动力转移对城镇失业率有显著的正向影响，在其他条件不变的情况下，西部地区劳动力转移百分数每增加 1%，其城镇失业率百分数将增加约 0.276%。这可能是因为：东中部城镇劳动力整体素质较高，转移的农业劳动力与东中部城镇劳动力之间更多的是一种互补关系，因此农业劳动力转移并不会提高城市失业率；而西部城镇劳动力整体素质较低，转移的农业劳动力与西部城镇劳动力之间更多的是一种替代关系，转移劳动力将对城市劳动力形成竞争，从而提高了城市失业率。此外，西部地区城镇固定资产投资 lnczgdtz_lag、第三产业发展水平 lnfgdp 都能显著降低城市失业率；而第二产业发展水平 lnegdp 则将显著增加城市失业率。

---

　　① 其中，东部地区包括北京、天津、河北、辽宁、上海、江苏、浙江、福建、山东、广东和海南共 11 个省份；中部地区包括山西、吉林、黑龙江、安徽、江西、河南、湖北和湖南共 8 个省份；而西部地区则包括内蒙古、广西、重庆、四川、贵州、云南、陕西、甘肃、青海、宁夏和新疆共 11 个省份。

表 8 - 23　农业劳动力转移对城镇失业率影响的个体固定效应回归结果

解释变量 ＼ 被解释变量	东部	中部	西部
lnlt	− 0.320	− 0.412	0.276*
	(− 0.365)	(− 1.428)	(1.954)
lnczgdtz_lag	− 0.00122	0.124	− 0.192**
	(− 0.0123)	(1.616)	(− 2.859)
lnegdp	0.000652	− 0.324**	0.306***
	(0.00314)	(− 2.635)	(3.645)
lnfgdp	− 0.121	0.0984	− 0.261**
	(− 0.683)	(0.791)	(− 2.476)
Constant	3.405	3.727**	1.286***
	(1.157)	(3.271)	(3.471)
个体固定效应	控制	控制	控制
Observations	165	120	161
R²	0.377	0.364	0.679

注：小括号里为相应回归系数的 t 值，***、** 和 * 分别表示在 1%、5% 和 10% 的显著性水平下显著。

8.4.3.2　双向固定效应模型估计结果及分析

进一步考虑时间效应后，表 8 - 24 汇报了面板数据双向固定效应模型的回归结果。其中，第（1）、第（2）、第（3）列分别为东部、中部、西部地区双向固定效应模型的回归结果。

由表 8 - 24 可以看出，在东部地区，农业劳动力转移对城市失业率没有显著的影响；在中部地区，农业劳动力转移对城市失业率产生较显著（10% 显著性水平下）的负向影响；但在西部地区，lnlt 的系数估计为 0.344，且系数估计值的 t 统计值为 2.679。意味着在 5% 的显著性水平下，我们可以认为农村劳动力转移对城镇失业率有显著的正向影响，在其他条件不变的情况下，西部地区劳动力转移百分数每增加 1%，其城镇失业率百分数将增加约 0.344%。此外，西部地区城镇固定资产投资 lnczgdtz_lag、第三产业发展水平 lnfgdp 都能显著降低城市失业率；而第二产业发展水平 lnegdp 则将显著增加城市失业率。这些计量结果与表 8 - 23 的结果基本一致。

表 8 - 24　农村劳动力转移对城镇失业率影响的双向固定效应回归结果

解释变量 ＼ 被解释变量	东部	中部	西部
lnlt	-0.176	-0.475*	0.344**
	(-0.202)	(-1.905)	(2.679)
lnczgdtz_lag	-0.0541	0.0405	-0.161**
	(-0.384)	(0.416)	(-2.809)
lnegdp	0.237	-0.532**	0.219***
	(1.090)	(-2.915)	(4.039)
lnfgdp	-0.299	-0.180	-0.455***
	(-0.382)	(-0.413)	(-4.390)
Constant	2.632	7.491**	2.280***
	(0.411)	(2.445)	(3.554)
个体固定效应	控制	控制	控制
时间固定效应	控制	控制	控制
Observations	165	120	161
R^2	0.451	0.570	0.743

注：小括号里为相应回归系数的 t 值，***、** 和 * 分别表示在 1%、5% 和 10% 的显著性水平下显著。

8.4.4　稳健性检验

考虑到农业劳动力转移对城市失业率的影响也可能存在一定的滞后性，我们进一步使用核心解释变量的滞后一阶 lnlt_lag 作为替代变量进行稳健性检验。

8.4.4.1　个体固定效应模型估计结果及分析

表 8 - 25 汇报了面板数据个体固定效应模型的回归结果。其中，第（1）、第（2）、第（3）列分别为东部、中部、西部个体固定效应模型的回归结果。

由表 8 - 25 可以看出，在东部、中部地区，农业劳动力转移对城市失业率没有显著的影响；但在西部地区，lnlt 的系数估计为 0.274，且系数估计值的 t 统计值为 2.546。意味着在 5% 的显著性水平下，我们可以认为农村劳动力转移对城镇失业率有显著的正向影响，在其他条件不变的情况下，西部地区劳动力转移百分数每增加 1%，其城镇失业率百分数将增加约 0.274%。此外，西部地区城镇固定资产投资 lnczgdtz_lag、第三产业发展水平 lnfgdp 都能显著降低城市失业率；而第二产业发展水平 lnegdp 则将显著增加城市失业率。这些计量结果与表 8-23、表 8-24 的结果基本一致。

表 8-25 农业劳动力转移对城镇失业率影响的个体固定效应回归结果

被解释变量 解释变量	东部	中部	西部
lnlt_lag	-0.00701	-0.137	0.274**
	(-0.00851)	(-0.762)	(2.546)
lnczgdtz_lag	-0.0281	0.0915	-0.184**
	(-0.291)	(1.047)	(-2.731)
lnegdp	-0.00447	-0.326*	0.306***
	(-0.0216)	(-2.171)	(4.092)
lnfgdp	-0.115	0.116	-0.277**
	(-0.718)	(1.031)	(-2.433)
Constant	2.285	2.771**	1.337***
	(0.858)	(3.366)	(4.988)
个体固定效应	控制	控制	控制
Observations	166	120	162
R^2	0.368	0.347	0.685

注：小括号里为相应回归系数的 t 值，***、** 和 * 分别表示在 1%、5% 和 10% 的显著性水平下显著。

8.4.4.2 双向固定效应模型估计结果及分析

进一步考虑时间效应，表 8-26 汇报了面板数据双向固定效应模型的回归结果。其中，第（1）、第（2）、第（3）列分别为东部、中部、西部地区双向固定效应模型的回归结果。

由表 8-26 可以看出，在东部、中部地区，农业劳动力转移对城市失业率没有显著的影响；但在西部地区，lnlt 的系数估计为 0.301，且系数估计值的 t 统计值为 3.036。意味着在 5% 的显著性水平下，我们可以认为农村劳动力转移对城镇失业率有显著的正向影响，在其他条件不变的情况下，西部地区劳动力转移百分数每增加 1%，其城镇失业率百分数将增加约 0.301%。此外，西部地区城镇固定资产投资 lnczgdtz_lag、第三产业发展水平 lnfgdp 都能显著降低城市失业率；而第二产业发展水平 lnegdp 则将显著增加城市失业率。这些计量结果与表 8 - 23、表 8 - 24、表 8 - 25 的结果基本一致。

表 8 - 26　农村劳动力转移对城镇失业率影响的双向固定效应回归结果

解释变量 ＼ 被解释变量	东部	中部	西部
lnlt_lag	0.124	-0.210	0.301 **
	(0.151)	(-1.122)	(3.036)
lnczgdtz_lag	-0.0782	0.0101	-0.152 **
	(-0.576)	(0.108)	(-2.694)
lnegdp	0.246	-0.540 **	0.222 ***
	(1.054)	(-2.950)	(4.845)
lnfgdp	-0.359	-0.128	-0.429 ***
	(-0.426)	(-0.276)	(-4.076)
Constant	1.874	6.399 *	2.232 ***
	(0.285)	(2.147)	(3.643)
个体固定效应	控制	控制	控制
时间固定效应	控制	控制	控制
Observations	166	120	162
R^2	0.451	0.552	0.747

注：小括号里为相应回归系数的 t 值，***、** 和 * 分别表示在 1%、5% 和 10% 的显著性水平下显著。

8.4.5　小结及政策建议

本部分利用 2002~2017 年中国 30 个省市区面板数据，使用个体固定效应模型和双向固定效应模型，研究了中国农业劳动力转移对城镇失业率的影响，并得出了以下结论：在农业劳动力转移对城镇失业率的影响方面，东中部农业劳动力转移对城镇失业率没有显著影响，而西部农业劳动力转移对城镇失业率有显著的正向影响。这可能是因为东中部城镇劳动力整体素质较高，转移的农业劳动力与东中部城镇劳动力之间更多的是一种互补关系，因此农业劳动力转移并不会提高城市失业率；而西部城镇劳动力整体素质较低，转移的农业劳动力与西部城镇劳动力之间更多的是一种替代关系，转移劳动力将对城市劳动力形成竞争，从而提高了城市失业率。另外，西部地区城镇固定资产投资 lnczgdtz_lag、第三产业发展水平 lnfgdp 都能显著降低城市失业率；而第二产业发展水平 lnegdp 则将显著增加城市失业率。由此，得出以下两点政策建议：

第一，东中部城镇应该进一步推动户籍制度改革，积极吸纳农业劳动力转移。我国城市福利水平和公共服务与户籍制度挂钩，导致巨大的城乡福利水平差异。尽管近年来我国已有许多省份开始了城乡统一登记的居民户口制度的实施，然而城乡二元福利制度并未得到根本改变，最低生活保障、社会保险、基础教育、求职等福利水平城乡差别仍然明显。落户条件不少，特大、大型乃至一些中等城市的户籍改革也基本没有放开。本部分计量结果表明，东中部农业劳动力转移对城镇失业率没有显著影响。因此，东中部城镇应该进一步推动户籍制度改革，特大城市可以推进农民工在一些领域与市民同权，中小城市则应积极放开，甚至完全放开。

第二，大力发展第三产业，促进城镇劳动力就业。随着一国经济的发展，其农业部门耕地减少、农业现代化水平提高，农业剩余劳动力越来越多；同时，随着工业资本有机构成的提高和一些产业的衰落，工业部门劳动力也出现相对过剩，于是，第三产业就成了吸纳第一产业和第二产业过剩劳动力最重要的经济空间。

改革开放以来，中国第三产业快速发展。但与当今世界其他国家相比，无论是从产值比重，还是从就业比重的角度来看，中国第三产业的发展都是严重滞后的，比低收入国家平均水平还要低，更远低于中等收入国家和世界平均水平。

本部分计量分析发现，第三产业发展对城镇失业率有显著的抑制作用。因此，在当前国际经济形势不景气、外需下滑的背景下，加快发展第三产业成了中国有效吸纳就业、缓解城镇失业的关键所在。所以，各级政府应加强第三产业的总体规划，放宽垄断性服务行业的市场准入，鼓励和引导各类资本投向服务业，形成有效竞争的市场格局。同时，减少服务业生产资料价格政府定价和指导价，取消和制止不合理收费项目，大力发展第三产业，提高第三产业就业比重。

9 主要结论及政策建议

9.1 主要观点与结论

农业剩余劳动力转移是工业化过程中的普遍现象，农业—非农业间劳动生产率差距是其直接原因，但农业—非农业间劳动生产率差距并非外生给定，而是内生决定的。既有文献尽管从多个视角、多个方面研究了农业剩余劳动力转移，但基本是外生给定城乡劳动生产率差距，而没有内生解释为什么城市工业劳动生产率会高于农村农业劳动生产率，至今没能发展出一个适合我国国情、能内生决定劳动生产率差距进而导致农业剩余劳动力转移的理论分析框架。新经济地理学关于效用函数和生产函数的假设极大地简化了工业部门垄断竞争下的消费者行为和生产者行为分析，由此建立的一般均衡模型内生地解释了劳动力的转移，对劳动力转移研究具有借鉴和启发意义。但新经济地理模型主要用于研究发达国家制造业内部、区域之间的劳动力转移，其许多模型假设不适合于农业剩余劳动力转移研究，也不符合中国现实。

本书突破既有文献外生给定城乡劳动生产率差距的固有范式，通过借鉴新经济地理模型内生性建模的研究思路及其关于效用函数和生产函数的假设，同时基于中国实际修改相应假设，构建了内生的农业剩余劳动力转移一般均衡分析框架，借此研究我国农业剩余劳动力转移的动因、途径、效应及其影响因素，并利用我国经验数据进行计量验证，以期为农业剩余劳动力的有效转移提供政策建议。

在理论分析方面，本书通过借鉴新经济地理模型内生性建模的研究思路及其关于效用函数和生产函数的假设，同时基于中国现实修改相关假设，建立理论模型，分别研究农业剩余劳动力转移动因、途径与效应。

对于农业剩余劳动力转移动因问题，本书基于消费结构与资源禀赋结构偏离、农业存在剩余劳动力和农业剩余劳动力转移存在转移成本三个特征事实，同时借鉴新经济地理模型关于效用函数和生产函数的假设，建立内生的农业剩余劳动力转移动因一般均衡模型，并通过比较静态分析，深入解释了中国农业剩余劳动力转移的动因。其具体逻辑为：随着社会经济的发展，居民消费结构中用于食品之外的支出比例将不断上升，使得居民消费结构与资源禀赋结构之间的偏离系数（k）也不断上升，在劳动力转移成本系数（τ）不是太大的情况下，农民转移到非农产业的收入将大于留在农村的收入，从而导致农业剩余劳动力向非农产业转移。其主要结论为：非农消费比重的提高是农业剩余劳动力转移的根本动因之一；转移成本下降将促进农业剩余劳动力转移。

对于农业剩余劳动力的转移途径选择问题，本书在前述转移动因理论模型的基础上，考虑中国所存在的"就地转移"和"异地转移"现实，引入"迁移成本""城市成本"和"城乡非农产业技术差距"三个变量，建立内生的农业剩余劳动力转移途径一般均衡模型，并通过比较静态分析，深入解释中国农业剩余劳动力转移途径选择及其影响因素。其主要结论为：农业剩余劳动力转移的途径选择取决于"城乡非农产业技术差距""迁移成本"和"城市成本"三个变量的相对大小，当"城乡非农产业技术差距"大于"迁移成本"系数和"城市成本"系数之积时，农业剩余劳动力倾向于异地转移；而"城乡非农产业技术差距"小于"迁移成本"系数和"城市成本"系数之积时，农业剩余劳动力倾向于就地转移。因此，城乡非农产业技术差距将促进异地转移、抑制就地转移；而劳动力迁移成本和城市成本则会抑制异地转移、促进就地转移。

对于农业剩余劳动力转移效应问题，本书首先在第4章转移动因理论模型基础上，从理论探讨农业剩余劳动力转移对农民增收与农村减贫、城乡收入差距以及经济增长三个方面的经济效应，发现：农业剩余劳动力转移导致了农民人均收入增长，对于贫困家庭来说，则意味着可能脱贫；农业剩余劳动力转移能缩小城乡收入差距，且城乡收入差距与迁移成本τ呈正相关；农业剩余劳动力转移还存在经济增长效应，且农业剩余劳动力转移的经济增长效应与迁移成本τ负相关。然后，我们考虑了中国城镇失业现实，引入城镇就业率变量，建立内生的农业剩余劳动力转移对城镇失业影响的一般均衡模型，并通过比较静态分析，深入解释中国农业剩余劳动力转移对城镇失业的影响。其主要结论为：农业劳动力转移使得城镇就业率下降、城镇失业率上升，且迁移成本 τ 越小，则城镇就业率下降越多。

在经验研究方面，本书基于理论模型，同时借鉴相关文献，并使用不同的数据，分别对农业剩余劳动力转移动因及各种效应进行了研究。

对于农业剩余劳动力转移动因问题，我们利用 1978～2017 年中国 31 个省市区面板数据，使用个体固定效应模型和双向固定效应模型，研究了农业劳动力转移动因，得出了以下主要结论：首先，非农消费比重对农业劳动力转移有显著的正向影响。其次，有效灌溉面积、第二产业劳动生产率、第三产业劳动生产率都对农业劳动力转移有显著的阻碍作用；而农业机械总动力、技术创新对农业劳动力转移有显著的促进作用。

对于农业剩余劳动力转移效应问题，本书分别就农业剩余劳动力转移对农民增收与农村减贫、城乡收入差距、经济增长以及城镇失业四个方面的经济效应进行了经验研究。其中，我们利用中国家庭追踪调查（China Family Panel Studies，CFPS）2014 年、2016 年两期面板数据，使用个体固定效应、面板 logit 固定效应和 PSM – DID 模型，分别研究了中国农业劳动力转移对农村家庭收入和贫困的影响，并得出了以下结论：在农业劳动力转移对农民收入的影响方面，农业劳动力转移对家庭人均收入产生显著的正向影响，且东部地区效应低于西部地区。也进一步支持了许多相关论文所得出的结论：户主为男性、家庭人口数、从事个体私营、从事农业生产等都对家庭人均收入产生显著的正向作用，而家庭儿童占比高、家庭老年人占比高以及所在村庄为少数民族聚居区则存在显著的负向影响。

在农业劳动力转移对家庭是否贫困的影响方面，农业劳动力转移能显著降低家庭贫困概率；也得出了与上面收入效应相一致的结论：家庭人口数、从事个体私营以及从事农业生产等能显著降低家庭贫困概率。

此外，基于 Logit 模型的农户家庭劳动力转移决策方程估计结果发现：家庭总人口数 POP、女性户主、从事农业生产能显著增加农户参与劳动力转移的概率，而家庭老人数占比 OLD、从事个体私营、生活在少数民族聚居区的家庭则会显著降低农户参与劳动力转移的概率，家庭儿童数占比 CHI 降低农户参与劳动力转移的概率（但不显著）。

我们也使用 1978～2013 年中国 31 个省份面板数据，通过面板 VAR 模型计量分析发现。在农业劳动力转移与城乡差距关系方面，农业劳动力转移是城乡差距的格兰杰因，而城乡差距不是农业劳动力转移的格兰杰因；来自农业劳动力转移的一个标准差大小的冲击对于城乡差距产生约 6 期的负向影响，城乡差距的惯性很大，农业劳动力转移的惯性也较大；26 期后，在城乡差距预测误差的方差分解中，农业劳动力转移的解释力为 8%，而在农业劳动力转移预测误差的方差分解中，农业机械化水平的解释力为 34.2%。在农业劳动力转移与农业机械化水平关系方面，农业机械化水平是农业劳动力转移的格兰杰因，而农业劳动力转移不是农业机械化水平的格兰杰因；来自农业机械化水平的一个标准差大小的冲击对于农业劳动力转移产生持续约 3 期的显著正向影响。

考虑到中国特有的产业和区域发展特征，我们在 Chenery 等（1986）模型的基础上，发展出一个分产业测算模型，对中国三大区域（东部、中部、西部地区）各产业间劳动力转移增长效应进行测算和分析发现：1979 ~ 2017 年，全国农业劳动力转移增长效应达 1.5386 个百分点，对总量劳动生产率增长贡献约16.9198%，对经济增长贡献约 13.7567%；其中，第一产业、第二产业间劳动力转移增长效应（达 0.8113 个百分点）较大，但主要归功于东部地区，而中、西部地区第一产业、第二产业间劳动力转移增长效应尚未得到充分发挥；同时，无论是东部地区还是中西部地区，第一产业、第三产业间劳动力转移增长效应都较小，原因之一为第三产业发展严重滞后，原因之二为第三产业劳动生产率过低，而第三产业劳动生产率过低的一个可能原因则是第三产业吸纳了大量没有经过工业化产业培训的农业剩余劳动力。此外，我们利用 1979 ~ 2017 年中国 27 个省市区面板数据，使用面板 VAR 模型计量分析发现：第一，来自农业劳动力转移的一个标准差大小的冲击对劳动力转移增长效应产生持续约 1 期的显著正向影响，对总量劳动生产率产生先正后负的显著影响；来自劳动力转移增长效应的一个标准差大小的冲击对农业劳动力转移在第 2 期开始产生显著的正向影响，并于第 4期达到最大值之后逐渐衰退，对总量劳动生产率产生十余期的持续显著正向影响；来自总量劳动生产率的一个标准差大小的冲击对农业劳动力转移存在约 3 期的持续显著正向影响，对劳动力转移增长效应存在约 1 期的持续显著正向影响。第二，对于农业劳动力转移，其自身的解释力最强，劳动力转移增长效应的解释力次之，总量劳动生产率解释力最弱；对于总量劳动生产率，其自身的解释力很强，农业劳动力转移次之，劳动力转移增长效应最弱；对于劳动力转移增长效应，农业劳动力转移的解释力最强，其自身的解释力次之，总量劳动生产率的解释力最弱。同时，农业劳动力转移、总量劳动生产率与劳动力转移增长效应三者之间都两两互为格兰杰因。

最后，我们利用 2002～2017 年中国 30 个省份面板数据，使用个体固定效应模型和双向固定效应模型，研究了中国农业劳动力转移对城镇失业率的影响，并得出了以下结论：在农业劳动力转移对城镇失业率的影响方面，东中部农业劳动力转移对城镇失业率没有显著影响，而西部农业劳动力转移对城镇失业率有显著的正向影响。这可能是因为：东中部城镇劳动力整体素质较高，转移的农业劳动力与东中部城镇劳动力之间更多的是一种互补关系，因此农业劳动力转移并不会提高城市失业率；而西部城镇劳动力整体素质较低，转移的农业劳动力与西部城镇劳动力之间更多的是一种替代关系，转移劳动力将对城市劳动力形成竞争，从而提高了城市失业率。另外，西部地区城镇固定资产投资 lnczgdtz_lag、第三产业发展水平 lnfgdp 都能显著降低城市失业率；而第二产业发展水平 lnegdp 则将显著增加城市失业率。

9.2　政策建议

基于上述结论，本书得出了以下几点政策建议：

（1）深化收入分配制度改革、提高非农消费比重，调整与完善农机购置补贴政策、提高农业机械化发展水平，实施有效的农村土地管理制度，促进农业剩余劳动力转移。当前中国农业仍然存在大量剩余劳动力，著名经济学家万广华在"清华三农论坛 2014"上预计，2030 年中国的农村人口为 1.2 亿，占那时全国人口的 9% 以下。这意味着未来 10 年，仍将有数亿农村人口转移到城市就业。因此，农业剩余劳动力转移仍然任重道远。根据恩格尔定律，随着社会经济的发展、国民收入的提高，居民消费中用于食品的支出比例不断下降，非农消费比重相应提高。当前，在中国人均收入较低且收入分配差距扩大的情况下，应进一步深化收入分配制度改革，建立企业职工工资正常增长机制和支付保障机制，提高扶贫标准和最低工资标准，逐步增加居民显性收入；同时，要加快建立覆盖城乡居民的社会保障体系，逐步提高保障水平，增加居民隐性收入，扭转收入分配差距扩大趋势，提高非农消费比重，促进农业剩余劳动力转移。

尽管农机购置补贴政策，能提高农业机械总动力、农业机械化发展水平，但农机购置补贴对农业机械化发展水平的年度边际贡献持续下降，且购机补贴的存量增加效应降低了农业机械使用效率。因此，应动态调整农机产品的补贴范围、补贴结构，提高农业机械总动力、农业机械化发展水平，促进劳动力转移；同时提高补贴和农机利用效率。

此外，农业机械化水平提升的两个关键环节是机播和机收，而机播与机收的关键在于农机和农艺的结合。当前我国农机和农艺结合不够紧密，导致许多农作物的机播、机收水平还很低。因此，应在农业机械技术上进行攻关，推进农机与农艺技术一体化，解决机播、机收上的技术难题，提升农业机械化水平。同时，来自世界农业普查的国际可比数据显示，全球最贫穷和最富裕的20%国家农场平均规模分别为1.6公顷、54.1公顷，最贫穷国家中小于2公顷的小农场数量超过70%，最富裕国家中小于2公顷的小农场数量仅为15%，最富裕国家中超过20公顷的大农场数量占40%。2003年、2009年中国农户平均土地经营规模分别为7.41亩、7.14亩，农户户均拥有地块分别为5.7块、4.1块，平均每块面积分别为1.3亩、1.741亩。而据国家新型城镇化规划（2014～2020年），中国人均耕地仅0.1公顷，农户户均土地经营规模约0.6公顷。中国户均经营耕地面积仅相当于欧盟的1/40，美国的1/400，不到日本和韩国的一半。可见，土地细碎化是当今中国农业生产中的一个重要特征，土地细碎化会制约农业机械化的提升。因此，应辅以实施更为有效的农村土地管理制度，激励有条件的农户愿意并能够依法采取转包、出租、互换、转让及入股等方式流转承包地，进而促进农业剩余劳动力转移。

（2）加强农业劳动力职业技能培训，提高其劳动生产率，发展劳动力转移中介组织，降低转移成本。近年来，城市出现劳动力短缺的"民工荒"，但农村却还存在大量的农业剩余劳动力，这至少部分是由于劳动力市场的结构性失衡。究其原因，除农民务工收入较低外，劳动力素质不高、技能低下是其主要原因之一。改革开放以来，随着经济的快速增长，农民收入也大幅提高。农村居民家庭人均纯收入由1978年的133.57元增加到2012年的672.65元，翻了5.04倍，年均增长约5.05%；同期，城镇居民家庭人均可支配收入由1978年的343.4元增加到2012年的2142.21元，翻了6.24倍，年均增长约5.72%；人均GDP由1978年的378.69元增加到2012年的6522.16元，翻了17.22倍，年均增长约8.77%；城镇居民家庭人均可支配收入与农村居民家庭人均纯收入之比则由1978年的2.57增加到2012年的3.18。可见，尽管农村居民家庭人均纯收入不断提高，但其增长率低于城镇居民家庭，更远低于人均GDP，城乡收入差距不断扩大，农村居民家庭人均纯收入与城镇居民家庭人均可支配收入的绝对值差距进一步扩大，农民的相对贫困问题更加严重。同时，职业技能培训的费用通常不低，经费补贴较少，而培训后所能获得的收益也不确定。因此，大部分农民都没有进行职业技能培训的动力，而通常是采用跟随亲友"干中学"这种传统的技能获得方式，最终导致农民工职业技能缺乏，劳动生产率低下。

同时，劳动力市场供求信息不充分也是其主要原因之一。例如，农业转移劳动力寻找工作仍以通过亲属和熟人介绍为主，二者合计占总人数的58.8%，而通过劳动力市场找到工作的不到一半。因此，各级政府部门要做好规划工作，增加农业劳动力职业技能培训投入，加强农业劳动力职业技能培训的制度环境建设、劳务机构建设，增强对劳动力市场信息的分析、预测和发布，并充分利用各种社会教育资源，通过兴办或委托具备一定资质的培训机构来为农民工提供各类有针对性和实用性的职业技能培训，提高其劳动生产率，以实现培训与就业的良性互动。另外，要大力发展劳动力转移就业中介组织，为劳动力供需双方提供充分、有效的信息，并加强对农村劳动力就业观念的教育，降低农业剩余劳动力转移成本。

（3）增加基础研究投入，完善科技成果转化环境，健全创新成果保护法律体系，提高城市产业技术水平。城市是国家创新能力和科技水平的主要载体。政府应深刻地认识到基础研究的先导地位与战略意义，增加对研究型大学和研究机构基础研究的投入，把有限的资源用到基础研究的"刀刃"上。同时，应打破各地行政区划界限，完善高新技术成果转化和产业化的市场环境，推动科技成果的产业化及商业化。此外，还应健全创新成果保护法律体系，加大对侵害知识产权和创新成果行为的惩处力度，保障创新者的权益，解除创新主体的后顾之忧，使企业真正成为科技研发投入的主体。从而激发城市的科技创新能力，增强企业间技术溢出，强化金钱外部性和技术外部性，促进城市集聚经济，提高城市产业技术水平。

（4）进一步推动户籍制度改革，降低农业剩余劳动力迁移成本。我国城市福利水平和公共服务与户籍制度挂钩，导致巨大的城乡福利水平差异。尽管近年来我国已有许多省份开始了城乡统一登记的居民户口制度的实施，然而城乡二元福利制度并未得到根本改变，最低生活保障、社会保险、基础教育、求职等福利水平城乡差别仍然明显。落户条件不少，特大、大型乃至一些中等城市的户籍改革也基本没有放开。然而就中国经济发展大局来看，进一步推动户籍制度改革，逐步实现农民工市民化，使其享有与城市居民同等的福利待遇，降低农业剩余劳动力的迁移成本，建立城乡统一的劳动力市场，不仅是加快农业剩余劳动力转移的需要，也是适应社会主义市场经济发展、促进人才资源合理配置、确保经济长期稳定发展的客观要求。因此，各级政府应进一步推动户籍制度改革，特大城市可以推进农民工在一些领域与市民同权，中小城市则应积极放开，甚至完全放开。

（5）采取综合配套措施，适当抑制房价上涨，降低城市成本。落实中共中央、国务院 2014 年 3 月公布的《国家新型城镇化规划（2014－2020）》中"探索实行城镇建设用地增加规模与吸纳农业转移人口落户数量挂钩政策""优先安排和增加住宅用地"政策，适当增加农业转移人口流入城镇的建设用地数量，并加大公租房、廉租房与经济适用房等保障性住房建设，增加住房市场供给；同时，通过提高首付比例、按揭贷款利率、二手房交易税等影响房地产流动性的手段，以增加购买多套住房者和炒房者的购房成本，抑制对房地产市场的不合理需求，此外，也要优化财政结构，减少地方政府对"土地财政"的依赖，进而适当抑制房价上涨，降低城市成本。

（6）中西部地区应利用自身比较优势，顺利承接东部地区产业转移，充分发掘第一产业、第二产业间劳动力转移增长效应。改革开放四十多年来，由于在文化传统、地理位置、经济政策等方面具有优势，东部地区经济实现了快速发展，但随之也出现了土地资源、劳动力、原材料等生产要素价格上涨、成本提高、环境恶化等问题，传统的粗放型经济发展方式不可持续，东部地区必须加快经济转型升级。而中西部地区资源丰富、要素成本低廉、市场潜力大，具有承接东部地区部分产业转移的有利条件。同时，为了推进全国产业结构升级、加快经济发展方式转变，国务院及各职能部门也出台了许多政策以支持和引导中西部地区顺利承接产业转移。

因此，中西部地区应利用自身在生产资源、要素等方面的价格和成本优势，国家财税、金融、产业与投资、土地、商贸和科教文化等方面的政策优势，以及潜在的市场优势，完善承接产业转移体制机制，改善交通基础设施和投资环境，有效降低交易成本，引导具有比较优势的劳动密集型产业、特色产业向产业园区集中，形成各具特色的产业集聚，提升产业配套能力，以顺利承接东部地区产业转移，充分发掘第一产业、第二产业间劳动力转移增长效应。

当然，在承接产业转移过程中，中西部地区必须吸取东部地区的教训，应充分考虑资源承载能力和生态环境容量，严把产业准入门槛，全面落实环境影响评价制度，禁止高污染、高能耗的淘汰产业和落后技术项目的转入，同时，加大污染防治和环境保护力度，严格执行污染物排放总量控制制度，实现经济与资源、环境的协调发展。

（7）大力发展第三产业，提高第三产业就业比重，发掘第一产业、第三产业间劳动力转移增长效应。随着一国经济的发展，其农业部门耕地减少、农业现代化水平提高，农业剩余劳动力越来越多；同时，随着工业资本有机构成的提高和一些产业的衰落，工业部门劳动力也出现相对过剩，于是，第三产业就成为了吸纳第一产业和第二产业过剩劳动力最重要的经济空间。第三产业被认为是吸纳劳动力最强的部门，尤其是传统的零售批发、餐饮、建筑业对劳动者素质和技能要求也低，非常适合吸纳农业剩余劳动力。此外，第三产业的发展也是经济增长和发展的重要推动因素，其发展程度则标志着一国经济的发展水平。

改革开放以来，中国第三产业稳步发展，第三产业增加值由 1978 年的 905.1 亿元增加到 2019 年的 51464.1 亿元，翻了约 56.9 倍；第三产业增加值占 GDP 的比重由 1978 年的 24.6% 增加到 2019 年的 53.9%，提高了约 29.3 个百分点；第三产业就业人员数则由 1978 年的 4890 万增加到 2019 年的 36721.3 万，翻了约 7.51 倍；第三产业就业人员数占总就业人员数的比重由 1978 年的 12.18% 增加到 2019 年的 47.40%，提高了约 35.22 个百分点。但与当今世界其他国家相比，无论是从产值比重，还是从就业比重的角度来看，中国第三产业的发展都是严重滞后的，比低收入国家平均水平还要低，更远低于中等收入国家和世界平均水平。

因此，在当前国际经济形势不景气、外需下滑的背景下，加快发展第三产业成为了中国有效吸纳农业剩余劳动力、发掘第一产业、第三产业间劳动力转移增长效应的关键所在。所以，各级政府应加强第三产业的总体规划，放宽垄断性服务行业的市场准入，鼓励和引导各类资本投向服务业，形成有效竞争的市场格局。同时，减少服务业生产资料价格政府定价和指导价，取消和制止不合理收费项目，大力发展第三产业，提高第三产业就业比重，发掘第一产业、第三产业间劳动力转移增长效应。

（8）实施家庭生育鼓励政策，以增加农民收入、降低农村贫困发生率。本书计量分析发现，家庭总人口数能显著提高家庭人均收入、降低贫困发生率，而家庭儿童数占比却显著降低家庭人均收入、但对贫困发生率没有显著影响。由于以往计划生育政策的影响，我国人口年龄结构呈现出"少子化"与"老龄化"并存局面。尽管 2016 年实施了全面"二孩"政策，但是预计难以从根本上改变未来老年抚养比不断增加的变化趋势，成为我国社会矛盾的一个重要根源。为应对这一挑战，我国政府应积极实施生育补贴、子女补贴、儿童看护和教育、税收减免等家庭生育鼓励政策，鼓励有意愿的家庭生育，提高其家庭收入，减缓贫困。

参考文献

[1] 王庆丰. 中国农村劳动力转移滞后问题研究 [J]. 经济问题, 2011 (3): 80-84.

[2] 王红玲. 关于农业剩余劳动力数量的估计方法与实证分析 [J]. 经济研究, 1998 (4): 52-69.

[3] 农业部课题组. 21世纪初期我国农村就业及剩余劳动力利用问题研究 [J]. 中国农村经济, 2000 (5): 4-16.

[4] 谢培秀. 关于中国农村剩余劳动力数量的估计 [J]. 中国人口·资源与环境, 2004 (1): 50-53.

[5] 王检贵, 丁守海. 中国究竟还有多少农业剩余劳动力 [J]. 中国社会科学, 2005 (5): 27-35.

[6] 何如海, 叶依广. 我国农村富余劳动力的存量和增量分析——基于城乡发展的综合视角 [J]. 农业经济问题, 2005 (9): 23-27.

[7] 蔡昉. 破解农村剩余劳动力之谜 [J]. 中国人口科学, 2007 (2): 2-7.

[8] 马晓河, 马建蕾. 中国农村劳动力到底剩余多少? [J]. 中国农村经济, 2007 (12): 4-9, 34.

[9] 程名望. 中国农村劳动力转移: 机理、动因与障碍——一个理论框架与实证分析 [D]. 上海: 上海交通大学, 2007.

[10] 钟钰, 蓝海涛. 中国农村劳动力的变动及剩余状况分析 [J]. 中国人口科学, 2009 (6): 41-48.

[11] 涂圣伟, 何安华. 中国农村剩余劳动力存量及变动趋势预测 [J]. 经济与管理研究, 2011 (3): 111-117.

[12] 蒋若凡, 李菲雅, 王春蕊, 邓翔. 我国农村剩余劳动力存量估算及预测 [J]. 软科学, 2013 (12): 6-10, 22.

[13] 中国科学院可持续发展战略研究组. 2005中国可持续发展战略报告

［M］．北京：科学出版社，2005.

［14］王小鲁．城市化与经济增长［J］．经济社会体制比较，2002（1）：23－32.

［15］Henderson J. V. Urbanization in China：Policy Issues and Options［J］. China Economic Research and Advisory Program，Working Papers，URL·http：// www. econ. brown. edu/faculty/henderson/papers·htm，1 2007.

［16］许秀川，王钊．城市化、工业化与城乡收入差距互动关系的实证研究［J］．农业经济问题，2008（12）.

［17］倪鹏飞，颜银根，张安全．城市化滞后之谜：基于国际贸易的解释［J］．中国社会科学，2014（7）：107－124，206－207.

［18］刘瑞明，石磊．中国城市化迟滞的所有制基础：理论与经验证据［J］．经济研究，2015（4）：107－121.

［19］Fujita M.，Mori T.，Henderson J. V.，Kanemoto Y. Spatial distribution of economic activities in Japan and China［J］．Handbook of Regional and Urban Economics，2004（4）：2911－77.

［20］Au C. － C.，Henderson J. V. How migration restrictions limit agglomeration and productivity in China［J］．Journal of Development Economics，2006，80（2）：350－88.

［21］许伟攀，李郇，陈浩辉．基于城市夜间灯光数据的中美两国城市位序规模分布对比［J］．地理科学进展，2018（3）：385－396.

［22］程开明，李金昌．城市偏向、城市化与城乡收入差距的作用机制及动态分析［J］．数量经济技术经济研究，2007（7）：116－125.

［23］高彦彦．城市偏向、城乡收入差距与中国农业增长［J］．中国农村观察，2010（5）：2－13.

［24］蔡昉，万广华．中国转轨时期收入差距与贫困［M］．北京：社会科学文献出版社，2006.

［25］李实．中国个人收入分配研究回顾与展望［J］．经济学（季刊），2003，2（2）：379－404.

［26］蔡昉，王美艳．为什么劳动力流动没有缩小城乡收入差距［J］．经济学动态，2009（8）：4－10.

［27］刘怀廉．农村剩余劳动力转移新论［M］．北京：中国经济出版

社，2004.

[28] Chenery H. , S. Robinson, Syrquin M. Industrialization and Growth: A Comparative Study [M]. Oxford University Press, 1986.

[29] 威廉·配第. 政治算术 [M]. 北京：商务印书馆，1981.

[30] 马克思. 资本论（第一卷）[M]. 北京：人民出版社，1975.

[31] Clark C. The conditions of economic progress [M]. London: Macmillan Co. Ltd. ; 1940: 395 – 396.

[32] Leweis W. Economic Development with Unlimited Supplies of Labor [J]. The Manchester School of Economic and Social Studies, 1954 (22): 139 – 91.

[33] 谭崇台. 发展经济学 [M]. 太原：山西经济出版社，2000.

[34] Ranis G. , Fei JCH. A theory of economic development [J]. The American Economic Review, 1961: 533 – 65.

[35] 费景汉，古斯塔夫·拉尼斯. 劳力剩余经济的发展 [M]. 北京：华夏出版社，1989.

[36] Jorgenson D. W. The development of a dual economy [J]. The Economic Journal, 1961, 71 (282): 309 – 34.

[37] Ravenstein E. G. The laws of migration [J]. Journal of the Statistical Society of London, 1885, 48 (2): 167 – 235.

[38] Ravenstein E. G. The laws of migration [J]. Journal of the Royal Statistical Society, 1889, 52 (2): 241 – 305.

[39] 程名望，史清华，徐剑侠. 中国农村劳动力转移动因与障碍的一种解释 [J]. 经济研究，2006, 41 (4): 68 – 79.

[40] Bogue D. J. Internal migration [M]. Chicago: Universtiy of Chicago Press, 1959: 486 – 509.

[41] Lee E. S. A Theory of Migration [J]. Demography, 1966, 3 (1): 47 – 57.

[42] Todaro M. P. A Model of Labor Migration and Urban Unemployment in Less Developed Countries [J]. The American Economic Review, 1969, 59 (1): 138 – 48.

[43] Stark O. , Levhari D. On Migration and Risk in LDCs [J]. Economic Development and Cultural Change, 1982, 31 (1): 191 – 6.

［44］Stark O. Rural‐to‐Urban Migration in LDCs：A Relative Deprivation Approach［J］. Economic Development and Cultural Change，1984，32（3）：475－86.

［45］Stark O.，Bloom D. E. The New Economics of Labor Migration［J］. The American Economic Review，1985，75（2）：173－8.

［46］包小忠．刘易斯模型与"民工荒"［J］. 经济学家，2005（4）：55－60.

［47］卢万青，李未无．沿海城市"用工荒"的成因及演变趋势［J］. 现代财经（天津财经大学学报），2010（8）：8－12.

［48］郭剑雄，李志俊．劳动力选择性转移条件下的农业发展机制［J］. 经济研究，2009（5）：31－41，65.

［49］姚先国，来君．二元社会结构中的工资决定模型与人口流动——当前"民工荒"现象分析［J］. 财经研究，2005（8）：68－75.

［50］郭熙保，黄灿．刘易斯模型、劳动力异质性与我国农村劳动力选择性转移［J］. 河南社会科学，2010（2）：64－68.

［51］周平．二元经济理论与人口流动问题分析［J］. 经济问题，2008（10）：40－42.

［52］刘建民，贺彩银．民营对外贸易对农业剩余劳动力转移的影响——基于拉尼斯—费景汉模型的面板数据分析［J］. 湖南大学学报（社会科学版），2010（4）：72－77.

［53］贺彩银，陈开军．西部民族地区民营对外贸易对农业剩余劳动力转移的影响［J］. 兰州学刊，2013（10）：109－115.

［54］苏芳．新型城镇化背景下农村劳动力转移的影响因素分析——以甘肃省为例［J］. 干旱区资源与环境，2016（11）：58－63.

［55］Brueckner J. K.，Zenou Y. Harris‐Todaro models with a land market［J］. Regional Science and Urban Economics，1999，29（3）：317－40.

［56］Brueckner J. K.，Kim H. A. Land Markets in the Harris‐Todaro Model：A New Factor Equilibrating Rural‐Urban Migration［J］. Journal of Regional Science，2001，41（3）：507－20.

［57］高国力．区域经济发展与劳动力迁移［J］. 南开经济研究，1995（2）.

［58］汪小勤，田振刚．论我国城乡人口迁移中的不确定性及其影响［J］.

中国农村经济，2001（7）：61－65.

　　［59］姚波，覃柴. 二元劳动力市场下的人口流动模型及其政策含义［J］. 西安交通大学学报（社会科学版），2003（2）：56－8，64.

　　［60］廖淑华，余光英. 二元劳动力市场下的人口流动模型及其政策含义——对托达罗人口流动模型的一个修正［J］. 市场论坛，2004（11）：64－66.

　　［61］于志善. 我国农村剩余劳动力转移影响因素研究［J］. 商业研究，2014（10）：82－6.

　　［62］Bhatia K. B. Rural－urban migration and surplus labour［J］. Oxford Economic Papers，1979，31（3）：403－14.

　　［63］周天勇，胡锋. 托达罗人口流动模型的反思和改进［J］. 中国人口科学，2007（1）：18－26.

　　［64］梁明，李培，孙久文. 中国城乡人口迁移数量决定因素的实证研究：1992～2004［J］. 人口学刊，2007（5）：35－9.

　　［65］马颖，余官胜. 贸易开放、劳动力转移和就业［J］. 中国人口·资源与环境，2010（1）：156－160.

　　［66］范晓非，王千，高铁梅. 预期城乡收入差距及其对我国农村劳动力转移的影响［J］. 数量经济技术经济研究，2013（7）：20－35.

　　［67］何微微，胡小平. 非经济预期因素对农村劳动力转移的影响——托达罗模型的修正与实证检验［J］. 农业技术经济，2017（4）：4－15.

　　［68］何微微，胡小平. 代际差异视域下的农村劳动力转移影响动因研究——基于微观数据的实证分析［J］. 财经论丛，2017（9）：3－9.

　　［69］席恒，周明. 转轨时期中国城乡人口流动决策动因研究［J］. 理论学刊，2008（8）：77－80.

　　［70］卢向虎，朱淑芳，张正河. 中国农村人口城乡迁移规模的实证分析［J］. 中国农村经济，2006（1）：35－41.

　　［71］程名望，史清华，徐剑侠. 中国农村劳动力转移动因与障碍的一种解释［J］. 经济研究，2006（4）：68－78.

　　［72］马光威，王方，罗清和. 基于"推拉理论"的农产品价格变化对农村劳动力转移的影响分析［J］. 江西社会科学，2017（5）：90－96.

　　［73］程名望，史清华，刘晓峰. 中国农村劳动力转移：从推到拉的嬗变

[J]．浙江大学学报（人文社会科学版），2005（6）：105－112.

［74］周孝坤，冯钦，廖嵘．农村剩余劳动力转移影响因素的实证研究 [J]．统计与决策，2010（16）：74－7.

［75］Li S.－m. Population Migration and Urbanization in China：A Comparative Analysis of the 1990 Population Census and the 1995 National One Percent Sample Population Survey［J］. International Migration Review，2004，38（2）：655－85.

［76］余尊宝，刘玉萍．西部农村劳动力转移因素研究——基于问卷和面板数据的实证分析［J］.调研世界，2012（1）：29－32.

［77］赵德昭，许和连．FDI、农业技术进步与农村剩余劳动力转移——基于"合力模型"的理论与实证研究［J］.科学学研究，2012（9）：1342－1353.

［78］朱芸，邹杨．劳动力转移动因及农村人口迁移量影响因素分析［J］.商业研究，2014（8）：95－101.

［79］李强．影响中国城乡流动人口的推力与拉力因素分析［J］.中国社会科学，2003（1）：125－136.

［80］Chen K. P.，Chiang S. H.，Leung S. F. Migration，family，and risk diversification［J］. Journal of Labor Economics，2003：353－80.

［81］Stark O. Inequality and migration：A behavioral link［J］. Economics Letters，2006，91（1）：146－52.

［82］Bhandari P. Relative deprivation and migration in an agricultural setting of Nepal［J］. Population & Environment，2004，25（5）：475－99.

［83］Quinn M. A. Relative deprivation，wage differentials and Mexican migration［J］. Review of Development Economics，2006，10（1）：135－53.

［84］Stark O.，Micevska M，Mycielski J. Relative poverty as a determinant of migration：Evidence from Poland［J］. Economics Letters，2009，103（3）：119－122.

［85］蔡昉，都阳．迁移的双重动因及其政策含义——检验相对贫困假说［J］.中国人口科学，2002（4）：1－7.

［86］洪小良．城市农民工的家庭迁移行为及影响因素研究——以北京市为例［J］.中国人口科学，2007（6）：42－50.

［87］朱明芬．农民工家庭人口迁移模式及影响因素分析［J］.中国农村经济，2009（2）：67－76，93.

[88] 何微微. 新生代农村劳动力转移动因研究——1109 份调查数据的实证分析 [J]. 现代财经（天津财经大学学报），2016（11）：11 - 20.

[89] 盛来运. 中国农村劳动力外出的影响因素分析 [J]. 中国农村观察，2007（3）：2 - 15.

[90] 李晓春. 我国劳动力转移的双重机制 [J]. 南京社会科学，2005（7）：15 - 22.

[91] 马轶群，李晓春. 经济结构差异下的农村劳动力转移——以长三角地区为例 [J]. 农村经济，2010（10）：99 - 103.

[92] 许经勇. 转型中我国农业劳动力的两种转移模式——从西方经济学的两种要素配置模型引起的思考 [J]. 经济经纬，2007（4）：99 - 101.

[93] 曹明贵. 农村工业化：农村剩余劳动力转移的途径选择 [J]. 农村经济，2006（11）：95 - 7.

[94] 李平，侯军岐. 论劳动力转移的农村工业化途径 [J]. 电子科技大学学报（社会科学版），2007（1）：77 - 81.

[95] 李国英. 就地转移：农村剩余劳动力转移的新模式 [J]. 经济问题探索，2007（10）：22 - 5.

[96] 穆建新. 从劳动力转移到产业转移——金融危机背景下推进经济结构战略性调整的有效途径 [J]. 现代经济探讨，2009（11）：75 - 79.

[97] 袁铖. 农村剩余劳动力的转移与中国农村新型工业化 [J]. 农业经济问题，2003（4）：34 - 38.

[98] 程怀儒. 中国农村剩余劳动力转移的有效途径：农村工业化 [J]. 河南大学学报（社会科学版），2006（5）：108 - 112.

[99] 董文柱. 我国农村劳动力转移途径的再思考 [J]. 中国农村经济，2003（9）：65 - 68.

[100] 彭连清，詹向阳. 我国农村剩余劳动力的地域流向和产业分布特征 [J]. 农村经济，2007（9）：75 - 78.

[101] 彭连清，詹向阳. 沿海地区产业转移与欠发达地区农村劳动力转移模式的演变——以珠三角为例 [J]. 当代经济研究，2007（5）：48 - 51.

[102] 罗明忠. 就地转移还是异地转移：基于人力资本投资视角的分析 [J]. 经济学动态，2009（11）：29 - 32.

[103] 朱农. 离土还是离乡？——中国农村劳动力地域流动和职业流动的关

系分析［J］. 世界经济文汇, 2004（1）: 53 - 63.

［104］林毅夫. 解决农村贫困问题需要有新的战略思路——评世界银行新的"惠及贫困人口的农村发展战略"［J］. 北京大学学报（哲学社会科学版）, 2002（5）: 5 - 8.

［105］李实. 中国农村劳动力流动与收入增长和分配［J］. 中国社会科学, 1999（2）: 16 - 33.

［106］李恒. 外出务工促进农民增收的实证研究——基于河南省49个自然村的调查分析［J］. 农业经济问题, 2006（7）: 23 - 6.

［107］张鹏, 王婷. 农村劳动力转移对农民收入的影响研究——对重庆市开县的实证分析［J］. 重庆大学学报（社会科学版）, 2010（5）: 13 - 17.

［108］Howell A. Impacts of Migration and Remittances on Ethnic Income Inequality in Rural China［J］. World Development, 2017, 94（Supplement C）: 200 - 11.

［109］廖楚晖. 我国农村劳动力转移与农民收入增长关系的实证研究［J］. 当代财经, 2004（12）: 10 - 14.

［110］杨渝红, 欧名豪. 土地经营规模、农村剩余劳动力转移与农民收入关系研究——基于省际面板数据的检验［J］. 资源科学, 2009（2）: 310 - 316.

［111］彭岚, 李祝玲, 李波. 劳动力转移对促进农民增收的有效性问题分析——以江西为例［J］. 金融与经济, 2009（4）: 84 - 87.

［112］Adams R. H., Page J. Do international migration and remittances reduce poverty in developing countries?［J］. World Development, 2005, 33（10）: 1645 - 1669.

［113］Sabates - Wheeler R., Sabates R., Castaldo A. Tackling Poverty - migration Linkages: Evidence from Ghana and Egypt［J］. Social Indicators Research, 2008, 87（2）: 307 - 28.

［114］Bertoli S., Marchetta F. Migration, Remittances and Poverty in Ecuador［J］. The Journal of Development Studies, 2014, 50（8）: 1067 - 89.

［115］Nguyen L. D., Raabe K., Grote U. Rural - Urban Migration, Household Vulnerability, and Welfare in Vietnam［J］. World Development, 2015, 71（Supplement C）: 79 - 93.

［116］Adams JRH. International Remittances and the Household: Analysis and

Review of Global Evidence [J]. Journal of African Economies, 2006, 15 (suppl_2): 396 –425.

[117] Acosta P., Calderón C., Fajnzylber P., Lopez H. What is the Impact of International Remittances on Poverty and Inequality in Latin America? [J]. World Development, 2008, 36 (1): 89 –114.

[118] Gupta S., Pattillo C. A., Wagh S. Effect of Remittances on Poverty and Financial Development in Sub – Saharan Africa [J]. World Development, 2009, 37 (1): 104 –15.

[119] de la Fuente A. Remittances and Vulnerability to Poverty in Rural Mexico [J]. World Development, 2010, 38 (6): 828 –39.

[120] Adams R. H., Cuecuecha A. The Impact of Remittances on Investment and Poverty in Ghana [J]. World Development, 2013, 50 (Supplement C): 24 –40.

[121] Christiaensen L., Todo Y. Poverty Reduction During the Rural – Urban Transformation – The Role of the Missing Middle [J]. World Development, 2014, 63 (Supplement C): 43 –58.

[122] Bang J. T., Mitra A., Wunnava P. V. Do remittances improve income inequality? An instrumental variable quantile analysis of the Kenyan case [J]. Economic Modelling, 2016, 58 (Supplement C): 394 –402.

[123] Arouri M., Ben Youssef A., Nguyen C. Does urbanization reduce rural poverty? Evidence from Vietnam [J]. Economic Modelling, 2017, 60 (Supplement C): 253 –70.

[124] 都阳, 朴之水. 劳动力迁移收入转移与贫困变化 [J]. 中国农村观察, 2003 (5): 2 –9, 17 –80.

[125] 都阳, 朴之水. 迁移与减贫——来自农户调查的经验证据 [J]. 中国人口科学, 2003 (4): 60 –66.

[126] 王德文, 张展新, 程杰, 侯慧丽. 金融危机对贫困地区农村劳动力转移的影响 [J]. 中国农村经济, 2009 (9): 21 –27.

[127] 罗楚亮. 农村贫困的动态变化 [J]. 经济研究, 2010 (5): 123 –138.

[128] 蒲艳萍. 劳动力流动对农村居民收入的影响效应分析——基于西部

289 个自然村的调查 [J]. 财经科学, 2010 (12): 74 - 82.

[129] 李石新, 高嘉蔚. 中国农村劳动力流动影响贫困的理论与实证研究 [J]. 科学经济社会, 2011 (4): 5 - 11.

[130] 章元, 许庆, 邬璟璟. 一个农业人口大国的工业化之路: 中国降低农村贫困的经验 [J]. 经济研究, 2012 (11): 76 - 87.

[131] 樊士德, 江克忠. 中国农村家庭劳动力流动的减贫效应研究——基于 CFPS 数据的微观证据 [J]. 中国人口科学, 2016 (5): 26 - 34, 126.

[132] 何春, 崔万田. 农村劳动力转移减贫的作用机制——基于中国省级面板数据的分析 [J]. 城市问题, 2018 (3): 27 - 33.

[133] 陈光金. 中国农村贫困的程度、特征与影响因素分析 [J]. 中国农村经济, 2008 (9): 13 - 25, 34.

[134] 邹薇, 方迎风. 关于中国贫困的动态多维度研究 [J]. 中国人口科学, 2011 (6): 49 - 59, 111.

[135] Chinn D. L. Rural Poverty and the Structure of Farm Household Income in Developing Countries: Evidence from Taiwan [J]. Economic Development and Cultural Change, 1979, 27 (2): 283 - 301.

[136] Maddox J. G. Private and Social Costs of the Movement of People Out of Agriculture [J]. The American Economic Review, 1960, 50 (2): 392 - 402.

[137] Foulkes M., Schafft K. A. The impact of migration on poverty concentrations in the United States, 1995 - 2000 [J]. Rural Sociology, 2010, 75 (1): 90 - 110.

[138] Lucas R. E., Stark O. Motivations to remit: Evidence from Botswana [J]. Journal of Political Economy, 1985, 93 (5): 901 - 18.

[139] de Haan A. Livelihoods and poverty: The role of migration - a critical review of the migration literature [J]. The Journal of Development Studies, 1999, 36 (2): 1 - 47.

[140] Kothari U. Staying put and staying poor? [J]. Journal of International Development, 2003, 15 (5): 645 - 57.

[141] Marre A. Rural Out - Migration, Income, and Poverty: Are Those Who Move Truly Better Off? [C] //2009 Annual Meeting, July 26 - 28, 2009, Milwaukee, Wisconsin, Agricultural and Applied Economics Association, 2009.

[142] Guriev S., Vakulenko E. Breaking out of poverty traps: Internal migration and interregional convergence in Russia [J]. Journal of Comparative Economics, 2015, 43 (3): 633 - 49.

[143] 杨靳. 人口迁移如何影响农村贫困 [J]. 中国人口科学, 2006 (4): 64 - 69, 96.

[144] 李翠锦. 贫困地区劳动力迁移、农户收入与贫困的缓解——基于新疆农户面板数据的实证分析 [J]. 西北人口, 2014 (1): 34 - 38, 44.

[145] Jian T., Sachs J. D., Warner A. M. Trends in regional inequality in China [J]. China Economic Review, 1996, 7 (1): 1 - 21.

[146] 赵人伟, 李实. 中国居民收入差距的扩大及其原因 [J]. 经济研究, 1997 (9): 19 - 28.

[147] 李实, 赵人伟. 中国居民收入分配再研究 [J]. 经济研究, 1999 (4): 3 - 17.

[148] Justin Y. Lin, Wang G., Zhao Y. Regional Inequality and Labor Transfers in China [J]. Economic Development and Cultural Change, 2004, 52 (3): 587 - 603.

[149] 蔡昉. 为什么劳动力流动没有缩小城乡收入差距? [J]. 理论前沿, 2005 (20): 18 - 20.

[150] 许秀川, 王钊. 重庆市城市化、剩余劳动力转移与城乡收入差距的系统动力学分析 [J]. 农业技术经济, 2008 (1): 91 - 97.

[151] 郑彩祥. 我国农业劳动力转移对城乡收入差距影响的实证分析[J]. 农业经济, 2008 (12): 51 - 52.

[152] 彭竞, 谢地. 非农就业转移能缩小城乡收入差距吗? [J]. 财经问题研究, 2014 (9): 86 - 91.

[153] 王莹. 农村劳动力转移对中国城乡收入差距的影响: 基于 CGE 模型的分析 [J]. 金融评论, 2015 (5): 82 - 92, 125.

[154] 万晓萌. 农村劳动力转移对城乡收入差距影响的空间计量研究[J]. 山西财经大学学报, 2016 (3): 22 - 31.

[155] 谢冬水, 周灵灵. 农地转让权权能与城乡居民收入差距——基于劳动力转移中介机制的经验研究 [J]. 上海经济研究, 2016 (6): 103 - 12, 21.

[156] 徐家鹏, 孙养学. 城市化进程对城乡居民收入差距的影响 [J]. 城

市问题，2017（1）：95－103.

［157］朱红恒，李大毅，王翔宇．私营及个体经济发展、农村劳动力转移与城乡收入差距研究［J］．经济经纬，2017（6）：19－25.

［158］侯琳琳，黄勇．农产品价格、劳动力转移与城乡收入差距［J］．商业研究，2011（11）：203－206.

［159］张柏杨．产业结构、劳动力转移与收入差距问题探讨［J］．理论探讨，2014（3）：86－89.

［160］朱云章．我国城乡劳动力流动与收入差距的关系检验［J］．农业经济，2009（1）：53－55.

［161］朱长存，王俊祥，马敬芝．农村劳动力转移、人力资本溢出与城乡收入差距［J］．宁夏社会科学，2009（3）：65－70.

［162］匡远凤，詹万明．选择性转移、转移成本与中国城乡收入差距变动［J］．中国人口·资源与环境，2016（8）：125－134.

［163］朱农．论收入差距对中国乡城迁移决策的影响［J］．人口与经济，2002（5）：10－17.

［164］吴红宇．农民收入与迁移动机的计量研究［J］．农业技术经济，2008（2）：72－79.

［165］李培．中国城乡人口迁移的时空特征及其影响因素［J］．经济学家，2009（1）：50－57.

［166］李勇刚．收入差距、房价水平与农村剩余劳动力转移——基于面板联立方程模型的经验分析［J］．华中科技大学学报（社会科学版），2016（1）：83－91.

［167］徐宏伟，唐铁山．湖北省农村剩余劳动力转移影响因素的实证分析［J］．湖北社会科学，2015（8）：61－67.

［168］蔡武，程小军．城乡劳动力流动、城镇就业与收入差异——理论与实证研究［J］．经济与管理，2012（11）：15－20.

［169］刘莉君．城乡收入差距、农村劳动力转移就业与消费［J］．湖南科技大学学报（社会科学版），2016（1）：104－108.

［170］张保法．经济增长中的结构效应［J］．经济师，1997（11）：33－35.

［171］Solow R. M. Technical Change and the Aggregate Production Function

[J]. The Review of Economics and Statistics, 1957 (39): 312-20.

[172] 胡永泰. 中国全要素生产率：来自农业部门劳动力再配置的首要作用[J]. 经济研究, 1998 (3): 31-39.

[173] 蔡昉, 王德文. 中国经济增长可持续性与劳动贡献[J]. 经济研究, 1999 (10): 62-68.

[174] 潘文卿. 中国农业剩余劳动力转移效益测评[J]. 统计研究, 1999 (4): 31-34.

[175] 潘文卿. 中国农业剩余劳动力转移现状及转移效益分析[J]. 农业技术经济, 2001 (3): 33-38.

[176] 徐现祥, 舒元. 劳动结构效应的实证分析[J]. 上海经济研究, 2001 (2): 9-14.

[177] 齐明珠. 中国农村劳动力转移对经济增长贡献的量化研究[J]. 中国人口资源与环境, 2014 (4): 127-135.

[178] 郝大明. 农业劳动力转移对中国经济增长的贡献率：1953~2015[J]. 中国农村经济, 2016 (9): 44-57.

[179] 李勋来, 李国平. 经济增长中的农村富余劳动力转移效应研究[J]. 经济科学, 2005 (3): 39-43.

[180] 张广婷, 江静, 陈勇. 中国劳动力转移与经济增长的实证研究[J]. 中国工业经济, 2010 (10): 15-23.

[181] 徐现祥, 舒元. 中国经济增长中的劳动结构效应[J]. 世界经济, 2001 (5): 17-23.

[182] 胡兵, 赖胡. 二元结构、劳动力转移与经济增长[J]. 财经问题研究, 2005 (7): 9-13.

[183] 郝金磊, 姜诗尧. 城镇化水平、农村劳动力转移与经济增长[J]. 西北人口, 2016 (3): 32-36.

[184] 程名望, 史清华. 经济增长、产业结构与农村劳动力转移——基于中国1978—2004年数据的实证分析[J]. 经济学家, 2007 (5): 49-54.

[185] 钱小英. 我国失业率的特征及其影响因素分析[J]. 经济研究, 1998 (10): 29-37.

[186] 刘鹏, 李晓嘉. 我国城镇失业问题的实证研究——从农村劳动力转移角度分析[J]. 山西财经大学学报, 2005 (6): 23-26.

[187] 张勇. 农业劳动力转移、增长和失业——农业劳动力和农村贫困问题的实证分析 [J]. 经济问题, 2008 (10): 69-72.

[188] 黄宁阳, 汪晓银. 农村劳动力进城务工与城镇失业关系研究 [J]. 农业技术经济, 2009 (6): 4-9.

[189] 袁志刚. 中国的乡—城劳动力流动与城镇失业: 一个经验研究 [J]. 管理世界, 2006 (8): 28-35.

[190] 宋淑丽, 齐伟娜. 基于多元线性回归的农村剩余劳动力转移研究——以黑龙江省为例 [J]. 农业技术经济, 2014 (4): 104-110.

[191] Henderson J. V. Urbanization and growth [J]. Handbook of Economic Growth, 2005 (1): 1543-91.

[192] Krugman P. Increasing Returns and Economic Geography [J]. The Journal of Political Economy, 1991, 99 (3): 483-99.

[193] 郭熙保. 农业剩余劳动问题探讨 [J]. 经济学家, 1995 (3): 63-9.

[194] 何景熙. 不充分就业: 中国农村劳动力剩余的核心与实质——农村剩余劳动力定义与计量新探 [J]. 调研世界, 2000 (9): 9-11.

[195] 蔡昉. 人口转变、人口红利与刘易斯转折点 [J]. 经济研究, 2010 (4): 4-13.

[196] 张晓波, 杨进, 王生林. 中国经济到了刘易斯转折点了吗? ——来自贫困地区的证据 [J]. 浙江大学学报 (人文社会科学版), 2010 (1): 54-72.

[197] 孟令国, 刘薇薇. 中国农村剩余劳动力的数量和年龄结构研究——基于 2002—2011 年的数据 [J]. 经济学家, 2013 (4): 37-42.

[198] 丁守海. 劳动剩余条件下的供给不足与工资上涨——基于家庭分工的视角 [J]. 中国社会科学, 2011 (5): 4-21, 219.

[199] 毛学峰, 刘靖. 刘易斯转折点真的到来了吗 [J]. 金融研究, 2011 (8): 1-14.

[200] 聂华林, 杨向飞, 翟彬. 基于生产资源配置优化模型的西部农业剩余劳动力数量估算 [J]. 西南民族大学学报 (人文社会科学版), 2011 (1): 97-100.

[201] 汪进, 钟笑寒. 中国的刘易斯转折点是否到来——理论辨析与国际经验 [J]. 中国社会科学, 2011 (5): 22-37, 219.

[202] 杨继军, 范从来. 刘易斯拐点、比较优势蝶化与中国外贸发展方式的

选择 [J]. 经济学家, 2012 (2): 22 - 29.

[203] 张兴华. 中国农村剩余劳动力的重新估算 [J]. 中国农村经济, 2013 (8): 49 - 54.

[204] 苏毅清, 王志刚. 刘易斯拐点, 还是伊斯特林人口波谷? ——用工荒问题成因的检验与再评 [J]. 华东经济管理, 2016 (3): 69 - 76.

[205] 薛继亮. 从供给侧判断 "刘易斯拐点": 到来还是延迟 [J]. 中央财经大学学报, 2016 (9): 83 - 91.

[206] 李扬, 殷剑峰. 劳动力转移过程中的高储蓄、高投资和中国经济增长 [J]. 经济研究, 2005 (2): 4 - 15, 25.

[207] 陈宗胜, 黎德福. 内生农业技术进步的二元经济增长模型——对 "东亚奇迹" 和中国经济的再解释 [J]. 经济研究, 2004 (11): 16 - 27.

[208] 郭剑雄, 李志俊. 劳动力选择性转移下的农业产出增长——非技能偏态技术进步与质量过剩劳动力假说及其检验 [J]. 吉林大学社会科学学报, 2011 (6): 100 - 109, 56.

[209] 佟大建, 贾彧. 人力资本、劳动力转移与农业经济增长关系探讨——基于中国的实证 [J]. 商业经济研究, 2015 (15): 123 - 125.

[210] 荆丰. 农村劳动力转移对于农业经济增长关系的实证研究 [J]. 统计与决策, 2013 (15): 140 - 143.

[211] 王海军. 农村剩余劳动力就地转移与农村经济增长的实证分析 [J]. 调研世界, 2009 (11): 12 - 14.

[212] 蔡银寅, 杜凯. 资本投入、劳动力转移和农业经济增长 [J]. 产业经济研究, 2009 (3): 1 - 8.

[213] 盖庆恩, 朱喜, 史清华. 劳动力转移对中国农业生产的影响 [J]. 经济学 (季刊), 2014 (3): 1147 - 70.

[214] Lin J. Y. Rural Reforms and Agricultural Growth in China [J]. The American Economic Review, 1992, 82 (1): 34 - 51.

[215] Wu H. X., Meng X. The direct impact of the relocation of farm labour on Chinese grain production [J]. China Economic Review, 1997, 7 (2): 105 - 22.

[216] Mochebelele M. T., Winter - Nelson A. Migrant Labor and Farm Technical Efficiency in Lesotho [J]. World Development, 2000, 28 (1): 143 - 53.

[217] Wouterse F. Migration and technical efficiency in cereal production: evi-

dence from Burkina Faso ［J］. Agricultural Economics, 2010, 41 (5): 385 -95.

［218］吕新业. 我国粮食安全现状及未来发展战略 ［J］. 农业经济问题, 2003 (11): 43 -47 +80.

［219］陈飞, 范庆泉, 高铁梅. 农业政策、粮食产量与粮食生产调整能力 ［J］. 经济研究, 2010 (11): 101 -114 +40.

［220］郁建兴, 高翔. 农业农村发展中的政府与市场、社会: 一个分析框架 ［J］. 中国社会科学, 2009 (6): 89 -103, 206 -207.

［221］秦立建, 张妮妮, 蒋中一. 土地细碎化、劳动力转移与中国农户粮食生产——基于安徽省的调查 ［J］. 农业技术经济, 2011 (11): 16 -23.

［222］陈锡文, 陈昱阳, 张建军. 中国农村人口老龄化对农业产出影响的量化研究 ［J］. 中国人口科学, 2011 (2): 39 -46, 111.

［223］王跃梅, 姚先国, 周明海. 农村劳动力外流、区域差异与粮食生产 ［J］. 管理世界, 2013 (11): 67 -76.

［224］刘亮, 章元, 高汉. 劳动力转移与粮食安全 ［J］. 统计研究, 2014 (9): 58 -64.

［225］Rozelle S., Taylor J. E., deBrauw A. Migration, Remittances, and Agricultural Productivity in China ［J］. The American Economic Review, 1999, 89 (2): 287 -91.

［226］Brauw A. D. Seasonal Migration and Agricultural Production in Vietnam ［J］. Journal of Development Studies, 2010, 46 (1): 114 -39.

［227］Azam J. -P., Gubert F. Those in Kayes: The Impact of Remittances on Their Recipients in Africa ［J］. Revue économique, 2005, 56 (6): 1331 -58.

［228］温铁军. 中国农村基本经济制度研究: "三农" 问题的世纪反思 ［M］. 北京: 中国经济出版社, 2000.

［229］农业部农村经济研究中心课题组. 农村劳动力外出就业对农业影响的实证研究 ［J］. 中国农村经济, 1996 (8): 15 -21.

［230］马忠东, 张为民, 梁在, 崔红艳. 劳动力流动: 中国农村收入增长的新因素 ［J］. 人口研究, 2004 (3): 2 -10.

［231］程名望, 张帅, 潘烜. 农村劳动力转移影响粮食产量了吗?——基于中国主产区面板数据的实证分析 ［J］. 经济与管理研究, 2013 (10): 79 -85.

［232］范红忠. 我国农村劳动力转移过程的成本分析 ［J］. 农村经济,

2006 (3)：107 –109.

[233] 苗瑞卿，戎建，郑淑华．农村劳动力转移的速度与数量影响因素分析 [J]．中国农村观察，2004 (2)：39 –45.

[234] 蔡昉，王美艳，曲玥．中国工业重新配置与劳动力流动趋势 [J]．中国工业经济，2009 (8)：5 –16.

[235] 夏丽霞，高君．新生代农民工市民化进程中的社会保障 [J]．城市发展研究，2009，16 (7)：119 –24.

[236] 郭旭，叶普万．交易成本与农村劳动力转移相关性研究 [J]．理论学刊，2009 (3)：49 –53.

[237] Zhao Y. Labor migration and earnings differences：the case of rural China [J]．Economic Development and Cultural Change，1999：767 –82.

[238] Moulton B. R. Interarea indexes of the cost of shelter using hedonic quality adjustment techniques [J]．Journal of Econometrics，1995，68 (1)：181 –204.

[239] Jolliffe D. Poverty, prices, and place：How sensitive is the spatial distribution of poverty to cost of living adjustments? [J]．Economic Inquiry，2006，44 (2)：296 –310.

[240] 张亚丽，梁云芳，高铁梅．预期收入、收益率和房价波动——基于35 个城市动态面板模型的研究 [J]．财贸经济，2011 (1)：122 –129.

[241] 赵春明，陈昊．我国房价变动与进口贸易的关系：基于 gmm 与主成分因子的分析 [J]．国际贸易问题，2011 (3)：28 –34.

[242] 陈欣欣．农业劳动力的就地转移与迁移——理论，实证与政策分析 [D]．杭州：浙江大学，2001.

[243] 黄智淋，赖小琼．中国转型期通货膨胀对城乡收入差距的影响——基于省际面板数据的分析 [J]．数量经济技术经济研究，2011 (1)：117 –129.

[244] 中国社会科学院语言研究所词典编辑室．现代汉语词典 [M]．北京：商务印书馆，2005.

[245] 高卷．中国新一轮国有企业改革与职工下岗、失业关系研究 [J]．上海经济研究，2016 (6)：3 –10.

[246] 蔡昉．中国就业统计的一致性：事实和政策涵义 [J]．中国人口科学，2004 (3)：4 –12，81.

[247] 张翔搏．我国实际城镇失业率测算方法研究 [J]．财经问题研究，

2017 (1): 115 - 122.

[248] Harris J. R., Todaro M. P. Migration, Unemployment and Development: A Two - Sector Analysis [J]. The American Economic Review, 1970, 60 (1): 126 - 42.

[249] Kelley A. C., Williamson J. G. What drives Third World city growth?: a dynamic general equilibrium approach [M]. Princeton: Princeton University Press, 1984.

[250] Becker C. M., Williamson J. G., Mills E. S. Indian urbanization and economic growth since 1960 [M]. Baltimore: Johns Hopkins University Press, 1992.

[251] 朱希伟. 偏好、技术与工业化 [J]. 经济研究, 2004 (11): 96 - 106.

[252] 何雄浪, 李国平. 专业化产业集聚、空间成本与区域工业化 [J]. 经济学 (季刊), 2007 (4): 1021 - 1040.

[253] 朱农. 论收入差距对中国乡城迁移决策的影响 [J]. 人口与经济, 2002 (5).

[254] 王格玮. 地区间收入差距对农村劳动力迁移的影响——基于第五次全国人口普查数据的研究 [J]. 经济学 (季刊), 2004 (S1).

[255] 程名望, 史清华, 徐剑侠. 中国农村劳动力转移动因与障碍的一种解释 [J]. 经济研究, 2006 (4).

[256] 程名望, 史清华. 经济增长、产业结构与农村劳动力转移——基于中国 1978—2004 年数据的实证分析 [J]. 经济学家, 2007 (5).

[257] 刘志忠, 贺彩银, 王耀中. 基于拉尼斯—费模型的民营部门出口贸易对农业剩余劳动力转移影响的实证分析 [J]. 中国农村经济, 2007 (10).

[258] 蔡昉. 劳动力迁移的两个过程及其制度障碍 [J]. 社会学研究, 2001 (4): 44 - 51.

[259] 李晓春, 马轶群. 我国户籍制度下的劳动力转移 [J]. 管理世界, 2004 (11): 47 - 52, 155.

[260] 李勋来, 李国平. 农村劳动力转移模型及实证分析 [J]. 财经研究, 2005 (6): 78 - 85.

[261] 李陈华, 柳思维. 城乡劳动力市场的二元经济理论与政策——统筹城乡发展的洛伦兹分析 [J]. 中国软科学, 2006 (3): 30 - 41.

［262］Dixit A. K. , Stiglitz J. E. Monopolistic Competition and Optimum Product Diversity ［J］. The American Economic Review, 1977, 67 (3): 297 – 308.

［263］Samuelson P. A. The Transfer Problem and Transport Costs, II: Analysis of Effects of Trade Impediments ［J］. The Economic Journal, 1954, 64 (254): 264 – 89.

［264］Yang X. Patterns of economic development and patterns of rural – urban migration in China ［J］. European Journal of Population, 1996, 12 (3): 195 – 218.

［265］Wan G. H. Peasant flood in China: internal migration and its policy determinants ［J］. Third World Quarterly, 1995, 16 (2): 173 – 96.

［266］Murata Y. , Thisse J. F. A simple model of economic geography la Helpman – Tabuchi ［J］. Journal of Urban Economics, 2005, 58 (1): 137 – 55.

［267］Fujita M. , Krugman P. R. , Venables A. J. The spatial economy: cities, regions and international trade ［M］. Wiley Online Library, 1999.

［268］吕文静. 论我国新型城镇化、农村劳动力转移与农民工市民化的困境与政策保障 ［J］. 农业现代化研究, 2014 (1): 57 – 61.

［269］郭震. 基于内生选择性转换模型的劳动力城乡转移动因分析 ［J］. 农业技术经济, 2014 (10): 48 – 57.

［270］孙友然, 江歌, 杨森, 焦永纪. 流动动因对农业转移人口定居意愿的影响研究——基于结构方程模型的研究 ［J］. 华中科技大学学报 (社会科学版), 2015 (5): 129 – 136.

［271］王许沁, 张宗毅, 葛继红. 农机购置补贴政策: 效果与效率——基于激励效应与挤出效应视角 ［J］. 中国农村观察, 2018 (2): 60 – 74.

［272］潘彪, 田志宏. 购机补贴政策对中国农业机械使用效率的影响分析 ［J］. 中国农村经济, 2018 (6): 21 – 37.

［273］张兵, 刘丹, 郑斌. 农村金融发展缓解了农村居民内部收入差距吗?——基于中国省级数据的面板门槛回归模型分析 ［J］. 中国农村观察, 2013 (3): 19 – 29, 90 – 91.

［274］蔡昉. 如何进一步转移农村剩余劳动力? ［J］. 中共中央党校学报, 2012 (1).

［275］刘晓光, 苟琴. 劳动力转移、技术进步与资本回报率变动 ［J］. 产业经济研究, 2017 (2): 76 – 87.

［276］刘慧，叶尔肯·吾扎提．中国西部地区生态扶贫策略研究［J］．中国人口·资源与环境，2013（10）：52－58.

［277］马德生，王丽芹．我国农村劳动力转移与农民增收关系研究［J］．商业研究，2008（11）：151－154.

［278］陆杰华．新时代积极应对人口老龄化顶层设计的主要思路及其战略构想［J］．人口研究，2018（1）：21－26.

［279］盛亦男，杨文庄．西方发达国家的家庭政策及对我国的启示［J］．人口研究，2012（4）：45－52.

［280］Holtz － Eakin D.，Newey W.，Rosen H. S. Estimating Vector Autoregressions with Panel Data［J］. Econometrica，1988，56（6）：1371－95.

［281］Arellano M.，Bond S. Some Tests of Specification for Panel Data：Monte Carlo Evidence and an Application to Employment Equations［J］. Review of Economic Studies，1991，58（2）：277－97.

［282］Arellano M.，Bover O. Another look at the instrumental variable estimation of error － components models［J］. Journal of Econometrics，1995，68（1）：29－51.

［283］Blundell R.，Bond S. Initial conditions and moment restrictions in dynamic panel data models［J］. Journal of Econometrics，1998，87（1）：115－43.

［284］连玉君．中国上市公司投资效率研究［M］．北京：经济管理出版社，2009.

［285］Love I.，Zicchino L. Financial development and dynamic investment behavior：Evidence from panel VAR［J］. The Quarterly Review of Economics and Finance，2006，46（2）：190－210.

［286］周振，马庆超，孔祥智．农业机械化对农村劳动力转移贡献的量化研究［J］．农业技术经济，2016（2）：52－62.

［287］Adamopoulos T.，Restuccia D. The Size Distribution of Farms and International Productivity Differences.［J］. American Economic Review，2014，104（6）：1667－97.

［288］卢华，胡浩．土地细碎化、种植多样化对农业生产利润和效率的影响分析——基于江苏农户的微观调查［J］．农业技术经济，2015（7）：4－15.

［289］张云华．如何应对"十高"农业的挑战——解读我国农业发展阶段

性特征和政策取向 [J] . 农家顾问, 2013 (12): 4 - 9.

[290] 袁志刚等. 城乡统筹劳动力市场建设与国家竞争力研究 [J] . 2010 (9): 41.

[291] Bank W. World development report 2008: Agriculture for development [M] . Development, 2007.

[292] 阎淑萍. "中等收入陷阱" 究竟有多深? [N] . 证券时报, 2011 - 12 - 14.

[293] 张守营. 2013 年中国或将结束高速城市化过程 [N] . 中国经济导报. 2010 - 04 - 17; Sect. B07.

[294] 周天勇, 张弥. 我国第三产业发展方略 [J] . 财经问题研究, 2010 (9): 3 - 7.

[295] 周海鸥, 张翠京. 农村剩余劳动力转移培训中的政府激励及改进策略 [J] . 河北学刊, 2014 (4): 122 - 125.

[296] 刘伟, 张辉. 中国经济增长中的产业结构变迁和技术进步 [J] . 经济研究, 2008 (11): 4 - 15.

附　录

附录 1

农业劳动力对农业产值影响的双向固定效应回归结果

解释变量 ＼ 被解释变量	(1)	(2)	(3)
lnycjys	0.200	0.186	0.145
	(1.386)	(1.546)	(1.146)
lnnzwbzmj	0.472***	0.366**	0.306*
	(4.162)	(2.523)	(1.854)
lnnyjxzdl		0.0832	0.0696
		(0.899)	(0.792)
lnnyhfl			0.0897
			(1.213)
1979 年	0.0555***	0.0420*	0.0621*
	(3.067)	(1.774)	(1.997)
1980 年	0.0861***	0.0615	0.0716*
	(2.976)	(1.405)	(1.843)
1981 年	0.193***	0.163***	0.172***
	(6.585)	(3.000)	(3.327)
1982 年	0.304***	0.271***	0.268***
	(12.34)	(5.357)	(5.325)

续表

解释变量 \ 被解释变量	(1)	(2)	(3)
1983 年	0.377 ***	0.336 ***	0.324 ***
	(13.85)	(5.789)	(5.640)
1984 年	0.489 ***	0.442 ***	0.425 ***
	(20.23)	(7.499)	(6.968)
1985 年	0.502 ***	0.448 ***	0.432 ***
	(17.85)	(6.204)	(5.796)
1986 年	0.533 ***	0.471 ***	0.450 ***
	(18.63)	(6.016)	(5.351)
1987 年	0.578 ***	0.509 ***	0.485 ***
	(17.97)	(5.858)	(5.173)
1988 年	0.603 ***	0.530 ***	0.502 ***
	(17.86)	(5.744)	(4.999)
1989 年	0.616 ***	0.540 ***	0.505 ***
	(17.09)	(5.527)	(4.635)
1990 年	0.682 ***	0.606 ***	0.564 ***
	(18.56)	(6.028)	(4.948)
1991 年	0.694 ***	0.617 ***	0.570 ***
	(16.18)	(6.011)	(4.842)
1992 年	0.742 ***	0.662 ***	0.611 ***
	(17.63)	(6.332)	(5.022)
1993 年	0.804 ***	0.719 ***	0.662 ***
	(18.92)	(6.552)	(5.037)
1994 年	0.856 ***	0.767 ***	0.705 ***
	(19.60)	(6.753)	(5.090)
1995 年	0.910 ***	0.819 ***	0.751 ***
	(21.40)	(7.037)	(5.158)
1996 年	0.979 ***	0.886 ***	0.812 ***
	(22.81)	(7.383)	(5.394)
1997 年	1.022 ***	0.924 ***	0.849 ***
	(22.88)	(7.369)	(5.477)

解释变量 \ 被解释变量	(1)	(2)	(3)
1998 年	1.061***	0.959***	0.884***
	(22.37)	(7.281)	(5.467)
1999 年	1.089***	0.981***	0.906***
	(21.85)	(7.132)	(5.364)
2000 年	1.124***	1.010***	0.935***
	(21.94)	(7.084)	(5.368)
2001 年	1.170***	1.051***	0.974***
	(22.14)	(7.153)	(5.401)
2002 年	1.225***	1.101***	1.021***
	(22.78)	(7.275)	(5.495)
2003 年	1.279***	1.148***	1.065***
	(23.59)	(7.397)	(5.555)
2004 年	1.341***	1.205***	1.117***
	(24.21)	(7.499)	(5.582)
2005 年	1.383***	1.243***	1.153***
	(23.91)	(7.358)	(5.513)
2006 年	1.445***	1.296***	1.201***
	(24.31)	(7.304)	(5.440)
2007 年	1.484***	1.331***	1.234***
	(24.52)	(7.350)	(5.457)
2008 年	1.528***	1.372***	1.274***
	(25.24)	(7.409)	(5.520)
2009 年	1.566***	1.406***	1.307***
	(25.57)	(7.418)	(5.547)
2010 年	1.603***	1.439***	1.339***
	(25.51)	(7.405)	(5.550)
2011 年	1.644***	1.476***	1.375***
	(25.66)	(7.428)	(5.581)
2012 年	1.688***	1.517***	1.416***
	(25.83)	(7.461)	(5.651)

续表

被解释变量 解释变量	（1）	（2）	（3）
2013 年	1.730 ***	1.558 ***	1.455 ***
	(25.88)	(7.622)	(5.760)
2014 年	1.774 ***	1.599 ***	1.494 ***
	(26.73)	(7.704)	(5.827)
2015 年	1.805 ***	1.627 ***	1.522 ***
	(26.21)	(7.590)	(5.792)
2016 年	1.839 ***	1.670 ***	1.564 ***
	(26.52)	(8.123)	(6.135)
2017 年	1.898 ***	1.723 ***	1.617 ***
	(26.31)	(8.185)	(6.213)
Constant	- 1.984 *	- 1.491 *	- 0.965
	(- 1.794)	(- 1.789)	(- 0.945)
个体固定效应	控制	控制	控制
Observations	1204	1204	1199
R^2	0.944	0.945	0.945

附 录 2

东部地区农业劳动力对农业产值影响的双向固定效应回归结果

被解释变量 解释变量	（1）	（2）	（3）
lnycjys	0.474 ***	0.388 ***	0.345 **
	(3.179)	(3.646)	(2.697)
lnnzwbzmj	0.725 ***	0.433 ***	0.416 **
	(7.373)	(3.655)	(2.995)

解释变量 ＼ 被解释变量	（1）	（2）	（3）
lnnyjxzdl		0.223 **	0.193 **
		(3.123)	(2.750)
lnnyhfl			0.100
			(1.325)
1979 年	0.110 ***	0.0816 ***	0.0810 *
	(4.735)	(3.574)	(2.134)
1980 年	0.148 ***	0.0766 **	0.0634
	(5.353)	(2.540)	(1.578)
1981 年	0.221 ***	0.131 ***	0.120 **
	(6.958)	(3.889)	(2.398)
1982 年	0.365 ***	0.258 ***	0.242 ***
	(12.14)	(7.182)	(4.165)
1983 年	0.434 ***	0.308 ***	0.289 ***
	(12.83)	(5.871)	(4.015)
1984 年	0.581 ***	0.432 ***	0.408 ***
	(16.60)	(7.731)	(5.765)
1985 年	0.578 ***	0.403 ***	0.389 ***
	(12.25)	(5.828)	(4.587)
1986 年	0.628 ***	0.429 ***	0.408 ***
	(12.85)	(6.087)	(4.446)
1987 年	0.703 ***	0.479 ***	0.453 ***
	(10.77)	(5.629)	(4.181)
1988 年	0.748 ***	0.511 ***	0.490 ***
	(10.29)	(5.786)	(4.183)
1989 年	0.758 ***	0.514 ***	0.487 ***
	(10.42)	(5.611)	(4.100)
1990 年	0.783 ***	0.545 ***	0.512 ***
	(10.51)	(5.779)	(4.215)
1991 年	0.822 ***	0.587 ***	0.550 ***
	(10.81)	(6.137)	(4.578)

被解释变量 解释变量	(1)	(2)	(3)
1992 年	0.878*** (10.68)	0.633*** (6.446)	0.592*** (4.692)
1993 年	0.977*** (10.64)	0.708*** (6.754)	0.662*** (4.840)
1994 年	1.054*** (11.68)	0.769*** (6.829)	0.717*** (4.810)
1995 年	1.109*** (13.30)	0.819*** (7.321)	0.759*** (4.925)
1996 年	1.153*** (15.43)	0.863*** (7.845)	0.800*** (5.222)
1997 年	1.195*** (16.02)	0.895*** (8.002)	0.834*** (5.466)
1998 年	1.241*** (16.39)	0.937*** (8.136)	0.876*** (5.645)
1999 年	1.296*** (15.86)	0.984*** (8.082)	0.920*** (5.538)
2000 年	1.365*** (15.77)	1.028*** (8.214)	0.963*** (5.643)
2001 年	1.435*** (15.08)	1.085*** (8.403)	1.019*** (5.747)
2002 年	1.516*** (14.82)	1.152*** (8.510)	1.085*** (5.875)
2003 年	1.600*** (15.00)	1.220*** (8.670)	1.151*** (6.090)
2004 年	1.666*** (14.97)	1.277*** (8.702)	1.201*** (6.051)
2005 年	1.707*** (14.82)	1.307*** (8.364)	1.231*** (5.866)
2006 年	1.804*** (14.08)	1.377*** (8.150)	1.297*** (5.768)

解释变量 \ 被解释变量	（1）	（2）	（3）
2007 年	1.854 ***	1.420 ***	1.338 ***
	（14.40）	（8.335）	（5.875）
2008 年	1.885 ***	1.450 ***	1.368 ***
	（14.90）	（8.583）	（6.065）
2009 年	1.917 ***	1.476 ***	1.395 ***
	（15.06）	（8.598）	（6.101）
2010 年	1.963 ***	1.511 ***	1.430 ***
	（14.58）	（8.534）	（6.079）
2011 年	2.006 ***	1.548 ***	1.467 ***
	（14.88）	（8.653）	（6.153）
2012 年	2.047 ***	1.583 ***	1.502 ***
	（15.50）	（8.781）	（6.247）
2013 年	2.097 ***	1.625 ***	1.544 ***
	（15.02）	（8.606）	（6.169）
2014 年	2.147 ***	1.664 ***	1.584 ***
	（15.04）	（8.626）	（6.231）
2015 年	2.168 ***	1.678 ***	1.598 ***
	（14.64）	（8.219）	（6.033）
2016 年	2.199 ***	1.732 ***	1.650 ***
	（14.23）	（8.408）	（6.168）
2017 年	2.307 ***	1.805 ***	1.725 ***
	（13.19）	（8.196）	（6.141）
Constant	－ 5.620 ***	－ 4.023 **	－ 3.790 **
	（－3.315）	（－2.780）	（－2.311）
个体固定效应	控制	控制	控制
Observations	433	433	432
R^2	0.949	0.957	0.958

附录 3

中西部地区农业劳动力对农业产值影响的双向固定效应回归结果

解释变量 ＼ 被解释变量	(1)	(2)	(3)
lnycjys	−0.0639	−0.0944	−0.107
	(−0.464)	(−0.723)	(−0.811)
lnnzwbzmj	0.514**	0.614***	0.485**
	(2.507)	(3.358)	(2.684)
lnnyjxzdl		−0.122	−0.133
		(−1.610)	(−1.531)
lnnyhfl			0.120
			(1.714)
1979 年	0.0362	0.0601*	0.105*
	(1.401)	(2.002)	(1.956)
1980 年	0.0726	0.109*	0.141***
	(1.658)	(2.015)	(2.994)
1981 年	0.208***	0.252***	0.278***
	(4.923)	(4.479)	(5.329)
1982 年	0.310***	0.360***	0.364***
	(8.655)	(7.279)	(7.433)
1983 年	0.384***	0.443***	0.430***
	(11.36)	(8.974)	(9.055)
1984 年	0.485***	0.554***	0.533***
	(14.45)	(10.26)	(9.595)
1985 年	0.518***	0.594***	0.573***
	(14.28)	(9.199)	(8.232)
1986 年	0.543***	0.630***	0.601***
	(14.47)	(8.883)	(7.836)

续表

解释变量＼被解释变量	（1）	（2）	（3）
1987 年	0.578 *** （15.17）	0.674 *** （8.814）	0.643 *** （7.785）
1988 年	0.599 *** （15.67）	0.703 *** （8.690）	0.659 *** （7.402）
1989 年	0.618 *** （13.49）	0.728 *** （8.409）	0.673 *** （6.921）
1990 年	0.712 *** （16.95）	0.828 *** （9.740）	0.762 *** （7.953）
1991 年	0.711 *** （12.83）	0.831 *** （8.389）	0.755 *** （6.875）
1992 年	0.759 *** （14.47）	0.884 *** （9.038）	0.803 *** （7.288）
1993 年	0.811 *** （16.55）	0.940 *** （9.535）	0.852 *** （7.388）
1994 年	0.851 *** （16.93）	0.985 *** （9.586）	0.892 *** （7.362）
1995 年	0.902 *** （18.74）	1.041 *** （9.977）	0.941 *** （7.475）
1996 年	0.981 *** （21.27）	1.126 *** （10.63）	1.018 *** （7.830）
1997 年	1.026 *** （19.44）	1.180 *** （10.30）	1.067 *** （7.623）
1998 年	1.063 *** （19.61）	1.226 *** （10.12）	1.111 *** （7.478）
1999 年	1.080 *** （18.75）	1.253 *** （9.450）	1.140 *** （7.109）
2000 年	1.104 *** （18.69）	1.285 *** （9.463）	1.173 *** （7.154）
2001 年	1.144 *** （19.25）	1.333 *** （9.587）	1.217 *** （7.204）

续表

被解释变量 解释变量	(1)	(2)	(3)
2002 年	1.191 *** (20.23)	1.387 *** (9.759)	1.269 *** (7.264)
2003 年	1.234 *** (20.38)	1.440 *** (9.814)	1.317 *** (7.243)
2004 年	1.295 *** (21.42)	1.508 *** (9.912)	1.380 *** (7.303)
2005 年	1.340 *** (21.30)	1.562 *** (9.612)	1.432 *** (7.112)
2006 年	1.395 *** (22.38)	1.628 *** (9.743)	1.491 *** (7.098)
2007 年	1.429 *** (22.11)	1.670 *** (9.486)	1.530 *** (6.945)
2008 年	1.475 *** (22.90)	1.724 *** (9.413)	1.583 *** (6.908)
2009 年	1.511 *** (23.30)	1.766 *** (9.401)	1.624 *** (6.876)
2010 年	1.550 *** (23.51)	1.813 *** (9.388)	1.669 *** (6.874)
2011 年	1.591 *** (23.88)	1.862 *** (9.411)	1.716 *** (6.882)
2012 年	1.632 *** (23.88)	1.909 *** (9.347)	1.763 *** (6.892)
2013 年	1.672 *** (24.15)	1.948 *** (9.453)	1.800 *** (6.990)
2014 年	1.714 *** (24.59)	1.996 *** (9.495)	1.847 *** (7.020)
2015 年	1.753 *** (24.58)	2.039 *** (9.470)	1.889 *** (7.041)
2016 年	1.791 *** (24.65)	2.065 *** (9.794)	1.916 *** (7.308)

被解释变量 解释变量	（1）	（2）	（3）
2017 年	1.836*** （24.89）	2.110*** （9.897）	1.963*** （7.437）
Constant	-0.709 （-0.520）	-0.664 （-0.512）	0.153 （0.120）
个体固定效应	控制	控制	控制
Observations	771	771	767
R²	0.964	0.965	0.968

附　录 4

农业劳动力对粮食产量影响的双向固定效应回归结果

被解释变量 解释变量	（1）	（2）	（3）
lnycjys	0.151** （2.522）	0.143** （2.384）	0.0458 （0.796）
lnlsbzmj	1.125*** （15.23）	1.107*** （12.93）	1.052*** （16.70）
lnnyjxzdl		0.0210 （0.471）	-0.0202 （-0.482）
lnnyhfl			0.172*** （3.966）
1979 年	0.0852*** （3.830）	0.0820*** （3.212）	0.147*** （3.127）
1980 年	0.0736*** （3.339）	0.0676** （2.728）	0.116** （2.571）

解释变量　　被解释变量	(1)	(2)	(3)
1981 年	0.109 *** (4.712)	0.101 *** (3.536)	0.149 *** (3.120)
1982 年	0.195 *** (7.283)	0.186 *** (5.164)	0.211 *** (4.342)
1983 年	0.253 *** (7.713)	0.243 *** (5.541)	0.254 *** (4.619)
1984 年	0.330 *** (13.09)	0.319 *** (8.092)	0.320 *** (6.313)
1985 年	0.304 *** (10.03)	0.290 *** (6.422)	0.293 *** (5.587)
1986 年	0.318 *** (12.00)	0.302 *** (6.387)	0.296 *** (5.996)
1987 年	0.345 *** (10.58)	0.328 *** (6.075)	0.317 *** (6.069)
1988 年	0.352 *** (9.997)	0.333 *** (5.942)	0.315 *** (5.406)
1989 年	0.364 *** (11.17)	0.345 *** (6.332)	0.314 *** (5.692)
1990 年	0.440 *** (10.87)	0.420 *** (6.935)	0.378 *** (6.178)
1991 年	0.433 *** (10.39)	0.413 *** (6.693)	0.359 *** (5.783)
1992 年	0.469 *** (11.03)	0.448 *** (7.300)	0.386 *** (6.435)
1993 年	0.510 *** (11.84)	0.488 *** (7.642)	0.417 *** (6.761)
1994 年	0.499 *** (11.43)	0.476 *** (7.098)	0.395 *** (6.315)
1995 年	0.525 *** (12.52)	0.501 *** (7.689)	0.408 *** (6.838)

被解释变量 解释变量	（1）	（2）	（3）
1996 年	0.588 *** （13.02）	0.563 *** （8.252）	0.460 *** （7.138）
1997 年	0.567 *** （13.97）	0.541 *** （8.012）	0.436 *** （6.991）
1998 年	0.604 *** （13.27）	0.577 *** （8.307）	0.471 *** （7.232）
1999 年	0.583 *** （13.16）	0.554 *** （7.863）	0.448 *** （7.047）
2000 年	0.544 *** （11.94）	0.513 *** （6.809）	0.406 *** （6.442）
2001 年	0.576 *** （12.18）	0.543 *** （6.883）	0.431 *** （6.325）
2002 年	0.613 *** （12.36）	0.579 *** （6.955）	0.463 *** （6.489）
2003 年	0.626 *** （11.47）	0.589 *** （6.590）	0.467 *** （6.131）
2004 年	0.677 *** （12.90）	0.639 *** （7.100）	0.507 *** （6.561）
2005 年	0.676 *** （12.45）	0.636 *** （6.869）	0.502 *** （6.363）
2006 年	0.702 *** （13.24）	0.661 *** （6.950）	0.521 *** （6.344）
2007 年	0.715 *** （13.67）	0.673 *** （7.115）	0.528 *** （6.626）
2008 年	0.748 *** （14.31）	0.705 *** （7.098）	0.558 *** （6.541）
2009 年	0.731 *** （15.02）	0.686 *** （6.906）	0.538 *** （6.345）
2010 年	0.744 *** （15.00）	0.698 *** （6.785）	0.546 *** （6.171）

续表

被解释变量 / 解释变量	(1)	(2)	(3)
2011 年	0.775 ***	0.728 ***	0.574 ***
	(14.26)	(6.986)	(6.276)
2012 年	0.798 ***	0.751 ***	0.596 ***
	(15.11)	(6.972)	(6.339)
2013 年	0.813 ***	0.765 ***	0.606 ***
	(14.39)	(6.940)	(6.246)
2014 年	0.817 ***	0.768 ***	0.608 ***
	(14.80)	(6.778)	(6.174)
2015 年	0.836 ***	0.786 ***	0.625 ***
	(15.21)	(6.877)	(6.264)
2016 年	0.842 ***	0.795 ***	0.630 ***
	(15.52)	(7.209)	(6.472)
2017 年	0.876 ***	0.828 ***	0.666 ***
	(16.25)	(7.425)	(6.789)
Constant	-3.394 ***	-3.315 ***	-2.618 ***
	(-7.015)	(-6.498)	(-6.266)
个体固定效应	控制	控制	控制
Observations	1204	1204	1199
R^2	0.872	0.873	0.892

附录 5

粮食主产区农业劳动力对粮食产量影响的双向固定效应回归结果

被解释变量 / 解释变量	(1)	(2)	(3)
lnycjys	0.181 *	0.184 *	0.0857
	(1.940)	(2.003)	(0.802)

解释变量 被解释变量	（1）	（2）	（3）
lnlsbzmj	1. 367 ***	1. 345 ***	1. 192 ***
	（6. 844）	（6. 790）	（7. 695）
lnnyjxzdl		0. 0359	− 0. 0124
		（0. 619）	（ − 0. 295）
lnnyhfl			0. 207 ***
			（7. 399）
1979 年	0. 121 ***	0. 116 ***	0. 194 **
	（6. 073）	（5. 625）	（2. 551）
1980 年	0. 0812 **	0. 0718 *	0. 122 *
	（2. 355）	（2. 131）	（1. 846）
1981 年	0. 140 ***	0. 128 ***	0. 156 *
	（4. 690）	（3. 654）	（2. 063）
1982 年	0. 210 ***	0. 196 ***	0. 199 **
	（6. 188）	（4. 386）	（2. 420）
1983 年	0. 330 ***	0. 314 ***	0. 301 ***
	（10. 07）	（8. 363）	（3. 870）
1984 年	0. 404 ***	0. 384 ***	0. 358 ***
	（13. 23）	（10. 50）	（4. 575）
1985 年	0. 373 ***	0. 350 ***	0. 312 ***
	（9. 804）	（6. 079）	（3. 614）
1986 年	0. 383 ***	0. 357 ***	0. 312 ***
	（16. 58）	（6. 570）	（3. 785）
1987 年	0. 421 ***	0. 393 ***	0. 345 ***
	（14. 51）	（6. 910）	（4. 122）
1988 年	0. 424 ***	0. 393 ***	0. 334 ***
	（10. 60）	（6. 296）	（3. 670）
1989 年	0. 382 ***	0. 350 ***	0. 280 ***
	（11. 64）	（5. 206）	（3. 193）
1990 年	0. 506 ***	0. 473 ***	0. 392 ***
	（10. 02）	（8. 203）	（4. 522）

解释变量 被解释变量	(1)	(2)	(3)
1991 年	0.473 *** (7.613)	0.439 *** (7.998)	0.343 *** (3.995)
1992 年	0.532 *** (9.610)	0.497 *** (8.650)	0.390 *** (4.657)
1993 年	0.564 *** (9.962)	0.529 *** (9.268)	0.404 *** (4.754)
1994 年	0.565 *** (10.85)	0.528 *** (8.235)	0.391 *** (4.504)
1995 年	0.596 *** (13.93)	0.556 *** (9.483)	0.408 *** (5.002)
1996 年	0.661 *** (11.37)	0.619 *** (9.553)	0.461 *** (5.349)
1997 年	0.625 *** (17.47)	0.581 *** (8.592)	0.419 *** (5.371)
1998 年	0.666 *** (12.22)	0.619 *** (9.431)	0.457 *** (5.056)
1999 年	0.668 *** (16.32)	0.618 *** (9.139)	0.458 *** (5.277)
2000 年	0.594 *** (10.45)	0.541 *** (6.177)	0.382 *** (4.335)
2001 年	0.614 *** (10.85)	0.558 *** (6.061)	0.395 *** (4.205)
2002 年	0.670 *** (10.94)	0.612 *** (6.689)	0.443 *** (4.551)
2003 年	0.661 *** (7.919)	0.601 *** (5.808)	0.422 *** (3.994)
2004 年	0.731 *** (10.22)	0.669 *** (7.106)	0.482 *** (5.008)
2005 年	0.728 *** (10.54)	0.663 *** (7.065)	0.478 *** (4.983)

被解释变量 解释变量	（1）	（2）	（3）
2006 年	0. 744 ***	0. 677 ***	0. 492 ***
	（12. 82）	（6. 978）	（4. 835）
2007 年	0. 738 ***	0. 669 ***	0. 478 ***
	（12. 28）	（6. 425）	（4. 538）
2008 年	0. 793 ***	0. 721 ***	0. 528 ***
	（13. 76）	（6. 903）	（5. 028）
2009 年	0. 758 ***	0. 683 ***	0. 488 ***
	（15. 14）	（6. 084）	（4. 699）
2010 年	0. 786 ***	0. 709 ***	0. 512 ***
	（16. 80）	（6. 582）	（4. 931）
2011 年	0. 835 ***	0. 757 ***	0. 557 ***
	（17. 21）	（7. 127）	（5. 284）
2012 年	0. 856 ***	0. 776 ***	0. 574 ***
	（17. 82）	（6. 930）	（5. 231）
2013 年	0. 875 ***	0. 796 ***	0. 590 ***
	（16. 81）	（7. 278）	（5. 465）
2014 年	0. 860 ***	0. 780 ***	0. 573 ***
	（17. 75）	（6. 368）	（5. 146）
2015 年	0. 885 ***	0. 803 ***	0. 597 ***
	（19. 69）	（6. 664）	（5. 313）
2016 年	0. 883 ***	0. 805 ***	0. 594 ***
	（18. 85）	（7. 081）	（5. 308）
2017 年	0. 885 ***	0. 808 ***	0. 613 ***
	（19. 70）	（6. 807）	（5. 117）
Constant	− 5. 883 ***	− 5. 939 ***	− 4. 464 ***
	（ − 4. 416）	（ − 4. 491）	（ − 5. 387）
个体固定效应	控 制	控 制	控 制
Observations	520	520	518
R^2	0. 907	0. 907	0. 926

附录 6

粮食主销区农业劳动力对粮食产量影响的双向固定效应回归结果

被解释变量 解释变量	(1)	(2)	(3)
lnycjys	0.0674	0.0683	0.0555
	(0.947)	(1.073)	(0.755)
lnlsbzmj	1.100***	1.100***	1.090***
	(16.84)	(18.03)	(16.22)
lnnyjxzdl		−0.00102	−0.00860
		(−0.0430)	(−0.299)
lnnyhfl			0.0286
			(0.794)
1979 年	0.0756*	0.0757*	0.0713
	(2.096)	(2.110)	(1.881)
1980 年	0.0332	0.0336	0.0251
	(0.439)	(0.478)	(0.339)
1981 年	0.0680	0.0684	0.0608
	(1.043)	(1.203)	(0.972)
1982 年	0.181**	0.181**	0.173**
	(2.866)	(3.306)	(2.936)
1983 年	0.166*	0.166*	0.157*
	(2.070)	(2.412)	(2.139)
1984 年	0.262***	0.263***	0.253***
	(4.335)	(5.575)	(4.883)
1985 年	0.218**	0.219***	0.212***
	(3.401)	(4.651)	(4.167)
1986 年	0.255***	0.256***	0.245***
	(3.829)	(5.427)	(4.471)

被解释变量　　解释变量	(1)	(2)	(3)
1987 年	0.297 ** (3.547)	0.298 *** (5.008)	0.286 *** (4.153)
1988 年	0.288 *** (4.497)	0.290 *** (6.917)	0.280 *** (5.668)
1989 年	0.331 *** (4.177)	0.332 *** (6.171)	0.320 *** (4.953)
1990 年	0.375 *** (4.173)	0.376 *** (5.651)	0.362 *** (4.666)
1991 年	0.409 *** (4.426)	0.410 *** (5.823)	0.395 *** (4.920)
1992 年	0.425 *** (4.070)	0.426 *** (5.299)	0.410 *** (4.441)
1993 年	0.436 *** (4.333)	0.437 *** (5.719)	0.420 *** (4.868)
1994 年	0.465 *** (4.198)	0.466 *** (5.474)	0.447 *** (4.500)
1995 年	0.479 *** (4.454)	0.481 *** (6.077)	0.459 *** (4.739)
1996 年	0.480 *** (4.925)	0.482 *** (7.047)	0.459 *** (5.324)
1997 年	0.496 *** (4.598)	0.498 *** (6.412)	0.476 *** (5.035)
1998 年	0.495 *** (4.380)	0.496 *** (6.049)	0.475 *** (4.845)
1999 年	0.472 *** (3.995)	0.473 *** (5.513)	0.450 *** (4.192)
2000 年	0.463 *** (4.334)	0.464 *** (6.246)	0.438 *** (4.361)
2001 年	0.527 *** (5.082)	0.529 *** (7.229)	0.501 *** (5.009)

被解释变量 / 解释变量	(1)	(2)	(3)
2002 年	0.536 *** (5.015)	0.538 *** (7.029)	0.509 *** (4.978)
2003 年	0.530 *** (4.734)	0.532 *** (6.648)	0.502 *** (4.536)
2004 年	0.564 *** (4.706)	0.566 *** (6.347)	0.533 *** (4.390)
2005 年	0.542 *** (4.754)	0.544 *** (6.735)	0.511 *** (4.598)
2006 年	0.615 *** (4.724)	0.617 *** (6.239)	0.583 *** (4.418)
2007 年	0.626 *** (4.561)	0.628 *** (6.104)	0.594 *** (4.332)
2008 年	0.636 *** (4.825)	0.638 *** (6.423)	0.604 *** (4.536)
2009 年	0.633 *** (4.751)	0.635 *** (6.459)	0.602 *** (4.598)
2010 年	0.628 *** (5.028)	0.630 *** (7.012)	0.596 *** (4.833)
2011 年	0.667 *** (4.984)	0.670 *** (6.842)	0.635 *** (4.891)
2012 年	0.669 *** (4.790)	0.671 *** (6.599)	0.638 *** (4.753)
2013 年	0.678 *** (4.697)	0.681 *** (6.334)	0.646 *** (4.597)
2014 年	0.677 *** (4.542)	0.680 *** (6.165)	0.645 *** (4.426)
2015 年	0.704 *** (4.401)	0.707 *** (5.815)	0.673 *** (4.341)
2016 年	0.729 *** (4.446)	0.732 *** (5.706)	0.697 *** (4.335)

续表

解释变量 ＼ 被解释变量	（1）	（2）	（3）
2017 年	0.780 ***	0.783 ***	0.747 ***
	(4.618)	(5.924)	(4.501)
Constant	− 2.253 **	− 2.257 **	− 2.149 **
	(− 2.984)	(− 3.230)	(− 2.659)
个体固定效应	控制	控制	控制
Observations	273	273	273
R²	0.937	0.937	0.938

附 录 7

产销平衡区农业劳动力对粮食产量影响的双向固定效应回归结果

解释变量 ＼ 被解释变量	（1）	（2）	（3）
lnycjys	0.158	0.154	0.158
	(0.890)	(0.789)	(1.164)
lnlsbzmj	0.774 **	0.736 **	0.649 ***
	(2.794)	(2.723)	(3.581)
lnnyjxzdl		0.0794	0.0269
		(0.832)	(0.344)
lnnyhfl			0.239 **
			(3.099)
1979 年	0.0244	0.00574	0.238 **
	(0.457)	(0.0948)	(2.691)
1980 年	0.0688	0.0451	0.266 **
	(1.687)	(0.883)	(3.061)

续表

被解释变量 解释变量	(1)	(2)	(3)
1981 年	0.0619 (1.577)	0.0351 (0.809)	0.274 ** (3.000)
1982 年	0.151 ** (2.689)	0.121 (1.775)	0.306 *** (3.407)
1983 年	0.165 ** (2.786)	0.128 (1.604)	0.276 ** (2.239)
1984 年	0.233 *** (5.443)	0.189 ** (2.953)	0.325 ** (2.996)
1985 年	0.221 *** (3.430)	0.170 ** (2.496)	0.315 ** (2.924)
1986 年	0.216 *** (3.317)	0.158 * (1.842)	0.294 ** (2.678)
1987 年	0.219 ** (3.150)	0.156 (1.659)	0.291 ** (2.680)
1988 年	0.245 *** (3.412)	0.177 * (2.053)	0.275 ** (2.475)
1989 年	0.307 *** (4.526)	0.235 ** (2.747)	0.304 ** (3.102)
1990 年	0.341 *** (4.760)	0.265 ** (3.002)	0.309 ** (3.109)
1991 年	0.340 *** (4.974)	0.259 ** (2.742)	0.277 ** (2.909)
1992 年	0.362 *** (4.501)	0.277 ** (3.077)	0.286 *** (3.209)
1993 年	0.429 *** (5.737)	0.340 *** (3.657)	0.339 *** (3.725)
1994 年	0.378 *** (5.177)	0.284 ** (2.856)	0.275 ** (3.032)
1995 年	0.404 *** (5.108)	0.306 ** (3.048)	0.282 *** (3.356)

续表

解释变量 被解释变量	（1）	（2）	（3）
1996 年	0.517*** (7.316)	0.416*** (4.328)	0.365*** (4.418)
1997 年	0.493*** (6.288)	0.385*** (3.588)	0.324*** (3.654)
1998 年	0.555*** (7.407)	0.442*** (4.042)	0.376*** (4.808)
1999 年	0.505*** (5.975)	0.383*** (3.277)	0.322*** (4.000)
2000 年	0.488*** (5.929)	0.361*** (3.202)	0.301*** (4.518)
2001 年	0.502*** (4.905)	0.370** (3.083)	0.301*** (3.334)
2002 年	0.538*** (5.587)	0.400*** (3.425)	0.328*** (3.768)
2003 年	0.575*** (5.881)	0.429*** (3.438)	0.350*** (3.752)
2004 年	0.607*** (6.459)	0.456*** (3.476)	0.367*** (3.696)
2005 年	0.616*** (6.254)	0.459** (3.144)	0.365*** (3.407)
2006 年	0.604*** (6.050)	0.440** (3.000)	0.337** (3.119)
2007 年	0.639*** (6.345)	0.469** (2.979)	0.358*** (3.229)
2008 年	0.664*** (6.716)	0.489** (2.980)	0.374*** (3.195)
2009 年	0.664*** (7.119)	0.486** (2.725)	0.370** (3.079)
2010 年	0.670*** (7.192)	0.486** (2.678)	0.364** (2.950)

解释变量 \ 被解释变量	(1)	(2)	(3)
2011 年	0.674 ***	0.484 **	0.359 **
	(6.365)	(2.768)	(2.850)
2012 年	0.722 ***	0.526 **	0.397 **
	(7.948)	(2.742)	(3.020)
2013 年	0.733 ***	0.534 **	0.400 **
	(7.649)	(2.724)	(2.934)
2014 年	0.761 ***	0.557 **	0.421 **
	(8.432)	(2.698)	(2.986)
2015 年	0.765 ***	0.557 **	0.418 **
	(8.636)	(2.619)	(2.939)
2016 年	0.770 ***	0.575 **	0.432 **
	(9.132)	(2.857)	(3.162)
2017 年	0.790 ***	0.595 **	0.455 ***
	(9.270)	(2.980)	(3.239)
Constant	−0.876	−0.960	−0.842
	(−0.529)	(−0.572)	(−0.616)
个体固定效应	控制	控制	控制
Observations	411	411	408
R^2	0.814	0.817	0.857

附录 8

书中式（6-15）效用最大化问题求解过程如下：

该效用最大化问题可以分两步来处理。第一步，在工业品消费量综合指数需求 C_{m1} 既定的情况下，我们需选定 C_{i1}，以实现成本最小化。这可以表述为：

$$\mathrm{Min} \sum_{i=1}^{n} P_i C_{i1} \quad ,\mathrm{s.\,t.} \quad \left[\sum_{i=1}^{n} C_{i1}^{\frac{\sigma-1}{\sigma}} \right]^{\frac{\sigma}{\sigma-1}} = C_{m1} \tag{A1}$$

根据一阶条件，可知：

$$C_{i1} = \frac{C_{m1} P_i^{-\sigma}}{P_m^{-\sigma}}, \quad i = 1, 2, \cdots, n \tag{A2}$$

其中，P_m 为工业品价格指数，

$$P_m = \left[\sum_{i=1}^{n} P_i^{1-\sigma} \right]^{\frac{1}{1-\sigma}} \tag{A3}$$

第二步，在期望收入既定的情况下，如何在农产品和工业品之间进行消费选择，以实现效用最大化，可表述为：

$$\text{MaxU} = C_{m1}^g C_{a1}^{1-g}, \quad \text{s. t.} \quad P_m C_{m1} + C_{a1} = e W_1 \tag{A4}$$

根据一阶条件，可知：

$$C_{m1} = \frac{g e W_1}{P_m} \tag{A5}$$

$$C_{a1} = (1-g) e W_1 \tag{A6}$$

由式（A2）和（A5），可得：

$$C_{i1} = \frac{C_{m1} P_i^{-\sigma}}{P_m^{-\sigma}} = \frac{g e W_1 P_i^{-\sigma}}{P_m^{1-\sigma}}, \quad i = 1, 2, \cdots, n \tag{A7}$$

附录9

劳动力转移增长效应　　　　　　　　　　　　　　　　　　　　　单位:%

年份	北京市	河北省	辽宁省	上海市	江苏省	浙江省	福建省	山东省	广东省	海南省
1979	2.78361	3.77775	3.81740	4.06216	-6.36671	3.00948	2.38942	0.07351	4.47622	-0.13665
1980	1.95052	0.62575	3.92002	3.41486	5.15719	4.21209	0.14727	0.08197	2.57298	-0.96037
1981	1.04399	-0.49152	0.72542	2.21624	2.10247	1.36530	2.37653	0.11953	0.80774	-0.27904
1982	0.46541	1.88786	-0.96471	1.92143	9.84863	5.05440	3.59495	4.48786	3.29109	1.02352
1983	0.68725	0.26018	-0.41810	2.80242	1.73506	3.15878	2.34605	-3.35620	1.62039	0.02800
1984	1.36644	8.15054	2.35027	3.36829	6.04482	6.98794	4.04711	10.53137	5.22565	1.50717
1985	2.11533	11.02585	3.05953	3.26764	5.42743	1.00742	6.27888	6.58749	6.14377	5.30838
1986	0.54526	2.77427	0.10731	1.83128	3.41605	1.80145	1.18288	3.37711	3.36461	0.93460
1987	0.37375	2.55744	1.44078	0.98509	2.33232	1.83735	1.45602	3.48707	3.88966	0.87604

续表

年份	北京市	河北省	辽宁省	上海市	江苏省	浙江省	福建省	山东省	广东省	海南省
1988	0.59665	0.44771	0.70727	0.88886	1.14930	0.31186	1.41251	1.47049	2.07956	1.14860
1989	−0.69068	−3.03860	−0.58921	0.33001	−2.03170	−2.76584	0.43694	−0.94546	−0.19340	0.19929
1990	0.52474	−1.35482	−0.09375	0.22192	−13.61827	−1.03990	−0.18195	0.08368	1.86993	0.64001
1991	−0.29410	−2.08573	−0.37424	0.39106	0.43602	0.20325	1.05686	−0.35057	3.58424	1.74838
1992	0.31886	4.32219	1.02883	0.14532	3.54632	0.43310	2.64974	2.04757	4.42551	2.86795
1993	1.91787	3.38203	1.43091	−0.21781	4.56670	8.21398	4.03741	3.13116	4.66781	5.27561
1994	−2.80418	5.22377	−0.85862	−1.01444	3.73022	2.87288	2.85063	3.71397	2.48250	2.06111
1995	0.09114	3.68542	0.19772	−1.19008	2.66146	−0.62535	0.11699	2.30118	0.89152	−0.25017
1996	−1.04027	5.31450	−1.48757	−2.83122	0.94377	0.68866	1.27036	−0.28294	0.36509	0.58652
1997	0.03707	0.34756	−0.98853	−2.69626	0.54467	0.16051	1.73367	0.54994	−0.72654	0.53043
1998	−2.53731	−0.20969	−1.87658	−2.36581	−0.04053	−1.46500	−1.17694	−3.02510	−1.10490	−3.02538
1999	−1.45897	−1.87257	−1.07819	0.98139	0.59420	−4.73840	−0.18102	0.17160	−1.54760	−0.50798
2000	−0.98425	−0.00906	−1.88103	−1.47734	0.55287	11.10508	2.03730	0.32555	−4.17247	−0.41047
2001	0.86861	0.62372	−1.38127	−5.09341	2.20906	1.95408	1.69917	1.04645	0.47119	0.47313
2002	1.14880	1.42742	−2.77580	0.20911	3.56641	3.02907	2.35512	3.35309	2.62272	1.12026
2003	−1.71846	0.34960	−0.80462	2.02339	4.49127	5.96980	4.38972	4.45232	7.95268	0.74130
2004	−5.65727	3.45523	−0.03657	5.33984	3.70438	3.93850	3.92804	4.02533	3.24524	0.88773
2005	−1.24441	2.98181	0.40283	−2.92600	2.91355	2.37022	4.13016	7.24833	3.20073	1.16305
2006	−2.49016	2.27620	−0.28387	−0.47461	2.82700	1.62942	4.23133	2.13932	2.13836	0.62884
2007	−0.42353	2.61768	0.57452	−0.33658	2.83704	2.20054	4.01006	3.16266	1.08257	0.95527
2008	−5.19528	1.02840	0.20573	−0.82373	1.30556	1.26147	1.40651	−2.18190	1.24956	1.66220
2009	−2.03455	1.01711	0.15180	−0.50200	1.77158	0.85931	1.09116	1.11194	1.45290	0.92138
2010	−0.53029	1.61156	0.99967	1.61904	1.73866	2.71111	1.73120	1.51943	3.55785	2.69948
2011	1.78345	2.23964	−0.31251	−0.41414	0.89192	1.63443	2.53807	2.56539	0.31169	0.85403
2012	−2.41261	2.09993	−0.28277	−1.33126	0.73331	0.27078	2.05871	1.40067	−0.25395	1.36191
2013	−1.35959	1.26117	4.03676	−0.22549	0.64426	−0.73867	0.78843	0.96330	0.28365	2.94183
2014	−0.56606	0.12697	−1.67136	−5.17259	0.62356	−0.18495	−1.14603	0.80683	−0.22996	0.24273
2015	−2.66324	0.25250	−3.50957	−1.52330	0.59554	−1.23933	−1.58412	1.30354	−0.41214	0.35835
2016	−2.70736	0.23045	−3.99842	−1.11654	0.46659	−0.60093	−1.72819	0.44852	−0.32391	−0.44685
2017	−0.82244	−0.41866	−1.08965	−1.85787	0.50912	−1.00640	−0.64700	0.64882	−0.32060	−0.61347

年份	山西	吉林	黑龙江	安徽	江西	河南	湖北	湖南
1979	6.93675	1.10485	4.56495	-0.02626	-1.16198	-4.51327	2.25168	2.40904
1980	2.59303	0.71525	0.99866	1.04496	-0.34566	2.90493	2.13183	0.62662
1981	-1.25287	-0.36237	1.82447	0.51968	0.13473	-0.45571	1.76783	-0.42370
1982	0.70081	-3.41359	1.13511	2.24769	1.39272	1.36005	1.53513	0.12382
1983	-4.57084	0.72960	-0.38561	1.02825	1.97771	3.14852	1.53099	1.79918
1984	15.33482	0.09480	0.10860	3.98448	4.55269	4.50484	4.32997	4.22629
1985	-0.77519	1.02613	1.89704	9.82773	9.25157	9.24803	8.66690	4.45103
1986	1.77044	0.72144	0.65479	0.99620	1.16784	3.35660	0.83771	2.24179
1987	1.36320	-0.93484	0.77676	3.11612	-0.01301	5.09159	0.78628	1.65223
1988	0.45309	-1.40992	1.00665	1.97519	1.96684	2.04887	0.18075	1.39696
1989	-1.10718	-2.08597	-1.32834	-1.31587	-0.94395	-2.53692	-1.86776	0.07087
1990	-1.08983	-0.29225	-0.19754	-0.43551	-0.88653	-0.82414	-0.74061	-1.47984
1991	0.33180	0.25693	1.22004	0.18653	0.60355	0.06408	-0.87326	0.14718
1992	1.77209	0.17412	1.20782	2.84007	3.01826	2.25347	2.42114	2.82338
1993	1.04025	1.18107	-1.34652	6.24343	8.06467	4.86122	3.20693	6.06579
1994	1.32740	-0.14870	0.76215	1.90686	1.12340	3.74381	3.13815	4.57280
1995	0.49585	-0.09812	-0.71470	1.61465	4.64986	4.06371	2.72770	1.79570
1996	0.01281	-0.20604	0.49449	-0.81963	1.37441	2.83695	0.65187	4.24308
1997	-0.18632	-0.41580	-2.88393	-0.39211	2.16571	0.28641	0.55059	0.00636
1998	-4.60352	-9.56399	-22.45120	-0.09987	0.69845	-1.18221	-1.59931	0.88821
1999	-3.79269	-1.23589	-0.16073	0.42797	-0.44944	-8.83854	-0.50754	-0.28705
2000	0.34139	-2.18395	-2.79400	1.26056	-0.99277	-0.65136	-0.04543	-4.15674
2001	-0.35631	-0.98405	-0.90803	1.61950	-0.61108	2.10601	-0.08838	-1.94212
2002	0.07709	0.45580	-0.23661	3.30510	-0.40010	3.09869	-0.47257	1.85187
2003	2.67594	-1.92940	-3.70002	5.08627	6.27291	2.96965	0.24387	3.44415
2004	1.68083	4.36166	5.28200	3.38334	1.64284	3.79490	0.14679	2.29714
2005	1.33551	0.47533	1.23612	3.65139	0.86720	5.42045	-0.08537	1.33588
2006	2.92614	0.89999	0.57050	3.34883	0.88787	4.43379	0.22380	1.48108
2007	0.36879	0.84271	2.19915	4.97587	1.20083	5.63068	0.36346	1.89802
2008	0.33817	1.27702	-1.49186	3.31977	0.41216	3.08456	-0.89210	1.37838
2009	0.91860	1.19829	-0.30861	1.33366	1.97127	3.82173	0.45863	1.39598

年份	山西	吉林	黑龙江	安徽	江西	河南	湖北	湖南
2010	0.80250	0.12056	-1.80852	0.33896	1.43976	2.47898	1.30420	0.78630
2011	1.36610	0.56935	0.68067	0.38264	1.32864	2.62701	1.19334	0.94959
2012	1.66413	2.67719	0.63862	3.51627	2.03727	1.82814	1.30666	0.94882
2013	1.81513	5.04482	0.61352	3.01189	1.85027	2.95706	1.74590	0.92674
2014	-1.69890	3.26020	0.59572	2.18240	0.93213	-2.10657	4.14942	-0.34847
2015	-1.25738	-0.44577	-1.19024	0.86681	0.77479	1.46744	1.52596	-0.26824
2016	-1.10721	-2.29378	-2.28234	0.55563	0.13778	0.15170	1.42498	-0.41463
2017	0.17707	-0.76302	-1.48746	0.69099	0.83039	1.81938	1.24973	-0.47329

年份	内蒙古	广西	四川	贵州	云南	西藏	青海	宁夏	新疆
1979	0.67173	-5.70051	2.30390	0.27093	3.34951	-0.44950	2.32420	-0.44620	0.40261
1980	0.82114	-3.52955	-0.33346	-2.66008	0.11729	-0.09376	1.87001	-1.15825	2.13815
1981	0.62481	-0.74648	1.39171	-0.44898	2.50063	-4.07787	-0.18840	-1.16757	-0.06210
1982	-0.54520	0.91999	-1.17175	1.71466	0.66764	-0.50203	3.69066	0.99392	2.08456
1983	1.44054	-0.54362	0.27593	-0.71024	1.85298	0.22001	0.49087	0.06958	0.36641
1984	1.67854	1.93049	4.53842	3.66459	3.82842	1.88902	1.93825	2.28229	1.32780
1985	4.00112	5.81872	6.94635	12.45762	6.27216	3.96186	6.49590	5.85133	1.77896
1986	1.20146	2.49357	2.47399	0.41221	0.85670	2.28162	3.42101	1.79241	1.31242
1987	5.86482	3.16907	1.15276	-4.86621	-0.79757	0.58913	-0.30018	2.47319	0.83263
1988	1.38444	2.47193	1.45584	-1.16675	-0.90064	0.03355	0.02513	1.06758	3.30552
1989	-0.13849	-0.58746	-1.99950	-4.48925	-1.13839	-2.58345	-2.29391	0.46922	-2.54441
1990	-2.18690	0.40125	1.27914	-0.39018	-0.38946	-0.17279	-0.09771	-0.92457	0.45945
1991	-0.12962	1.50638	1.35488	0.58539	0.34328	2.89117	-0.31091	0.21907	0.28951
1992	1.74208	4.51964	2.53425	-1.15051	1.43628	2.64237	-0.67996	1.16863	1.08244
1993	1.55529	5.04331	5.21474	0.60731	1.69794	-0.58233	2.19268	0.90276	1.52143
1994	1.40190	2.96304	2.91351	4.82397	2.83656	1.49087	-0.30826	0.84472	0.45955
1995	-0.29028	2.43731	2.50193	9.67357	1.54571	0.20105	0.36970	1.66271	1.01489
1996	-0.62796	-0.28726	3.27073	5.92384	9.76355	4.30558	-1.77998	1.45037	-0.56691
1997	0.56608	-0.15653	0.44664	-3.03268	-3.76104	1.95139	-1.78075	-0.49343	-5.11756
1998	0.04467	-0.42560	1.42804	-1.44665	-2.72559	3.63435	-0.34415	-2.29997	2.72848
1999	-2.36941	-1.10709	2.19220	-10.77881	-7.58917	-0.73948	0.50422	1.61091	0.58544
2000	0.26666	1.10665	4.03126	3.99318	6.54465	3.40943	-6.56084	1.72788	-3.85675

年份	内蒙古	广西	四川	贵州	云南	西藏	青海	宁夏	新疆
2001	0.47014	− 0.52185	1.01380	− 59.30988	− 0.14038	6.15203	− 2.87626	2.17242	0.54633
2002	0.21861	− 0.91999	2.37140	− 8.66635	0.33353	4.72265	4.27813	2.50557	1.06259
2003	− 6.04054	1.80338	1.07972	8.14593	1.56359	10.32289	7.62010	6.54114	0.16680
2004	− 0.19498	0.94960	1.02715	2.83294	3.02200	3.17786	4.41989	1.48971	0.75012
2005	1.87152	5.98001	0.81844	7.63019	5.58114	4.69359	3.65684	2.74997	5.31187
2006	0.60989	1.33348	2.66682	12.88938	4.59079	2.38917	5.76861	4.33864	− 2.69195
2007	2.98930	10.65518	4.30330	6.45117	4.18837	5.63902	5.27786	− 1.30245	1.51216
2008	2.36806	0.23664	2.66245	1.17286	3.83441	2.11387	1.18304	3.67441	0.34094
2009	1.85203	8.46985	1.73342	5.02646	3.53266	0.50203	2.38282	5.13179	1.17005
2010	1.64095	2.23486	2.46517	6.04626	4.09152	1.59468	2.60417	− 33.29117	0.56842
2011	2.96450	1.65793	1.31631	4.30200	2.58635	6.00196	3.93978	0.04634	1.44946
2012	1.85413	− 1.21887	1.48892	5.09577	3.99161	6.58453	1.72758	0.94023	− 0.09999
2013	4.41679	0.90853	1.18043	5.60563	0.61095	2.10760	− 1.77572	2.67138	3.26323
2014	0.43978	1.63133	1.32557	5.30174	1.67238	2.45464	− 0.42465	6.80243	0.14036
2015	− 3.01889	− 3.17554	0.92480	4.30634	− 0.46318	1.06104	0.86431	− 1.96732	− 0.33243
2016	− 4.10223	− 1.83765	0.98049	4.99756	1.40648	6.74496	− 0.13024	− 2.74777	− 0.98655
2017	− 1.27155	− 0.11854	0.84508	3.98896	2.63393	1.34820	− 0.79748	4.10876	2.05164

后　记

　　首先感谢国家社科规划办的资助，本书是国家社科基金项目（12BJL045）的研究成果之一。本书的撰写得到了范方志、肖艳、刘智勇、何雄浪、吕月英、杜晓英、杨赛明、刘伟等课题组成员的大力帮助，特此表示感谢！

　　其次，感谢李国平、冯根福、冯宗宪、孙早、冯涛、邱长溶等教授与国家社科结项评审专家所提出的宝贵建议以及李陈华、温军、张国强、刘湘勤、刘汉中、杨凌、梁义成、刘志勇、李勋来、肖赞军、向洪金、许敏兰、李海涛、王延军等同学好友的中肯评论与热心帮助。

　　再次，感谢太原科技大学科研启动基金项目（w20172004）的资助以及经济管理出版社张莉琼编辑为此书出版所付出的辛勤劳动。

　　最后，还要感谢其他所有关心和帮助过我的老师、同学、同事、朋友与亲人。由于作者水平有限，本书还有许多尚需进一步完善之处，恳请各位专家、读者批评指正。

张杰飞